Japonês Para leigos

Se está aprendendo japonês, você precisa do básico — números, perguntas e frases — para encontrar pessoas, cumprimentá-las e ser educado. Em japonês, os verbos mudam se forem negativos ou afirmativos, mas não mudam conforme a pessoa que é sujeito da ação. O japonês também tem partículas, em vez de artigos e preposições, como o português — e tudo isso se reúne em uma experiência de aprendizado fascinante.

NÚMEROS EM JAPONÊS

Uma das habilidades mais básicas ao aprender uma nova língua, incluindo o japonês, é aprender a contar. A tabela a seguir mostra números em japonês do 1 ao 20 e seleciona números mais altos.

1 ichi
2 ni
3 san
4 yon *ou* **shi**
5 go
6 roku
7 nana *ou* **shichi**
8 hachi
9 kyū *ou* **ku**
10 jū
11 jūichi
12 jūni
13 jūsan
14 jūyon *ou* **jūshi**
15 jūgo
16 jūroku
17 jūnana *ou* **jūshichi**
18 jūhachi
19 jūkyū *ou* **jūku**
20 nijū
21 nijūichi
22 nijūni
30 sanjū
40 yonjū
50 gojū
100 hyaku
500 go-hyaku
1.000 sen
5.000 go-sen
10.000 ichi-man

FRASES POLIDAS EM JAPONÊS

O japonês valoriza a educação, então inclui frases-chave para manter uma conversa polida. A lista a seguir mostra frases e perguntas comuns em japonês cortês:

- **Chotto sumimasen.** (*Com licença.*)
- **Dōmo atigatō gozaimasu.** (*Muito obrigado.*)
- **Dōmo sumimasen.** (*Sinto muito.*)
- **Ii desu ka.** (*Tudo bem?*)

Japonês Para leigos

FRASES EM JAPONÊS PARA ENCONTROS E CUMPRIMENTOS

A ideia de aprender japonês é poder conversar, certo? Saber frases em japonês para encontros, cumprimentos e despedidas é uma parte importante da conversação. Eis algumas frases que precisará quando estiver encontrando pessoas e cumprimentando-as em japonês:

- **Eriko desu.** (*Sou a Eriko.*)
- **Hajimemashite.** (*Como você está?*)
- **Jā, mata.** (*Até logo.*)
- **Konbanwa!** (*Olá! Boa noite!*)
- **Konnichiwa!** (*Boa tarde!*)
- **Ohayō gozaimasu!** (*Bom dia!*)
- **O-namae wa.** (*Qual é o seu nome?*)
- **Oyasuminasai.** (*Boa noite.*)
- **Sayōnara.** (*Tchau.*)
- **Yoroshiku onegai shimasu.** (*Muito prazer em conhecê-lo.*)

COMO FAZER PERGUNTAS EM JAPONÊS

À medida que viaja pelo Japão e fala japonês com todo mundo que encontra, você precisa fazer perguntas. As perguntas-padrão *quem*, *o que*, *quando*, *onde* e *por que* estão na lista a seguir, junto a algumas outras perguntas úteis.

- **Dare desu ka.** (*Quem?*)
- **Dō desu ka.** (*Como é?*)
- **Doko desu ka.** (*Onde?*)
- **Dō shimashita ka.** (*O que aconteceu?*)
- **Dōshite desu ka.** (*Por quê?*)
- **Dore desu ka.** (*Qual?*)
- **Ikura desu ka.** (*Quanto?*)
- **Itsu desu ka.** (*Quando?*)
- **Nan desu ka.** (*O quê?*)
- **Nan-ji desu ka.** (*A que horas?*)

Japonês

Para leigos

Japonês Para leigos

Tradução da 2ª Edição

Eriko Sato

ALTA BOOKS
EDITORA
Rio de Janeiro, 2019

Impresso no Brasil — 1ª Edição, 2019 — Edição revisada conforme o Acordo Ortográfico da Língua Portuguesa de 2009.

Obra disponível para venda corporativa e/ou personalizada. Para mais informações, fale com projetos@altabooks.com.br

Produção Editorial
Editora Alta Books

Gerência Editorial
Anderson Vieira

Produtor Editorial
Thiê Alves

Marketing Editorial
marketing@altabooks.com.br

Editor de Aquisição
José Rugeri
j.rugeri@altabooks.com.br

Vendas Atacado e Varejo
Daniele Fonseca
Viviane Paiva
comercial@altabooks.com.br

Ouvidoria
ouvidoria@altabooks.com.br

Equipe Editorial
Adriano Barros
Bianca Teodoro
Ian Verçosa
Illysabelle Trajano
Juliana de Oliveira
Keyciane Botelho
Kelry Oliveira
Maria de Lourdes Borges
Paulo Gomes
Thales Silva
Thauan Gomes

Tradução
Samantha Batista

Copidesque
Alessandro Thomé

Revisão Gramatical
Carolina Gaio
Hellen Suzuki

Revisão Técnica
Guilherme de Camargo Dias
Tradutor e intérprete de japonês

Diagramação
Joyce Matos

Erratas e arquivos de apoio: No site da editora relatamos, com a devida correção, qualquer erro encontrado em nossos livros, bem como disponibilizamos arquivos de apoio se aplicáveis à obra em questão.

Acesse o site www.altabooks.com.br e procure pelo título do livro desejado para ter acesso às erratas, aos arquivos de apoio e/ou a outros conteúdos aplicáveis à obra.

Suporte Técnico: A obra é comercializada na forma em que está, sem direito a suporte técnico ou orientação pessoal/exclusiva ao leitor.

A editora não se responsabiliza pela manutenção, atualização e idioma dos sites referidos pelos autores nesta obra.

Dados Internacionais de Catalogação na Publicação (CIP) de acordo com ISBD

S253j Sato, Eriko

Japonês Para Leigos / Eriko Sato ; traduzido por Samantha Batista. - Rio de Janeiro : Alta Books, 2019.
384 p. ; il. ; 17cm x 24cm. – (Para leigos)

Inclui índice e anexo.
Tradução de: Japanese For Dummies
ISBN: 978-85-508-0233-6

1. Língua. 2. Japonês. I. Batista, Samantha. II. Título. III. Série

2019-627 CDD 495.6
CDU 811.521

Elaborado por Odilio Hilario Moreira Junior - CRB-8/9949

ALTA BOOKS EDITORA

Rua Viúva Cláudio, 291 — Bairro Industrial do Jacaré
CEP: 20.970-031 — Rio de Janeiro (RJ)
Tels.: (21) 3278-8069 / 3278-8419
www.altabooks.com.br — altabooks@altabooks.com.br
www.facebook.com/altabooks — www.instagram.com/altabooks

ASSOCIADO CBL Câmara Brasileira do Livro

Sobre a Autora

Eriko Sato é diretora do Programa de Certificação de Professores para Japonês e do Programa Pré-universitário de Língua Japonesa na Universidade do Estado de Nova York, em Stony Brook, onde ensina língua japonesa, linguística e pedagogia desde 1995. É autora da edição anterior de *Japonês Para Leigos* (Alta Books), assim como de *Contemporary Japanese: A Textbook for College Students* (Tuttle) e *Japanese Demystified* (McGraw Hill). É também coautora de *My First Japanese Kanji Book* (Tuttle), *Essential Japanese Grammar* (Tuttle) e *Basic Japanese* (Tuttle).

Agradecimentos da Autora

Quero agradecer a todos os maravilhosos editores da Wiley. Meu sincero agradecimento à editora de projetos, Jennifer Tebbe, e à preparadora de originais, Megan Knoll, por suas incríveis habilidades de edição, profissionalismo e bondade. Gostei de trabalhar com elas ao longo do projeto. Além disso, estou em dívida com dois revisores técnicos, Hiroko Chiba e Allen Kidd, que ofereceram diversas sugestões valiosas a partir de uma variedade de pontos de vista. Um agradecimento especial à Constance Carlisle, por criar as gravações em áudio deste livro, à editora executiva da Wiley, Lindsay Lefevere, e à minha agente, Grace Freedson, por me ajudarem a me envolver nos projetos *Japonês Para Leigos*. Quero agradecer também aos meus alunos na Universidade do Estado de Nova York, em Stony Brook, e a seu Programa Pré-universitário de Língua Japonesa, por me fornecer os mais valiosos dados, inspiração e discernimento. Finalmente, quero agradecer ao meu marido, Yimei, à nossa filha, Anna, e à minha família no Japão, por seu apoio e amor.

Sumário Resumido

Sumário

Introdução

Vivemos em uma sociedade maravilhosamente globalizada e incrivelmente diversa. Trocar ideias, produtos, alimentos e amizades entre fronteiras nacionais e culturais é o segredo para tornar nossa vida mais rica, significativa e pacífica. Além disso, viajar para o exterior é muito mais barato do que costumava ser. Pegar seu passaporte e sair em uma aventura é sempre divertido, ainda mais quando você consegue se comunicar com as pessoas, na língua delas, em um país diferente.

Se japonês é a língua que deseja aprender, por qualquer que seja a razão, *Japonês Para Leigos, 2ª Edição*, vai ajudá-lo. Ele fornece respostas instantâneas, além de um pouco do contexto cultural por trás da língua. Agora, não estou dizendo que você ficará fluente do dia para a noite, mas que ganhará confiança, se divertirá e continuará a entender cada vez mais o japonês, para que consiga conversar com seu colega de trabalho, familiar, amigo ou vizinho que fale o idioma.

Sobre Este Livro

Japonês Para Leigos, 2ª Edição, vai ajudá-lo caso queira familiarizar-se com o japonês porque está planejando uma viagem à minha ilha-nação natal, porque lida com empresas japonesas no trabalho ou porque seu vizinho é japonês e você quer saber como lhe dizer *bom dia*. (Tente **ohayō gozaimasu**.) Apresento as palavras e frases mais importantes e usadas em temas diversos, como compras, dinheiro, comida e esportes, em capítulos e seções independentes.

Simplesmente volte aos tópicos que mais lhe interessam, toque os exemplos nos áudios inclusos e comece a falar! Isso mesmo, você não precisa seguir o livro todo em ordem. Se acho que você quer uma informação adicional contida em um capítulo diferente do que estiver lendo na hora, incluo uma referência cruzada útil para que a encontre quando estiver pronto para ela.

Convenções Usadas Neste Livro

Uso algumas convenções neste livro para que sua leitura siga tranquilamente:

- Em muitos lugares ao longo deste livro, termos em japonês aparecem de duas formas: texto em japonês (como os que leria se estivesse no Japão) e as formas romanizadas das palavras (que aparecem em **negrito** para que você as encontre com facilidade no texto). O termo oficial para o japonês romanizado é **rōmaji**.
- Aos termos em japonês, seguem-se as pronúncias, entre parênteses, e significados ou equivalentes em português, em outro par de parênteses. Note que os significados e os equivalentes em português aparecem em *itálico*.
- Conjugações verbais (listas que mostram as formas básicas de um verbo) são dadas em tabelas nesta ordem: a forma do dicionário, a negativa **(-nai)**, de radical (ou a forma antes do sufixo polido **-masu**) e a forma **-te**. Você encontra os textos em japonês na primeira coluna, em **rōmaji** na segunda e as pronúncias na terceira. Eis uma amostra da conjugação do verbo **taberu** (*comer*):

Texto em Japonês	Rōmaji
食べる	taberu
食べない	tabenai
食べ(ます)	tabe (masu)
食べて	tabete

  Lembre-se de que os verbos em japonês não são conjugados como em português. Você não consegue encontrar formas verbais para o português exatamente equivalentes, como infinitivos, gerúndios e particípios. Além disso, não conjuga verbos em japonês em termos de pessoa e número, então **taberu** pode significar *eu como*, *você come*, *ele come*, *ela come* e *eles comem*. Você pode demorar para se acostumar com essa diferença, mas ela facilita um pouco sua vida como estudante de verbos.

Para ajudá-lo a lembrar-se das novas palavras mais importantes e entender o contexto da língua, este livro inclui alguns elementos especiais para reforçar os termos em japonês que estiver estudando:

- **Tendo uma Conversa:** Ouvir conversas reais em japonês é a melhor maneira de aprender a língua, e é por isso que incluo neste livro muitos diálogos sob o título "Tendo uma Conversa". Eles mostram palavras japonesas em **rōmaji**, suas pronúncias e as traduções para o português, para que veja como a língua é realmente usada. Todos os diálogos "Tendo uma Conversa" são acompanhados por gravações em áudio, para que você escute e aprenda a entonação e o ritmo naturais, essenciais em interações conversacionais.

» **Palavras a Saber:** Neste quadro você encontra palavras-chave e frases dos diálogos "Tendo uma Conversa".

» **Diversão & Jogos:** Localizadas no fim dos capítulos, estas atividades divertidas reforçam o vocabulário que pratica em cada capítulo. Você encontra as respostas no Apêndice D.

Este livro também apresenta minidicionários compactos, mas proveitosos — tanto Japonês–Português quanto Português–Japonês —, no Apêndice A. Eles incluem apenas palavras de vocabulário bem básico, principalmente palavras de conteúdo, como substantivos, adjetivos, advérbios e verbos. Para facilitar, marco a classe de conjugação dos verbos: u para verbos -**u**, ru para verbos -**ru** e irr para verbos irregulares. Verbos -**u** levemente irregulares são especificados como -u (irr). No minidicionário Português–Japonês, designo também verbos com (v.), porque alguns verbos em japonês também funcionam como substantivos. Por fim, mas não menos importante, marco os tipos de adjetivos: i para adjetivos tipo -**i** e na para adjetivos tipo -**na**. Alguns adjetivos tipo -i com irregularidades menores são especificados como -i (irr).

Falando de peculiaridades da língua, você deve saber que o português e o japonês às vezes expressam o mesmo conceito de maneiras muito diferentes. E o japonês tem muitas palavras e frases que não se conseguem traduzir de jeito nenhum para o português. Neste livro, quero que você se concentre no que é realmente dito (o conteúdo e o significado pretendido), em vez de em como é dito. Então, em vez de uma tradução literal, dou-lhe uma tradução em português natural, e não literal. Por exemplo, a expressão **yoroshiku** pode ser traduzida literalmente como *adequadamente*, mas o que realmente significa é *prazer em conhecê-lo*, se for dita quando estiver conhecendo alguém. Este livro lhe dá as traduções não literais, do tipo prazer em conhecê-lo (às vezes, com a tradução mais literal para referência).

Sua exploração do japonês também vai mostrar-lhe diferentes maneiras de olhar o mundo da linguagem, porque o japonês não tem os mesmos tipos de itens gramaticais que as línguas europeias. Por exemplo, o japonês não tem equivalentes para os artigos *um/uma* e *os/as*. Alguns verbos em português correspondem a adjetivos em japonês. O verbo *querer* é mais bem representado pelo adjetivo japonês **hoshii**, então esteja preparado para ver algumas incompatibilidades nas categorias das partes das sentenças. E o japonês também não tem uma distinção de singular/plural, como *cachorro* e *cachorros*. A informação sobre especificidade e números é expressa de maneiras bem diferentes. Além disso, o japonês às vezes tem sistemas linguísticos que as línguas europeias não têm. Por exemplo, os estilos de discurso japonês claramente indicam graus de respeito ou familiaridade dentro de contextos conversacionais.

O que Você Não Precisa Ler

Embora eu espere que leia tudo neste livro, você certamente não precisa ler os boxes (os quadrados cinzas ao longo do livro). Eles contêm informações interessantes, mas não essenciais se quiser apenas ser capaz de falar japonês.

Penso que...

Para escrever este livro, fiz algumas suposições sobre você. Penso que:

- Você não sabe muito japonês, exceto talvez algumas palavras, como **karatê** e **sushi**.
- Você não planeja fazer um teste de proficiência linguística em japonês no mês que vem, nem se tornar tradutor profissional de japonês em um futuro próximo. Você só quer ser capaz de comunicar informações básicas em japonês e conhecer a língua.
- Você não tem tempo para passar horas e horas memorizando vocabulário e regras gramaticais.
- Você quer se divertir, além de aprender japonês.

Como Este Livro Está Organizado

Japonês Para Leigos, 2ª Edição, é dividido em cinco partes. Cada parte tem um foco ou função específica. Eis como se dividem.

Parte 1: Começando

Esta parte fornece a você o básico da língua japonesa. O Capítulo 1 lhe dá uma amostra de frases em japonês para uma prévia do que encontrará ao longo do livro. O Capítulo 2 apresenta o básico dos sons e sistemas de escrita e o Capítulo 3, os elementos essenciais da gramática. Os Capítulos 4, 5 e 6 oferecem palavras e frases em japonês sem as quais você não pode viver: expressões cotidianas, números, palavras e frases que usa em sua casa.

Parte 2: Japonês em Ação

Esta parte lhe faz caminhar e agir. Ela fornece palavras e frases que você pode usar para conhecer pessoas novas (Capítulo 7), pedir informações (Capítulo 8), fazer o seu trabalho (Capítulo 12) e envolver-se com suas atividades favoritas, como jantar fora (Capítulo 9), fazer compras (Capítulo 10), explorar a cidade (Capítulo 11) e divertir-se com atividades recreativas (Capítulo 13).

Parte 3: Japonês para Viagem

Hora de esquecer sua rotina e as atividades que faz no conforto de sua própria cidade e ir viajar! Esta parte lhe permite planejar uma viagem (Capítulo 14), lidar com dinheiro em uma terra estrangeira (Capítulo 15), escolher o meio de transporte correto (Capítulo 16) e o lugar ideal para ficar (Capítulo 17). Você também obtém dicas e vocabulário para lidar com emergências enquanto estiver fora (Capítulo 18).

Parte 4: A Parte dos Dez

Esta parte é um compêndio de frases simples e fatos que eu quero que saiba e lembre com rapidez. Aqui você encontra dez maneiras de aprender japonês rapidamente (Capítulo 19), dez coisas que nunca deve dizer na frente de japoneses (Capítulo 20), dez expressões favoritas em japonês (Capítulo 21) e dez frases que fazem com que pareça um falante nativo de japonês (Capítulo 22).

Parte 5: Apêndices

Esta parte é a casa das referências úteis, como um minidicionário muito conveniente (Apêndice A), tabelas de verbos que lhe mostram os padrões de conjugação de todos os tipos de verbos regulares e da maioria dos irregulares (Apêndice B), uma lista de todas as faixas de áudio que acompanham este livro (Apêndice C) e as respostas para os exercícios das seções Diversão & Jogos, no final dos capítulos (Apêndice D).

Ícones Usados Neste Livro

Para ajudá-lo a encontrar rapidamente certos tipos de informação, inseri alguns ícones ao longo do livro. Aqui estão seis ícones para ficar de olho:

CONHECENDO A CULTURA

Se estiver interessado em informações e conselhos sobre cultura e viagem, procure este ícone. Ele chama a atenção para pequenas informações interessantes sobre o Japão e a cultura japonesa.

FALANDO CORRETAMENTE

Se você entende de gramática, cria um número infinito de frases, então, uso este ícone para apontar discussões de fatos gramaticais.

TOQUE AGORA

As gravações de áudio que vêm com este livro lhe dão a oportunidade de ouvir falantes de japonês reais, para que entenda melhor a pronúncia do japonês. Este ícone marca os pontos em que as gravações de áudio estão disponíveis (para os sons básicos no Capítulo 2 e todos os diálogos Tendo uma Conversa). Você encontra essas faixas de áudio que acompanham este livro no site da editora para download de forma gratuita. Acesse o site www.altabooks.com.br e procure pelo título ou ISBN do livro

LEMBRE-SE

Este ícone serve como um lembrete, assim como um nó amarrado no dedo, para garantir que você não esqueça informações importantes.

DICA

Este ícone destaca sugestões que facilitam o aprendizado do japonês.

CUIDADO

Este ícone o ajuda a evitar cometer erros vergonhosos ou muito bobos.

De Lá para Cá, Daqui para Lá

Você pode ler o quanto quiser deste livro e dos seus capítulos. Decida qual tópico lhe interessa, consulte o Índice ou o Sumário para encontrar a seção adequada e descubra rapidamente o que precisa saber para falar sobre esse tópico em japonês. Claro, se estiver buscando um fundamento, recomendo ir primeiro aos Capítulos 2 e 3. Esses capítulos contêm as bases de pronúncia, sistemas de escrita e gramática japonesa. Leia-os agora e então volte a eles mais tarde, se ficar atrapalhado em como ler textos em japonês ou construir frases.

Bem, o que está esperando? Vá para os capítulos que lhe interessam ou escute os exemplos em áudio inclusos. E certifique-se de usar suas frases em japonês favoritas quando sair com seus amigos ou familiares. Se acha que sua família provavelmente não entenderá o que fala, ensine-lhe japonês. Com um pouco de dedicação, você será capaz de responder **Hai!** (*Sim!*) com confiança quando as pessoas perguntarem **Nihongo wa hanasemasu ka.** (*Você sabe falar japonês?*)

1
Começando

NESTA PARTE . . .

A Parte 1 lhe dá as boas-vindas à língua japonesa. Aqui apresento-lhe os fatos básicos sobre o japonês — como são os sons, os textos e como juntar adequadamente as palavras. Depois forneço algumas palavras e frases sem as quais você simplesmente não pode viver: expressões cotidianas, números, e palavras e frases usadas em sua casa. **Jā, hajimemashō!** (*Vamos começar!*)

NESTE CAPÍTULO

» Colocando só a ponta dos dedos na escrita e gramática japonesa

» Trabalhando com expressões simples e números básicos

» Explorando o japonês em casa, no trabalho, brincando e no exterior

Capítulo 1
Japonês Resumido

Bem-vindo ao japonês! Agora que você decidiu aprender esta língua intrigante, tenho certeza de que está ansioso para descobrir o máximo que puder, o mais rápido possível. Afinal de contas, você provavelmente tem colegas de trabalho, amigos, vizinhos e outros para impressionar com suas recém-descobertas habilidades linguísticas. Bem, eis sua chance de mergulhar no japonês. Este capítulo oferece uma miniprévia do que você encontra ao longo de *Japonês Para Leigos, 2ª Edição.*

Descobrindo Sons e Textos Básicos em Japonês

Os sons do japonês são bem fáceis de pronunciar. Para começar, o japonês tem apenas cinco vogais básicas **a**, **i**, **u**, **e** e **o**. Além disso, você não vê uma longa sequência de consoantes antes ou depois de uma vogal, diferente do russo ou do polonês. Você tem apenas que prestar atenção a um punhado de consoantes estranhas, como o **r** japonês, que é um som em algum lugar entre o **l** e o **r** do português. Você pode pronunciar sons básicos em japonês junto com as gravações em áudio do Capítulo 2.

A escrita japonesa, por outro lado, pode ser confusa, porque os textos japoneses não se parecem nem um pouco com os alfabetos ocidentais. Os textos japoneses consistem de dois conjuntos de **kana** — símbolos fonéticos para sílabas japonesas – e cerca de 2 mil caracteres **kanji**, caracteres chineses adaptados para o japonês. Se só quiser aprender a falar japonês, você pode pular o foco nos textos japoneses e usar **rōmaji**, a grafia romanizada das palavras japonesas. Entretanto, acostumar-se aos textos em japonês é uma boa ideia, especialmente se planeja usar suas habilidades para viajar. Se conseguir reconhecer alguns dos textos em japonês, você pode circular em uma cidade japonesa com mais facilidade, porque todas as placas das ruas estão escritas apenas em japonês.

Compreendendo a Gramática Básica

A gramática japonesa é bem diferente da portuguesa, particularmente quando se trata da ordem das palavras nas frases. Mesmo se gramática tiver sido seu assunto mais odiado, não pode evitar aprendê-la se quiser falar japonês como um nativo. Sem a gramática, você parecerá uma criança grande de dois anos dizendo coisas como as equivalentes japonesas de *Brian carro*, *mim beijar Maria* ou *John em escritório.*

LEMBRE-SE

Você geralmente coloca o verbo no final da frase e adiciona a partícula **o** depois do substantivo do objeto direto. Então, para dizer *comer sushi*, diga **sushi o taberu**, sendo que **taberu** significa *comer.*

Para saber mais sobre a gramática japonesa, vá ao Capítulo 3, que trata todas as partes do discurso, padrões de conjugação e a estrutura de palavras, frases e sentenças.

Começando com Expressões Comuns

Quais são as situações comunicativas mais comuns? Apresentar-se, cumprimentar, partir, agradecer, desculpar-se... posso continuar a listá-las, mas prefiro apresentar algumas expressões comuns (você encontra mais delas no Capítulo 4):

- はじめまして。**Hajimemashite.** (*Como você está?*)
- 宜しくお願いします。**Yoroshiku onegai shimasu.** (*Muito prazer em conhecê-lo.*)
- おはようございます。**Ohayō gozaimasu.** (*Bom dia.*)
- じゃあ, また。**Jā, mata.** (*Até logo.*)
- ありがとうございます。**Arigatō gozaimasu.** (*Obrigado.*)
- すみません。**Sumimasen.** (*Desculpe-me.*)

Contando com Números

Os números dominam a vida cotidiana. A que horas você acorda? Quantos copos de água bebe por dia? Quantos hóspedes está esperando? Quanto custa fazer compras? O Capítulo 5 lhe permite contar números pequenos e grandes e usá-los com os contadores corretos.

Contadores, você me pergunta? O japonês usa um elemento curto, parecido com um sufixo, chamado de *contador*, logo depois do número. O contador que usa varia dependendo do tipo de coisas que conta ou do tipo de noção que especifica. Para começar, conte os números simples de um a dez:

- 一 **ichi** (*um*)
- 二 **ni** (*dois*)
- 三 **san** (*três*)
- 四 **yon** *ou* **shi** (*quatro*)
- 五 **go** (*cinco*)
- 六 **roku** (*seis*)

- 七 **nana** *ou* **shichi** (*sete*)
- 八 **hachi** (*oito*)
- 九 **kyū** *ou* **ku** (*nove*)
- 十 **jū** (*dez*)

DICA

O japonês também usa frequentemente os numerais arábicos (1, 2 e assim por diante), que você está acostumado a ver.

Você lê mais sobre o uso de números, incluindo para dizer horas e datas específicas, no Capítulo 5.

Falando Japonês em Casa

Você passa pelo menos metade do seu tempo em sua casa todos os dias — dormindo, cozinhando, comendo, assistindo à TV e assim por diante. Eis alguns termos para ajudá-lo a nomear em japonês os cômodos de sua casa:

- ダイニング **dainingu** (*sala de jantar*)
- 風呂場 **furoba** (*banheiro no qual apenas se toma banho — comum no Japão*)
- キッチン **kitchin** (*cozinha*)
- リビング **ribingu** (*sala de estar*)
- 寝室 **shinshitsu** (*quarto*)

O Capítulo 6 apresenta as palavras em japonês das quais precisa para nomear as coisas e expressar o que faz em sua casa.

Usando o Japonês em Cenários Sociais

Não posso enfatizar o suficiente que uma língua é apenas a ferramenta para a comunicação. A comunicação deve ser o objetivo máximo ao se estudar qualquer língua. Você se comunica com pessoas não apenas para se socializar e entreter, mas também para completar com sucesso tarefas diárias com sua família, amigos e colegas. Ou seja, desenvolver boas habilidades linguísticas é a chave para seu sucesso na vida! As seções a seguir apresentam um pouco do vocabulário de que precisa em várias situações sociais.

Jogando conversa fora

Se quiser dizer algo a mais do que apenas "oi" quando vir alguém, certifique-se de conhecer frases em japonês que o ajudem a começar uma conversa. Comece com perguntas como as seguintes:

» どちらまでですか。**Dochira made desu ka.** (*Aonde você está indo?*)

» いい天気ですね。**Ii tenki desu ne.** (*O dia está bom hoje, não está?*)

» ご兄弟は。**Go-kyōdai wa.** (*Você tem irmãos?*)

» メールアドレスは。**Mēru adoresu wa.** (*Qual é o seu e-mail?*)

O Capítulo 7 lhe mostra como jogar conversa fora em japonês.

Pedindo informações

LEMBRE-SE

Quando precisar pedir informações para ir a algum lugar, dê o nome do lugar aonde quer ir, adicione a partícula **wa** depois dele e diga **doko desu ka**, como em **Eki wa doko desu ka**. (*Onde fica a estação de trem?*)

O Capítulo 8 lhe mostra como pedir e dar informações em japonês.

Comendo fora e comprando comida

Se ama comida japonesa, precisa saber como fazer um pedido em um restaurante japonês. Seu garçom perguntará **Go-chūmon wa.** (*Seu pedido?*) Essa é sua oportunidade de dizer, por exemplo, **Sushi o onegai shimasu.** (*Sushi, por favor.*)

Descubra no Capítulo 9 mais sobre como comer fora em restaurantes e comprar comida.

Indo às compras

Quem não adora fazer compras? Se estiver procurando algo em particular, diga o que é, adicione **wa** (wah) depois e diga **arimasu ka**, como em **Sukāfu wa arimasu ka**. (*Você tem um cachecol?*) Não se esqueça de verificar o preço. Você pode fazer isso perguntando **Ikura desu ka**. (*Quanto é?*)

Vá para o Capítulo 10 para saber mais palavras e frases que o ajudam a ter experiências de compras de sucesso em japonês.

Explorando oportunidades de entretenimento

Ficar em casa é divertido, mas se fizer isso sete dias na semana, 365 dias por ano, ficará muito entediado. Então por que não sair e explorar as oportunidades de entretenimento que sua comunidade tem a oferecer? Aposto que encontrará algumas das seguintes:

- 美術館 **bijutsukan** (*museus de arte*)
- 劇場 **gekijō** (*teatros*)
- 博物館 **hakubutsukan** (*museus*)
- カラオケ **karaoke** (*karaokê*)
- クラブ **kurabu** (*clubes noturnos*)

O Capítulo 11 apresenta mais lugares divertidos e mostra o que você pode fazer lá.

Fazendo negócios e se comunicando

Quer trabalhar no Japão ou em uma empresa japonesa no Brasil? Se a resposta a qualquer uma dessas perguntas for *sim*, você precisa ter na manga um punhado de vocabulário relacionado a negócios. O Capítulo 12 fornece tais palavras, incluindo:

- ヴォイスメール **boisu-mēru** (*correio de voz*)
- 配達する **haitatsu suru** (*entregar*)
- 確認する **kakunin suru** (*confirmar*)
- コピーする **kopī suru** (*fazer cópias*)
- 会議 **kaigi** (*reunião, conferência*)
- メール **mēru** (*e-mail*)
- パソコン **pasokon** (*computador*)

Curtindo esportes, hobbies, recreação e mais

Quer maneira melhor de se divertir do que jogando ou assistindo a seu esporte favorito ou satisfazendo-se com seu hobby preferido? Você gosta de alguma das atividades a seguir?

- » 読書 **dokusho** (*leitura*)
- » キルティング **kirutingu** (*quilting*)
- » キャンプ **kyanpu** (*acampamento*)
- » 水泳 **suiei** (*natação*)
- » 釣り **tsuri** (*pesca*)

Vá para o Capítulo 13 para descobrir como falar sobre muitas outras atividades divertidas. E, quem sabe? Você pode ficar inspirado a começar um novo hobby enquanto fizer isso!

Abordando Tópicos Relacionados a Viagens

Depois que estiver estudando japonês há algum tempo e o mosquitinho da viagem o picar, você pode ter vontade de fazer uma jornada até o Japão para realmente mergulhar em sua língua e cultura. De fazer as malas até escolher as acomodações e passar por emergências, as próximas seções lhe dão o vocabulário básico que precisará quando viajar para o Japão.

Preparando-se para uma viagem

O primeiro passo para preparar-se para sua viagem é decidir aonde ir. Então, dependendo de seu destino, precisará obter um passaporte e reservar um voo. Aqui estão alguns termos japoneses a considerar ao planejar uma viagem:

- » チケット **chiketto** (*passagem*)
- » 飛行機 **hikōki** (*avião*)
- » ホテル **hoteru** (*hotel*)
- » パスポート **pasupōto** (*passaporte*)
- » スーツケース **sūtsukēsu** (*bagagem*)

O Capítulo 14 o ajuda a fazer seu plano de viagem, além de sua mala.

Entendendo o dinheiro

Você precisa de dinheiro, não importa para onde viaje, e se estiver indo para um destino no exterior precisará estar preparado **ryōgae suru** (*para trocar*) a moeda do seu país por aquela do país de destino. Certifique-se de levar **genkin** (*dinheiro*) suficiente para o guichê de câmbio.

DICA

Até mesmo em um **ginkō** (*banco*) estrangeiro, você pode ser capaz de usar seu cartão no caixa automático para sacar fundos de sua **kōza** (*conta*) na moeda correta.

Para mais palavras relacionadas a dinheiro, assim como informações sobre o **en** (*iene*) japonês, veja o Capítulo 15.

Circulando com o meio de transporte local

Certifique-se de saber as melhores maneiras de ir de um lugar a outro no país estrangeiro que planeja visitar. Em grandes áreas urbanas, as pessoas normalmente caminham ou pegam o **chikatetsu** (*metrô*). Outros métodos comuns de transporte incluem um (ou mais!) dos seguintes:

- 電車 **densha** (*trem*)
- フェリー **ferī** (*balsa*)
- 自転車 **jitensha** (*bicicleta*)
- タクシー **takushī** (*táxi*)

Veja mais informações sobre transporte no Capítulo 16.

Garantindo um lugar para ficar

Você tem diversas opções ao procurar suas acomodações no Japão:

- ビジネスホテル **bijinesu hoteru** (*hotel de negócios*)
- 観光ホテル **kankō hoteru** (*hotel para turistas*)
- カプセルホテル **kapuseru hoteru** (*hotel-cápsula*)
- 旅館 **ryokan** (*pousada de estilo japonês*)
- ユースホステル **yūsu hosuteru** (*albergue da juventude*)

O Capítulo 17 o ajuda a escolher as acomodações certas para suas necessidades, fazer uma reserva e o check-in e o check-out no final de sua viagem.

Agindo durante emergências

Ninguém gosta de pensar sobre ter uma emergência enquanto viaja, mas, se estiver em um país estrangeiro, é melhor saber o que fazer no caso de uma doença, ferimento ou qualquer outra emergência. O Capítulo 18 lhe fornece confiança e conhecimento em japonês para agir sabiamente quando encarar uma situação dessas.

LEMBRE-SE

Memorize estas frases agora — e torça para não precisar delas mais tarde:

- (#) **Dareka!** (*Alguém me ajude!*)
- (#) **Dorobō!** (*Ladrão!*)
- (#) **Kaji!** (*Incêndio!*)
- (#) **Tasukete!** (*Ajude-me!*)

NESTE CAPÍTULO

» Aprendendo os sons básicos

» Falando como um nativo

» Lendo textos em japonês

Capítulo 2

Verificando os Sons e Textos do Japonês

Este capítulo permite que você abra a boca e pareça uma pessoa totalmente diferente — uma pessoa japonesa! Prepare-se para descobrir tudo sobre os sons básicos de vogais e consoantes do japonês. Você descobrirá também os principais conceitos dos sistemas de escrita japoneses.

Pronunciando Sons Básicos do Japonês

Os sons do japonês são bem fáceis de ouvir e pronunciar; cada sílaba é curta e simples. Com um pouco de prática, você rapidamente se acostumará com eles. As seções a seguir permitem que comece com o pé direito (ou, devo dizer, com o som certo), observando as vogais, consoantes e algumas combinações de cada.

Vogais

A língua japonesa tem apenas cinco vogais básicas — **a**, **e**, **i**, **o** e **u**, todas soam curtas e limpas —, além de suas homólogas longas. Vogais longas têm o mesmo som das curtas; você só arrasta o som um pouco mais. As vogais longas são, às vezes, representadas por letras duplas — **aa**, **ee**, **ii**, **oo** e **uu** —, mas a apresentação mais comum usa letras únicas com uma barra (¯) sobre elas, como em **ā**, **ē**, **ī**, **ō** e **ū**. Este segundo método é o que uso neste livro.

LEMBRE-SE

A diferença entre uma vogal longa e uma curta faz toda a diferença no significado de uma palavra japonesa. Por exemplo, **obasan**, com a vogal curta **a**, significa *tia*; mas **obāsan**, com a vogal longa **ā**, *avó*.

Ouça a diferença entre sons de vogais curtas e longas na Faixa 1 enquanto observa a Tabela 2-1 para ter ideia do comprimento da vogal.

TOQUE AGORA

TABELA 2-1 Sons de Vogais Japonesas

Letra	Pronúncia	Palavra em Português com Som Análogo	Exemplo
a	a	bacia	おばさん **obasan** (*tia*)
ā	aa	Saara	おばあさん **obāsan** (*avó*)
e	e	fêmea	セル **seru** (*célula*)
ē	ee	reeleito	セール **sēru** (*venda*)
i	i	ilha	おじさん **ojisan** (*tio*)

Letra	Pronúncia	Palavra em Português com Som Análogo	Exemplo
ī	ii	xiita	おじいさん **ojīsan** (*avô*)
o	o	jogo	とり **tori** (*pássaro*)
ō	oo	zoológico	とおり **tōri** (*rua*)
u	u	uva	ゆき **yuki** (*neve*)
ū	uu	sem equivalente	ゆうき **yūki** (*coragem*)

Assim como no português, em japonês as vogais aparecem ao lado umas das outras sem ser separadas por consoantes. Você realmente pronuncia cada uma, para que a sequência tenha múltiplas sílabas. A Faixa 1 traz alguns exemplos dessas vogais sequenciais e suas pronúncias:

TOQUE AGORA

- » あお **ao** (*cor azul*)
- » あおい **aoi** (*azul*)
- » いえ **ie** (*casa*)
- » いう **iu** (*dizer*)
- » うえ **ue** (*para cima, acima, sobre*)
- » おい **oi** (*sobrinho*)

DICA

As vogais **i** e **u** soam como um perfeito sussurro, no discurso normal ou rápido, quando caem entre os sons consonantais **ch**, **h**, **k**, **p**, **s**, **sh**, **t** ou **ts** ou quando uma palavra termina com essa combinação consoante–vogal.

Consoantes

A maioria das consoantes japonesas é pronunciada como suas homólogas em português, mas confira na Tabela 2-2 as descrições dos sons aos quais precisa prestar atenção (você pode ouvir sua pronúncia na Faixa 1).

TOQUE AGORA

TABELA 2-2 **Consoantes Japonesas Muito Diferentes do Português**

Consoante	Descrição do Som	Exemplos
r	Quase um **r** entre vogais no português, em que você toca o céu da boca com a língua apenas uma vez.	りんご **ringo** (*maçã*)
f	Um som muito mais suave que o **f** português — algo entre um som de **f** e **h**. Faça-o aproximando seus lábios um do outro e soprando gentilmente o ar por eles.	ふゆ **fuyu** (*inverno*)
ts	A combinação de **t** e **s** é difícil de pronunciar no começo de uma palavra, como em *tsunami*, embora seja fácil em qualquer outra posição. Meu conselho é dizer a palavra *volts* em sua cabeça e então, *tsunami*.	つなみ **tsunami** (*tsunami*)
ry	A combinação de **r** e **y** é difícil de pronunciar quando ocorre antes da vogal **o**. Diga **ri** e depois **yo**. Repita muitas vezes e aumente a velocidade gradualmente, até que consiga pronunciar esses dois sons simultaneamente.	りょう **ryō** (*dormitório*)

TOQUE AGORA

Como a maioria das outras línguas, o japonês tem consoantes duplas, que são pronunciadas como consoantes simples antecedidas por uma breve pausa. Confira os exemplos a seguir e escute a pronúncia da Faixa 1.

- きっぷ **kippu** (*bilhete de transporte*)
- きって **kitte** (*selo postal*)
- けっこん **kekkon** (*casamento*)
- まっすぐ **massugu** (*reto*)
- バッグ **baggu** (*bolsa*)
- ベッド **beddo** (*cama*)

Parecendo Fluente

Se quiser parecer um falante nativo de japonês, precisa imitar a tonicidade e o sotaque geral, a afinação, a entonação, o ritmo e a velocidade do japonês nativo. Esses aspectos quase musicais da língua fazem uma grande diferença, e as seções a seguir lhe mostram como alcançá-los.

Não acentue

Frases em português soam como se estivessem cheias de socos, uma depois da outra, porque têm sílabas acentuadas seguidas por não acentuadas. Mas as frases em japonês soam bem planas, porque as palavras e frases japonesas não têm nenhuma sílaba acentuada. Então, a não ser que esteja com raiva ou animado, reprima seu desejo de acentuar sílabas quando falar japonês.

Cuidado com a afinação e a entonação

Embora os falantes de japonês não acentuem suas sílabas (veja a seção anterior), elevam ou abaixam sua *afinação* em uma sílaba específica em certas palavras. Uma afinação elevada soa como acentuação, mas não é bem o mesmo conceito; se pensar em termos de música, notas com afinação mais altas não são necessariamente mais acentuadas que as baixas. Mas, embora as diferenças de afinação não mudem a ênfase em uma palavra, essas leves mudanças alteram seu significado. Isso, entretanto, depende de em qual parte do Japão você esteja. Por exemplo, no Japão oriental, a palavra **hashi**, dita com uma afinação alta para baixa, significa *hashi (ou pauzinhos)*, mas com uma afinação baixa para alta, *uma ponte*. No Japão ocidental é exatamente o oposto: afinação alta para baixa significa *uma ponte* e baixa para alta, *hashi*.

Como você entende o que querem dizer? Primeiro, o dialeto oriental é padrão, porque é onde Tóquio, a capital do Japão, está localizada. Em qualquer evento, o contexto normalmente deixa claro. Se estiver em um restaurante e pedir por um **hashi**, pode seguramente afirmar que, não importa como afine a palavra, ninguém lhe dará uma ponte. Ouça alguns pares de palavras na Faixa 2 e tente perceber o que quero dizer com afinação.

TOQUE AGORA

- 箸 **hashi** (*hashi*) versus 橋 **hashi** (*ponte*)
- 雨 **ame** (*chuva*) versus 飴 **ame** (*doce*)
- 神 **kami** (*deus*) versus 紙 **kami** (*papel*)

TOQUE AGORA

De maneira similar, uma única frase pode ser dita ou entendida de diferentes maneiras dependendo da *entonação*, um fluxo de afinação geral que se aplica à frase ou sentença inteira. Suponha que alguém diga que matemática é o assunto mais fácil do mundo. Você pode responder a essa afirmação dizendo **Sō desu ka**. Se disser isso com uma entonação descendente, estará reconhecendo a afirmação: *Ah, entendi*. Se disser com uma entonação descendente–ascendente, estará mostrando dúvida ou leve discordância: *Mesmo?* Ouça a diferença na Faixa 2.

LINGUAGEM CORPORAL

CONHECENDO A CULTURA

Gestos são muito importantes para a comunicação. Os japoneses provavelmente usam menos gestos que os ocidentais. Por exemplo, não abraçam ou beijam pessoas em público. Mas têm alguns gestos únicos. Se conhecer os significados e funções desses gestos e utilizá-los enquanto interage com pessoas japonesas, você parecerá parte do grupo. Tente alguns dos seguintes gestos. E se vir uma pessoa japonesa nativa em uma mercearia japonesa, no shopping, em uma festa ou em qualquer outro lugar, observe-a cuidadosamente. Você definitivamente verá alguns destes gestos.

- **Banzai:** Quando um punhado de pessoas se reúne para celebrar alguma coisa, elas normalmente se levantam ao mesmo tempo, levantam ambos os braços sobre suas cabeças simultaneamente e gritam "万歳! Banzai! (*Viva!*)", juntas, três vezes.
- **Reverência:** Para os japoneses, fazer uma reverência é uma ferramenta de comunicação cotidiana absolutamente importante e necessária. Você faz uma reverência para agradecer a alguém, se desculpar, cumprimentar e até para dizer tchau. Ao fazer uma reverência, você expressa sua educação e seu respeito pelos outros. Mas não precisa fazer uma reverência muito demorada. Na maioria dos casos, pode apenas inclinar a cabeça por um ou dois segundos. Guarde a reverência longa, usando a metade de cima do seu corpo, para aquelas vezes em que cometer um erro terrível, receber um ato de gentileza muito grande ou associar-se a pessoas extremamente formais.
- **Acenar com a cabeça:** Sempre que alguém lhe disser algo, acene imediatamente com a cabeça. Caso contrário, o interlocutor achará que não está prestando atenção ou que está chateado.
- **Acenar:** Se quiser que o povo japonês entenda seus acenos, deve saber que o aceno japonês está todo no punho. Se cumprimentar seu vizinho brasileiro movendo sua mão para cima e para baixo de seu punho, como uma criança acenando tchau-tchau, ele entenderá que quis dizer *oi*. No entanto, seu vizinho japonês achará que o está chamando para ir até você. Os japoneses usam um tipo de movimento de cavar com a palma da mão para baixo para dizer *venha cá* — apenas uma inversão de 180 graus do movimento de cavar com a palma da mão para cima, que os brasileiros usam para dizer a mesma coisa.

CONHECENDO A CULTURA

Outro fato interessante sobre afinação: os japoneses aumentam sua amplitude de afinação geral quando falam com seus superiores. Então as pessoas falam com um chefe, cliente, freguês ou professor como se eles (os falantes) fossem pássaros cantando, e com seus amigos, assistentes e familiares, em uma amplitude de afinação mais normal. Essa mudança é mais notável entre mulheres. As mulheres trabalhadoras aumentam muito sua afinação quando lidam com seus clientes. Elas não querem assustá-los; estão apenas tentando ser muito educadas. As mulheres também aumentam sua afinação quando falam com crianças pequenas, apenas para indicar uma atitude amigável em relação aos pequenos. A lisonjeira afinação alta de uma mulher japonesa nesses contextos tem um tom de voz totalmente diferente da afinação alta que usa quando aumenta sua afinação devido à raiva.

Entre no ritmo

Frases em português soam muito fluidas e conectadas, mas, em japonês, cortadas, porque cada sílaba é pronunciada mais clara e separadamente do que em português. Você pode parecer um nativo pronunciando cada sílaba em japonês separadamente.

DICA

Cada sílaba é representada por um caractere **kana**, então ver textos em japonês o ajuda a pronunciar bem palavras e frases. Para informações sobre esses textos, incluindo **kana**, veja mais adiante a seção relacionada.

Mantenha sua velocidade alta

O atalho para parecer um nativo japonês é prestar atenção à sua velocidade de fala. Tente dizer toda a expressão ou frase em velocidade normal. Se você falar muito devagar, o ouvinte pode se perder no que está tentando dizer, mesmo se sua pronúncia for perfeita. Não estou pedindo que fale rápido, mas tente falar perto da velocidade normal da fala dos nativos. As chances são de que ninguém note seus pequenos problemas de pronúncia se você falar em velocidade normal e com a entonação e o ritmo certos.

Apresentando os Textos em Japonês

O japonês utiliza vários sistemas de escrita simultaneamente, mesmo na mesma frase, combinando dois conjuntos de símbolos fonéticos chamados **kana** (**hiragana** e **katakana**) e caracteres chineses chamados **kanji**. Cada caractere **kana** representa um som de sílaba, mas cada caractere **kanji** representa um significado. Este livro fornece **kana** e **kanji** na maioria das seções, para que se acostume com textos japoneses autênticos. Mas, não se preocupe, também forneço **rōmaji** (*letras romanas*) ao longo do livro, para que você nunca se perca ou se sinta intimidado. É realmente uma escolha sua se quiser aprender japonês usando **rōmaji**, usando **kana** e **kanji**, ou ambos!

Kana

No japonês moderno, **hiragana** é usado principalmente para representar elementos gramaticais e palavras nativas não escritas em **kanji**, enquanto **katakana** é usado para representar nomes e vocabulário estrangeiros. As próximas seções apresentam os símbolos e os sons que representam, bem como algumas regras básicas relacionadas à escrita.

Os caracteres

A Tabela 2-3 mostra caracteres básicos **hiragana** e **katakana**. Tente ler em voz alta junto com a Faixa 3. (***Nota:*** algumas pessoas pronunciam a penúltima entrada na tabela como **wo**, mas apenas uma parte do tempo.)

TOQUE AGORA

TABELA 2-3 Hiragana e Katakana Básicos

Rōmaji	Pronúncia	Hiragana	Katakana
a	a	あ	ア
i	i	い	イ
u	u	う	ウ
e	e	え	エ
o	o	お	オ
ka	ka	か	カ
ki	ki	き	キ
ku	ku	く	ク
ke	ke	け	ケ
ko	ko	こ	コ
sa	sa	さ	サ
shi	xi	し	シ
su	su	す	ス
se	se	せ	セ
so	so	そ	ソ
ta	ta	た	タ
chi	txi	ち	チ
tsu	tsu	つ	ツ

Rōmaji	Pronúncia	Hiragana	Katakana
te	te	て	テ
to	to	と	ト
na	na	な	ナ
ni	ni	に	ニ
nu	nu	ぬ	ヌ
ne	ne	ね	ネ
no	no	の	ノ
ha	ra	は	ハ
hi	ri	ひ	ヒ
fu	fu	ふ	フ
he	re	へ	ヘ
ho	ro	ほ	ホ
ma	ma	ま	マ
mi	mi	み	ミ
mu	mu	む	ム
me	me	め	メ
mo	mo	も	モ
ya	ya (ia)	や	ヤ
yu	yu (iu)	ゆ	ユ
yo	yo (io)	よ	ヨ
ra	la	ら	ラ
ri	li	り	リ
ru	lu	る	ル
re	le	れ	レ
ro	lo	ろ	ロ
wa	wa (ua)	わ	ワ
(w)o	wo (uo)	を	ヲ
n	n	ん	ン

As regras básicas

O caractere ん **(n)** representa uma sílaba independente para o japonês, mesmo que soe como parte de uma sílaba existente para você. を geralmente é pronunciado como **o**, como o caractere お, mas ele é usado exclusivamente como um indicativo de objeto direto (veja o Capítulo 3 para descobrir mais sobre objetos diretos). Alguns caracteres **kana** têm uma pronúncia excepcional: は **(ha)** é lido como **wa** quando usado como uma partícula de tópico; e へ **(he)**, como **e** (eh) quando usado como uma partícula que mostra as direções. (Trato de partículas no Capítulo 3.)

Japoneses usam dois sinais diacríticos: dois traços curtos (゛) e um pequeno círculo (°). Ao adicionar (゛) no canto superior direito de um caractere **kana** que começa com as consoantes **k**, **s**, **t**, **h** ou **f**, você as torna sonoras. Por exemplo, か representa **ka**, enquanto が representa **ga**. Então você pode converter **k** para **g**, **s** para **z** e **t** para **d** usando (゛). Estranhamente, **h** e **f** são convertidos para **b**. Lembre-se também de que tanto じ quanto ぢ soam como **dji**, e tanto ず quanto づ soam como **zu**. (No entanto, **dji** e **zu** são quase sempre representados por じ e ず, respectivamente).

LEMBRE-SE

O que significa *sonora*? Para entender sons mudos e sonoros, diga **k** e **g** enquanto toca levemente sua garganta. Você sente uma vibração apenas quando diz **g**, mesmo que esteja fazendo basicamente a mesma coisa com sua boca quando diz **k**, certo? Os linguistas chamam de sons mudos aqueles sem vibração, como **k**, **p**, **t**, **s** e **c**, e de sonoros aqueles que vibram, como **g**, **b**, **d** e **z**.

Por outro lado, ao adicionar um pequeno círculo (°) no canto superior direito de um caractere **kana** que começa com **h** ou **f**, você converte a consoante em **p**. Confira os seguintes exemplos de palavras que incluem esses sinais diacríticos:

ぶんぷ **bunpu** (*distribuição*)

ちぢむ **chijimu** (*encolher*)

ふぶき **fubuki** (*tempestade de neve*)

がか **gaka** (*pintor*)

はば **haba** (*largura*)

かんぱい **Kanpai!** (*Saúde!*)

しじ **shiji** (*instrução*)

すず **suzu** (*sino*)

つづき **tsuzuki** (*continuação*)

Você representa sílabas complexas com a qualidade do som de **y** adicionando um pequeno や **(ya)**, ゆ **(yu)** ou よ **(yo)** depois de uma sílaba com uma vogal **i**.

Não estou falando de minúsculas ou maiúsculas. Você só precisa tornar o tamanho do caractere menor de 50% a 75%. Por exemplo, き **(ki)** seguido por um pequeno ゃ rende きゃ **(kya)**. O mesmo se aplica a **katakana**. A diferença de tamanho é um pouco difícil de ver na impressão, mas espero que você se acostume gradualmente com isso. Aqui estão alguns exemplos com essas sílabas complexas:

ひゃく **hyaku** (*cem*)

シャツ **shatsu** (*camisa*)

しゅじゅつ **shujutsu** (*operação médica*)

O pequeno っ **(tsu)** não é pronunciado; em vez disso, representa um momento de pausa encontrado em consoantes duplas. O mesmo se aplica ao **katakana**.

きって **kitte** (*selo postal*)

みっつ **mittsu** (*três peças*)

ソックス **sokkusu** (*meias*)

Vogais longas são representados por uma letra adicional, あ **(a)**, い **(i)**, う **(u)**, え **(e)** ou お **(o)** em **hiragana**, mas com um ponto de alongamento (ー) em **katakana** (confira a seção anterior "Vogais" para saber mais sobre vogais longas). Por exemplo

おばあさん **obāsan** (*avó*)

おじいさん **ojīsan** (*avô*)

コーヒー **kōhī** (*café*)

LEMBRE-SE

A pronúncia de alguns **kana** muda ligeiramente em fala normal rápida em alguns contextos. Por exemplo, o **kana** う **(u)** ao qual se segue outro **kana** com a vogal **o** é lido como uma parte de uma vogal longa **ō**, e o **kana** い **(i)** que segue outro **kana** com a vogal **e** é lido como uma parte de uma vogal longa **ē**. Você vê o que quero dizer nos seguintes exemplos:

おとうさん **otōsan** (*pai*)

せんせい **sensei** (*professor*)

Kanji

Caracteres **kanji** foram importados da China. Muitos são feitos de imagens e sinais, e outros são combinações de vários caracteres **kanji** ou componentes. Por exemplo:

Kanji feitos de imagens: 山 (*montanha*), 川 (*rio*), 木 (*árvore*), 日 (*Sol*), 月(*Lua*) e 人 (*pessoa*).

Kanji feitos de sinais: 一 (*um*), 二 (*dois*), 三 (*três*), 上 (*topo*), 下 (*fundo*) e 中 (*meio*).

Kanji feitos pela combinação de múltiplos kanji ou componentes de kanji: 明 (*brilhante*), feito de 日 (*Sol*) e 月 (*Lua*); 森 (*floresta*), feito de três exemplos de **kanji** 木 (*árvore*); 休 (*descanso*), feito do componentes de **kanji** イ(*pessoa*) e do **kanji** 木 (*árvore*).

A maioria dos caracteres **kanji** tem várias pronúncias, incluindo versões baseadas em japonês e chinês. Por exemplo, você pronuncia 人 como **hito** no modo japonês quando aparece sozinho, mas provavelmente o lê como **jin** ou **nin** quando é parte de um substantivo composto. Por exemplo:

人 **hito** (*pessoa*)

日本人 **Nihonjin** (*pessoa japonesa*)

三人 **sannin** (*três pessoas*)

Caracteres **kanji** para verbos e adjetivos são normalmente seguidos por um **hiragana**. Por exemplo:

明るい **akarui** (*brilhante*)

食べる **taberu** (*comer*)

LEMBRE-SE

Infelizmente, não lhe posso dar uma dica fácil para saber como pronunciar os caracteres **kanji**; você apenas tem que aprendê-los um por um. Observe como cada caractere é usado e lido em diferentes contextos. Depois de um tempo, você será capaz de ter uma boa ideia sobre como ler um determinado **kanji**.

A Tabela 2-4 mostra uma lista de 50 dos caracteres **kanji** mais fáceis (relativamente falando) e úteis, junto a alguns exemplos de uso e pronúncia.

TABELA 2-4 **Uma Amostra de Kanji Úteis**

Kanji	Principal(is) Significado(s)	Exemplos
一	*um*	一 **ichi** (*um*) 一つ **hitotsu** (*um pedaço*) 一人 **hitori** (*uma pessoa*)
二	*dois*	二 **ni** (*dois*) 二つ **futatsu** (*dois pedaços*)
三	*três*	三 **san** (*três*) 三つ **mittsu** (*três pedaços*)

Kanji	Principal(is) Significado(s)	Exemplos
人	*pessoa*	人 **hito** (*pessoa*) 日本人 **Nihonjin** (*pessoa japonesa*)
口	*boca*	口 **kuchi** (*boca*) 人口 **jinkō** (*população*)
目	*olho*	目 **me** (*olho*) 一つ目 **hitotsu-me** (*o primeiro pedaço*) 目的 **mokuteki** (*propósito*)
木	*árvore*	木 **ki** (*árvore*) 木曜日 **mokuyōbi** (*quinta-feira*)
森	*floresta*	森 **mori** (*floresta*) 森林 **shinrin** (*matas e florestas*)
山	*montanha*	山 **yama** (*montanha*) 富士山 **Fujisan** (*Monte Fuji*)
川	*rio*	川 **kawa** (*rio*) 川口 **Kawaguchi** (*Kawaguchi, um nome de família*)
日	*Sol*	日 **hi** (*o Sol*) 日曜日 **nichiyōbi** (*domingo*)
月	*Lua*	月 **tsuki** (*a Lua*) 月曜日 **getsuyōbi** (*segunda-feira*)
年	*ano, idade*	年 **toshi** (*ano, idade*) 去年 **kyonen** (*ano passado*)
本	*livro*	本 **hon** (*livro*) 日本 **Nihon/Nippon** (*Japão*)
明	*brilhante*	明るい **akarui** (*brilhante*) 明日 **asu** (*amanhã*)
行	*ir*	行く **iku** (*ir*) 銀行 **ginkō** (*banco*)
来	*vir*	来る **kuru** (*vir*) 来週 **raishū** (*semana que vem*)
私	*Eu, meu, privado*	私 **watashi** (*eu, meu*) 私立大学 **shiritsu daigaku** (*universidade particular*)
男	*masculino*	男の人 **otoko no hito** (*homem*) 男性 **dansei** (*homem*)
女	*feminino*	女の人 **onna no hito** (*mulher*) 彼女 **kanojo** (*ela, namorada*)
母	*mãe*	母 **haha** (*a própria mãe*) お母さん **okāsan** (*a mãe de alguém*)

(continua)

(continuação)

Kanji	Principal(is) Significado(s)	Exemplos
父	*pai*	父 **chichi** *(o próprio pai)* お父さん **otōsan** (*o pai de alguém*)
車	*carro*	車 **kuruma** (*carro*) 電車 **densha** (*trem*)
食	*comer*	食べる **taberu** (*comer*) 食事 **shokuji** (*refeição*)
入	*entrar*	入る **hairu** (*entrar*) 入学 **nyūgaku** (*entrar em uma escola*)
出	*sair*	出る **deru** (*sair*) 出口 **deguchi** (*saída*) 出発 **shuppatsu** (*partida*)
学	*aprender*	学ぶ **manabu** (*aprender*) 学生 **gakusei** (*aluno*) 学校 **gakkō** (*escola*)
先	*adiante, anterior*	先に **saki ni** (*na frente*) 先生 **sensei** (*professor*) 先月 **sengetsu** (*mês passado*)
生	*viver, nascimento*	生きる **ikiru** (*viver*) 生まれる **umareru** (*nascer*)
金	*ouro, dinheiro*	金 **kin** (*ouro*) お金 **o-kane** (*dinheiro*) 金曜日 **kinyōbi** (*sexta-feira*)
上	*topo, acima*	上 **ue** (*topo, acima*) 上がる **agaru** (*subir*) 上手 **jōzu** (*habilidoso*)
下	*fundo, abaixo*	下 **shita** (*fundo, abaixo*) 下がる **sagaru** (*descer*) 地下 **chika** (*porão*)
中	*dentro, meio*	中 **naka** (*dentro, meio*) 中国 **Chūgoku** (*China*)
水	*água*	水 **mizu** (*água*) 水曜日 **suiyōbi** (*quarta-feira*)
土	*solo*	土 **tsuchi** (*solo*) 土地 **tochi** (*terra*) 土曜日 **doyōbi** (*sábado*)
火	*fogo*	火 **hi** (*fogo*) 火曜日 **kayōbi** (*terça-feira*) 火山 **kazan** (*vulcão*)

Kanji	Principal(is) Significado(s)	Exemplos
大	*grande*	大きい **ōkii** (*grande*) 大学 **daigaku** (*universidade*)
小	*pequeno*	小さい **chīsai** (*pequeno*) 小学生 **shōgakusei** (*aluno do ensino fundamental*)
犬	*cachorro*	犬 **inu** (*cachorro*) 番犬 **banken** (*cão de guarda*)
高	*caro, alto*	高い **takai** (*caro*) 高校 **kōkō** (*ensino médio*)
安	*barato, em paz*	安い **yasui** (*barato*) 安心 **anshin** (*paz de espírito*)
右	*direito*	右 **migi** (*direita*) 右折する **usetsu suru** (*virar à direita*)
左	*esquerdo*	左 **hidari** (*esquerda*) 左右 **sayū** (*esquerda e direita*)
円	*círculo, iene*	円 **en** (*círculo, iene*) 円周 **enshū** (*circunferência*)
長	*longo, chefe*	長い **nagai** (*longo*) 校長 **kōchō** (*diretor*)
朝	*manhã*	朝 **asa** (*manhã*) 朝食 **chōshoku** (*café da manhã*)
昼	*tarde, diurno*	昼 **hiru** (*tarde, diurno*) 昼食 **chūshoku** (*almoço*)
晩	*noite*	晩 **ban** (*noite*) 今晩 **konban** (*esta noite*)
時	*hora*	時 **toki** (*tempo*) 時間 **jikan** (*horas*)
分	*minuto*	分かる **wakaru** (*entender*) 5分 **go-fun** (*cinco minutos*)

Diversão & Jogos

Para cada palavra em português, circule nos parênteses a palavra correta em japonês. A solução está no Apêndice D.

1. avó (おばさん **obasan**, おばあさん **obāsan**)

2. avô (おじさん **ojisan**, おじいさん **ojīsan**)

3. selo postal (きって **kitte**, きて **kite**)

4. Viva! (かんぱい **kanpai**, かんばい **kanbai**)

5. pessoa japonesa (日本人 **Nihonhito**, 日本人 **Nihonjin**)

NESTE CAPÍTULO

» Falando com estilo

» Compartilhando frases

» Questionando seu professor de português

» Formando verbos

» Descrevendo tudo

Capítulo 3
Aquecendo com a Gramática Básica do Japonês

Se as regras gramaticais são os ramos de uma árvore, as palavras são suas belas folhas. Verificar os ramos antes de desfrutar dessas folhas é o atalho para seu sucesso na compreensão de toda a árvore. Este capítulo mostra como se parecem os galhos da árvore da língua japonesa. Você descobre a importância de estilos de fala como um nativo, bem como a maneira de formar frases e fazer perguntas básicas. Também descobre as noções básicas de partes do discurso, como pronomes, verbos, adjetivos e advérbios. Tudo isso e muito mais espera por você nesta visão geral dos conceitos básicos da gramática japonesa.

Usando Estilos Adequados de Discurso

Os japoneses usam estilos de fala diferentes dependendo de com quem estão falando. Por exemplo, você faz uma pergunta simples, como *Você viu?*, de forma diferente para pessoas diferentes. Ao falar com seu chefe, use o estilo *formal* do discurso e diga **Goran ni narimashita ka.** Ao falar com seu colega, use o estilo *polido/neutro* e diga **Mimashita ka.** E, com seus filhos, use o estilo *simples/informal* e diga **Mita no.** Observe que a frase torna-se cada vez mais curta à medida que desce na hierarquia relativa de seu chefe para seus filhos.

Se usar o estilo simples/informal de discurso com seu chefe, ele ou ela provavelmente começará a procurar por algum motivo oficial para expulsá-lo de seu grupo. Se usar um estilo formal com sua filha, soará como um plebeu cuja filha se casou com um príncipe real. A parte difícil de escolher o estilo de discurso correto é que a escolha depende tanto da hierarquia social (em termos de posição e idade) quanto do grupo social (como integrantes ou não). Dependendo do público, os padrões informais soam rudes ou muito íntimos, e os formais, excessivamente polidos ou muito frios. Em alguns casos, pode não ficar muito claro qual estilo você deve usar. E se seu assistente for mais velho que você? E se seu filho for seu chefe? Esses cenários estão presentes quando sua personalidade pode influenciar seu estilo de discurso; pessoas diferentes os tratam de formas diferentes, até mesmo no Japão. Se não quer ofender ninguém, sua melhor aposta é usar a versão polida, pelo menos no início. A Tabela 3-1 dá algumas orientações gerais sobre quando usar cada estilo de discurso.

TABELA 3-1 Estilos de Discurso

Estilo	Com Quem Utilizá-lo
Formal	Seus clientes, pessoas muito mais velhas que você, seu chefe, professores
Polido/neutro	Seus colegas de classe, de trabalho, vizinhos, conhecidos, os pais de seus amigos
Simples/informal	Seus pais, filhos, cônjuge, alunos, assistentes, amigos próximos

LEMBRE-SE

Neste livro uso o estilo de discurso adequado ao contexto; mas, não se preocupe, você conseguirá diferenciá-los depois que aprender as formas verbais básicas.

DICA

Como você está começando seu estudo de japonês, meu conselho é iniciar com o estilo polido/neutro e gradualmente brincar com o formal e simples/informal.

Formando Frases

Levei cerca de 20 meses para começar a formar uma frase em japonês depois que nasci. Vinte meses! Eu era bem fofa nessa idade, ou é o que minha mãe diz. Hoje você pode começar a formar uma frase em japonês em apenas cinco minutos — prometo. Você está economizando muito tempo! As seções seguintes cobrem os pontos importantes para a criação de frases em japonês.

Ordenando as palavras corretamente

LEMBRE-SE

A ordem básica das palavras em português é sujeito-verbo-objeto, mas em japonês é sujeito-objeto-verbo. Em vez de dizer *eu assisti à TV*, você diz que *eu à TV assisti*. Em vez de dizer *eu comi sushi*, diz *eu sushi comi*. Agora você sabe o padrão. Então repita comigo: coloque o *verbo no final*! *Verbo final*! *Verbo final*! Vá em frente e tente!

Eu saquê bebi, *eu karaokê cantei* e *eu dinheiro perdi*! Bom, você a ordem básica das palavras em japonês tem.

Marcando substantivos com partículas

Sujeito-objeto-verbo é a ordem básica das palavras em japonês, mas objeto-sujeito-verbo também é aceitável. Enquanto o verbo estiver no final da frase, os professores de gramática japoneses ficarão felizes. Por exemplo, se Mary convidou John, em japonês você pode dizer tanto *Mary John convidou* ou *John Mary convidou*. Como eu disse, desde que o verbo esteja no final, a ordem das outras palavras não importa.

Embora pareça ótimo, uma pessoa inteligente como você pode estar dizendo: "Espere um minuto! Como sabe quem convidou quem?" O segredo é que o japonês usa uma pequena marca, chamada de partícula, logo após cada frase nominal. A partícula para o executor da ação é **ga**, e para o receptor, **o**. Assim, ambas as frases a seguir significam *Mary convidou John*:

メアリーがジョンを誘いました。 **Mearī ga Jon o sasoimashita.**

ジョンをメアリーが誘いました。 **Jon o Mearī ga sasoimashita.**

Em outras palavras, **ga** é a partícula de marcação do sujeito, e **o** é a de marcação do objeto direto. Elas não têm tradução para o português. Desculpe, é apenas japonês.

Outras partículas japonesas incluem **kara**, **made**, **ni**, **de**, **to** e **ka**. Felizmente, podem ser traduzidas em palavras do português, como *a partir de*, *até*, *a*, *com*, *por*, *em*, *dentro*, *sobre*, *e* e *ou*. Mas cada partícula é traduzida de forma diferente, dependendo do contexto. Por exemplo, a partícula **de** corresponde a *em*, *por* ou *com* em português, dependendo do contexto:

> ボストンで勉強します。**Bosuton de benkyō shimasu.** (*Estudarei em Boston.*)
>
> タクシーで行きます。**Takushī de ikimasu.** (*Irei de táxi.*)
>
> フォークで食べます。**Fōku de tabemasu.** (*Comerei com um garfo.*)

DICA

A tradução nem sempre é a melhor maneira de entender uma língua estrangeira, então lembre-se das partículas em termos de suas funções gerais, e não de suas exatas traduções para o português. A Tabela 3-2 apresenta partículas do japonês e seus vários significados. Mostro traduções quando possíveis.

TABELA 3-2 **Partículas**

Partícula	Português	Função Geral	Exemplo
が **ga**	Sem equivalente em português	Especifica o sujeito da sentença.	ジョンが来た。 **Jon ga kita.** (*John veio.*)
を **o**	Sem equivalente em português	Especifica o objeto direto da sentença.	メアリーがジョンを誘った。 **Mearī ga Jon o sasotta.** (*Mary convidou John.*)
から **kara**	*de*	Especifica o ponto inicial da ação.	９時から勉強した。 **Ku-ji kara benkyō shita.** (*Estudei desde as 9h.*)
まで **made**	*até*	Especifica o ponto final da ação.	３時まで勉強した。 **San-ji made benkyō shita.** (*Estudei até as 3h.*)
に **ni**	*para, sobre em, dentro*	Especifica o alvo da ação.	日本に行った。 **Nihon ni itta.** (*Fui ao Japão.*) 弟に本をあげた。 **Otōto ni hon o ageta.** (*Dei o livro ao meu irmãozinho.*)
		Especifica o local de existência.	兄は東京にいる。 **Ani wa Tōkyō ni iru.** (*Meu irmão está em Tóquio.*)
		Especifica o tempo do evento.	３時に着いた。 **San-ji ni tsuita.** (*Cheguei às 3h.*)
へ **e**	*para, em direção a*	Especifica a direção da ação.	東京へ行った。 **Tōkyō e itta.** (*Fui para/em direção a Tóquio.*)

Partícula	Português	Função Geral	Exemplo
で **de**	*em, por, com, em*	Especifica o local, a maneira ou a condição de fundo da ação.	ボストンで勉強した。 **Bosuton de benkyō shita.** (*Estudei em Boston.*) タクシーで行った。 **Takushī de itta.** (*Fui até lá de táxi.*) フォークで食べた **Fōku de tabeta.** (*Comi com um garfo.*)
の **no**	*dele(a)*	Cria uma frase possessiva ou modificadora.	メアリーの本 **Mearī no hon.** (*O livro de Mary.*) 日本語の本 **nihongo no hon** (*Um livro de língua japonesa.*)
と **to**	*e, com*	Lista itens. Especifica uma pessoa acompanhante ou um relacionamento recíproco.	すしと刺身とてんぷらを食べた。 **Sushi to sashimi to tenpura o tabeta.** (*Comi sushi, sashimi e tempura.*) ジョンがメアリーと歌った。 **Jon ga Mearī to utatta.** (*John cantou com Mary.*) トムはマイクと似ている。 **Tomu wa Maiku to nite iru.** (*Tom se parece com Mike.*)
は **wa**	*falando de*	Marca o tópico de uma sentença.	東京は去年行った。 **Tōkyō wakyonen itta.** (*Falando de Tóquio, fui lá ano passado.*)

LEMBRE-SE

Se escrever partículas japonesas, utilize o **hiragana** を, em vez do **hiragana** お, para representar a partícula **o**. O **hiragana** を é usado apenas como a partícula de objeto direto. Além disso, use o **hiragana** へ para representar a partícula **e**. É apenas uma convenção da língua japonesa.

Você pode ter um punhado de partículas em uma sentença, como as frases a seguir ilustram:

メアリーが車で東京へ行った。 **Mearī ga kuruma de Tōkyō e itta.** (*Mary foi a Tóquio de carro.*)

ジョンのお父さんからビールとお酒とワインをもらった。 **Jon no otōsan kara bīru to osake to wain o moratta.** (*Ganhei cerveja, saquê e vinho do pai de John.*)

LEMBRE-SE

Os substantivos em japonês não precisam de artigos, como *um* e *os* em português. Além disso, você não precisa especificar singular ou plural. **Tamago** tanto é *ovo* como *ovos*.

Dizendo o tópico

O português não tem uma frase tópico, mas, se colocar uma frase tópico no início de tudo o que disser em japonês, pode parecer muito mais um falante nativo. Os japoneses adoram mencionar tópicos no início de suas sentenças.

No início de uma afirmação, esclareça sobre o que está falando — em outras palavras, indique o *tópico* da sentença. Você precisa fornecer ao ouvinte uma dica: *O que vou dizer a partir de agora é sobre o* tópico, *Quanto ao* tópico ou *Falando do* tópico. Use a partícula **wa** para marcar a palavra do tópico. Desculpe, mas use o **hiragana** は, e não わ, para representar a partícula **wa**.

Suponha que esteja falando sobre o que fez *ontem*. Você começa com a palavra ontem, **kinō**, e adiciona **wa** depois da palavra para alertar o ouvinte de que ontem é seu tópico e que dirá algo sobre isso no resto da frase.

As seguintes frases diferem sobre o que o orador está falando. A declaração pode ser sobre o que aconteceu *ontem*, sobre o que aconteceu com *o professor*, ou o que aconteceu com *John*, dependendo do que precede **wa**:

> 昨日は先生がジョンを叱った。**Kinō wa sensei ga Jon o shikatta.** (*Sobre ontem, o que aconteceu foi que o professor repreendeu John.*)
>
> 先生は昨日ジョンを叱った。**Sensei wa kinō Jon o shikatta.** (*Sobre o professor, o que ele fez ontem foi repreender John.*)
>
> ジョンは先生が昨日叱った。**Jon wa sensei ga kinō shikatta.** (*Sobre John, o que aconteceu a ele é que o professor o repreendeu ontem.*)

LEMBRE-SE

Qualquer substantivo pode ser o tópico. O substantivo de assunto ou de objeto pode sê-lo. Quando um substantivo for tanto o sujeito da frase quanto o tópico da sentença, use somente a partícula de tópico **wa** — nunca **ga wa** — para marcar o substantivo tanto como sujeito quanto como tópico. Da mesma forma, quando um substantivo for tanto o objeto direto quanto o tema, marque-o apenas com **wa** — nunca com **o** e **wa**. No entanto, **wa** pode seguir outras partículas, como em **ni wa** e **de wa**.

Deixando de lado as palavras compreendidas

Você pode ter a impressão de que o povo japonês é diligente e trabalhador — e isso certamente é verdade em muitas áreas —, mas quando se trata de falar os japoneses usam o número mínimo de palavras necessárias para transmitir seu significado. O falar minimalista é algo da cultura japonesa.

Uma maneira de reduzir frases é deixar de lado pronomes e palavras depreensíveis do contexto, e os japoneses fazem isso quase todo o tempo. Como resultado, muitas vezes você ouve frases sem sujeito, objeto direto, uma frase de tempo ou de localização. Uma frase que consiste apenas do verbo ou uma pergunta que consiste apenas do tópico não é incomum. Por exemplo, você não precisa dizer as palavras e frases entre parênteses nos seguintes minidiálogos.

Interlocutor A: 昨日はテニスをしましたか。**Kinō wa tenisu o shimashita ka.** (*Você jogou tênis ontem?*)

Interlocutor B: はい，（私は昨日テニスを）しました。**Hai, (watashi wa kinō tenisu o) shimashita.** (*Sim, eu joguei tênis ontem.*)

Interlocutor A: （あなたは今日私の）うちに来ますか。**(Anata wa kyō watashi no) uchi ni kimasu ka.** (*Você virá à minha casa hoje?*)

Interlocutor B: はい。**Hai.** (*Sim.*)

Interlocutor A: ホットドッグは（食べますか)。**Hotto doggu wa (tabemasu ka).** (*Você comerá um cachorro-quente?*)

Interlocutor B: ああ，いいですね。**Ā, ii desu ne.** (*Ah, isso é ótimo.*)

Fazendo Perguntas

Se você pode formar uma frase, pode facilmente formular uma pergunta em japonês. Diferente do português, você não usa pontos de interrogação.

Como formula uma pergunta depende de você estar esperando uma resposta *sim* ou *não* ou um pedaço específico de informação, como um nome, local, data ou pessoa. Discuto cada caso nas subseções seguintes.

Perguntas de sim/não

LEMBRE-SE

Para formar uma pergunta para a qual espera uma resposta *sim* ou *não*, basta acrescentar a partícula de pergunta **ka** no final da frase de declaração e usar uma entonação ascendente, assim como você faz em português. Por exemplo, **Jon wa kimasu.** significa *John virá*, e **Jon wa kimasu ka.** significa *John virá?*

Perguntas de conteúdo

Para fazer uma pergunta para a qual espera informações ou conteúdo específico como resposta, use uma palavra interrogativa, além da partícula de pergunta **ka**, no final da frase. Assim como em português, você usa palavras interrogativas diferentes, dependendo do que estiver perguntando. A Tabela 3-3 fornece mais informações sobre palavras interrogativas.

TABELA 3-3 Palavras Interrogativas Comuns

Palavra Interrogativa	Português
だれ **dare**	*quem*
どこ **doko**	*onde*
どなた **donata**	*quem* (forma polida)
どれ **dore**	*qual*
どう **dō**	*como*
いくら **ikura**	*quanto*
いつ **itsu**	*quando*
何 **nani**	*o que*

Aqui estão alguns exemplos de perguntas de conteúdo para que veja as palavras interrogativas em ação:

> パーティーにはだれと行きますか。**Pātī ni wa dare to ikimasu ka.** (*Com quem você vai à festa?*)
>
> 昨日は何をしましたか。**Kinō wa nani o shimashita ka.** (*O que você fez ontem?*)
>
> そのバッグはいくらですか。**Sono baggu wa ikura desu ka.** (*Quanto custa esta bolsa?*)

Tendo uma Conversa

TOQUE AGORA

Yoko está perguntando a Ken quem foi à festa de ontem (Faixa 4).

Yoko: **Kinō no pātī wa dare ga kimashita ka.**
Quem foi à festa de ontem?

Ken: **Jon to Mearī ga kimashita.**
John e Mary vieram.

Yoko: **Ā, sō desu ka.**
Ah, é mesmo?

Palavras a Saber

kinō	ontem
kuru	vir
pātī	festa

Compreendendo os Pronomes

Pronomes são abreviações convenientes para substantivos, dos quais tanto o português quanto o japonês fazem bom uso. Confira a seguinte instrução, em que coloco em itálico todos os pronomes:

> Misture *aqueles* juntos *desse* jeito, deixe-*os ali* por um tempo e então dê *isso* a *ele* com *aquilo*.

Isso faz você perceber como os pronomes são convenientes, não é? E, escute--me, eles se tornam ainda mais úteis quando sua memória de curto prazo piora à medida que envelhece e você começa a referir-se a tudo como "isso", "ele" e "ela".

Pronomes demonstrativos

Pronomes demonstrativos parece ser uma expressão grande demais para falar sobre quatro pequenas palavras: *isto*, *aquilo*, *estes* e *aqueles*. Pense em uma loja de donuts. Você aponta para todas as gostosuras e diz: "Quero seis destes, dois daqueles e aquele grandão bem ali." Você usa pronomes demonstrativos para apontar verbalmente. Em japonês, as coisas são um pouco mais complicadas do que em português.

Suponha que seja o interlocutor e sua namorada, a ouvinte, e que apenas vocês dois estejam sentados frente a frente em uma mesa aconchegante em um restaurante chique. Que romântico! Nesse caso, a metade da mesa do seu lado é o seu território, e a outra metade, do lado de sua namorada, o território dela. "Território" é uma palavra estranha nesse contexto, mas lhe dá uma ideia clara. Quaisquer outras mesas no restaurante estão fora de ambos os territórios. Com essa delimitação, você pode usar os seguintes pronomes quando se referir a diversos alimentos em todo o restaurante.

- » これ **kore**: Coisas no seu território
- » それ **sore**: Coisas no território dela
- » あれ **are**: Coisas fora de ambos os territórios

Entendeu a ideia? Se sim, vai entender quem está comendo **tako** (*polvo*), quem está comendo **ika** (*lula*) e quem está comendo **awabi** (*abalone*) no restaurante japonês no seguinte diálogo (note que abalone é um tipo de marisco).

Tendo uma Conversa

TOQUE AGORA

Michelle e Brandon estão sentados à mesa em um restaurante japonês chique comendo *sashimi*, que são frutos do mar crus fatiados. Frutos do mar são parecidos quando fatiados, o que explica a confusão de Michelle e Brandon (Faixa 5).

Brandon: **Sore wa ika desu ka.**
Isso é lula?

Michelle: **Īe, kore wa tako desu. Sore wa ika desu ka.**
Não, este aqui é polvo. Isso é lula?

Brandon: **Hai, kore wa ika desu.**
Sim, este aqui é lula.

Michelle: **Jā, are wa nan desu ka.**
Então o que é aquilo ali?

Brandon: **Are wa awabi desu.**
Aquele ali é o abalone.

Palavras a Saber

sore	aquele (perto de você)
ika	lula
desu	ser
kore	este aqui
tako	polvo
are	aquele (lá)
awabi	abalone (um tipo de molusco)

Pronomes pessoais

O pronome da primeira pessoa do singular em japonês é **watashi** e corresponde ao português *eu*. O japonês tem outros pronomes pessoais, que você confere na Tabela 3-4.

TABELA 3-4 Pronomes Pessoais

Pronome	Português
私 **watashi**	*eu, mim*
私たち **watashitachi**	*nós, nos*
あなた **anata**	*você*
あなたたち **anatatachi**	*vocês*
彼 **kare**	*ele, o, lhe*
彼ら **karera**	*eles, os, lhes* (masculino e gêneros mistos)
彼女 **kanojo**	*ela, a, lhe*
彼女ら *ou* 彼女たち **kanohora** *ou* **kanojotachi**	*elas, as, lhes* (feminino)

Nota: embora o pronome da primeira pessoa do singular normalmente seja **watashi**, você pode dizer *eu/mim* de mais de uma maneira. A versão formal é **watakushi**. Os homens dizem **boku** em contextos informais e neutros. Em contextos informais, alguns homens dizem **ore**, alguns homens mais velhos dizem **washi**, e algumas mulheres jovens dizem **atashi**.

CUIDADO

Nunca use **ore**, **washi** e **atashi** quando estiver falando com seu professor, chefe, cliente ou freguês. **Boku** não é tão ruim, mas **watashi** é mais seguro em situações formais.

FALANDO CORRETAMENTE

Os japoneses usam os pronomes de primeira pessoa repetidamente em conversas, mas muitas vezes não usam outros. Na verdade, o uso de **anata** é quase proibido. A pessoa que diz **anata** soa esnobe, arrogante ou apenas estrangeira. Então, como fazer uma pergunta como *Você irá lá?* sem utilizar **anata**? Uma estratégia é deixar o pronome de lado (veja a seção "Deixando de lado as palavras compreendidas", anteriormente neste capítulo). Use apenas o verbo e a partícula de pergunta: **Ikimasu ka**. (*[Você] irá [lá]?*) Outra estratégia para evitar **anata** é usar repetidamente o nome da pessoa. Você pode fazer esta pergunta à Yōko: **Yōko-san, Yōko-san wa ikimasu ka.** (*Yoko, você vai lá?* [Literalmente: *Yoko, Yoko vai?*])

Trabalhando com Verbos

A língua japonesa coloca muita ênfase nos verbos. Eles não apenas expressam certas ações ou estados de ser, mas também indicam status social, respeito e humildade. Muitas vezes você sabe se os japoneses estão falando com um convidado ilustre, colega, cônjuge ou até mesmo com um cachorro apenas pelo verbo que usam. Ao longo deste livro, uso exemplos de verbos simples/informais, verbos polidos/neutros e verbos formais. No entanto, os verbos mais comuns estão nas categorias simples/informal e polido/neutro. (Vá para a seção anterior "Usando Estilos Adequados de Discurso" para informações sobre essas designações.)

"Então, como faço para conjugar esses verbos?", você pergunta. Boa notícia! Você não precisa conjugar verbos com base em pessoa, gênero ou número em japonês. Você usa a mesma forma de um verbo, independentemente de quem executa a ação. Por exemplo, você usa o verbo **taberu** se quiser dizer que *eu como*, *você come*, *ele come*, *ela come* ou *eles comem*. "Isso é ótimo", você está pensando — não há tabelas de conjugação para memorizar. Não tão rápido. Não estou dizendo que os verbos japoneses não são conjugados de nenhum jeito; eles são. Nesta seção o conduzo através das várias conjugações, mostrando como criar verbos no presente, passado, negativo e polidos (e combinações destes). Se ficar confuso, pode sempre verificar as tabelas de verbos no Apêndice B.

Entendendo formas verbais básicas

Os interlocutores japoneses usam quatro formas verbais básicas com frequência: a *forma do dicionário*, a *forma -nai*, a *forma de radical* e a *forma -te*. As outras formas de um verbo são facilmente criadas fazendo um pequeno ajuste em uma dessas.

LEMBRE-SE

Ao longo do livro, quando eu apresentar um novo verbo, darei essas quatro formas nesta ordem — dicionário, **-nai**, radical e -**te** —, juntamente à pronúncia. Após a forma de radical, acrescento ます **masu**, porque você ouvirá essa forma com ます **masu** o tempo todo. A seguir, há um exemplo com **taberu** (*comer*):

Texto em Japonês	Rōmaji
食べる	taberu
食べない	tabenai
食べ(ます)	tabe (masu)
食べて	tabete

Descrevo cada forma com mais detalhes nas seções a seguir.

Forma do dicionário

A forma de dicionário, ou *presente afirmativa simples*, é como um infinitivo em português. Você a vê quando procura palavras no dicionário.

Todas as formas do dicionário terminam em uma das sílabas ぶ **bu**, む **mu**, ぬ **nu**, ぐ **gu**, く **ku**, る **ru**, す **su**, つ **tsu** e う **u**. Você notou que todas incluem a vogal **u**?

Você usa a forma do dicionário quando o verbo é colocado antes de um substantivo ou alguma partícula, bem como antes de alguns itens gramaticais listados nas seções "Expressando Humores e Atitudes" e "Transformando em advérbios parecidos com frases", mais adiante neste capítulo. Apenas preste atenção. Usar a forma de dicionário no final de uma frase faz com que você soe grosseiro em um contexto formal. Você pode usá-la sem se preocupar em um contexto informal, como quando estiver falando com sua família, amigos ou animal de estimação.

Forma -nai

A forma -**nai**, ou *presente negativo simples*, é a correspondente negativa da forma do dicionário. Por exemplo, se a forma do dicionário significa *eu faço*, a forma -**nai** significa *eu não faço*. Todas as formas -**nai** terminam em **nai**.

Forma de radical

A forma de radical é a mais curta pronunciável de um verbo e pode ser bem combinada com itens gramaticais como **masu**, **nagara**, **ni** e **tai**, e com palavras como **nikui**, **sugiru**, **tsuzukeru** e **yasui** (só para citar algumas) para formar um verbo composto ou adjetivo. Para mostrar o que significam, veja os seguintes exemplos, que apresentam **tabe**, a forma de radical do verbo **taberu**:

食べます **tabe-masu** (*comer* [polido])

食べながら **tabe-nagara** (*enquanto come*)

食べに **tabe ni** (*para comer*)

食べたい **tabe-tai** (*querer comer*)

食べにくい **tabe-nikui** (*ser difícil de comer*)

食べすぎる **tabe-sugiru** (*comer demais*)

食べつづける **tabe-tsuzukeru** (*continuar a comer*)

食べやすい **tabe-yasui** (*ser fácil de comer*)

Como a forma de radical é usada imediatamente antes do sufixo verbal mais utilizado, **masu**, é também chamada de forma *pré-masu*. Veja a seção "Falando educadamente com -masu", neste capítulo, para saber mais sobre **masu**.

Forma -te

Chamada de forma **-te** porque termina em **te** ou na sua variante **de**, essa forma verbal significa *fazer... e*, e é usada para conectar o verbo com outros verbos e adjetivos. Por exemplo, para conectar os três verbos **taberu**, **nomu** (*beber*) e **neru** (*dormir*) para significar *comer, beber e ir para a cama*, você transforma todos os verbos, exceto o último, em formas **-te**, como em **tabete**, **nonde** e **neru**.

As formas**-te** também são necessárias logo antes de muitos verbos auxiliares, como em **kudasai**, **iru**, **miru**, **oku** e **shimau**, que refinam o que o interlocutor quer expressar. Veja como esses verbos auxiliares acompanham **tabete**, a forma **-te** do verbo **taberu**:

食べてください。**Tabete kudasai.** (*Por favor, coma.*)

食べている **tabete iru** (*estar comendo*)

食べてみる **tabete miru** (*tentar comer*)

食べておく **tabete oku** (*comer com antecedência*)

食べてしまう **tabete shimau** (*devorar*)

Conjugando

Como em português, o japonês tem verbos regulares e irregulares. Todos os verbos regulares são conjugados de acordo com um padrão previsível, enquanto os irregulares desviam-se do padrão em uma extensão maior ou menor. Felizmente, a maioria dos verbos é regular. As seções a seguir o ajudam a conjugar vários tipos de verbos no passado e no presente, bem como a formar verbos negativos.

Conjugando verbos

LEMBRE-SE

Verbos regulares vêm em dois tipos básicos: verbos -**ru** e verbos -**u**. Antes que conjugue qualquer verbo regular, você precisa determinar com qual tipo está lidando.

- Se não vir **eru** ou **iru** no final da forma do dicionário de um verbo, você pode relaxar e confiar que é um verbo -**u**.
- Se o verbo termina em **eru** ou **iru**, você precisa ficar atento, porque pode ser ou um verbo **-ru** ou **-u**.

Por exemplo, **kaeru** é tanto um verbo -**ru** (significando *mudar*) quanto um verbo -**u** (significando *ir para casa*). De maneira similar, **kiru** é um verbo -**ru** (significando *vestir*) ou -**u** (significando *cortar*). A distinção é importante porque esses verbos são conjugados de maneira diferente dependendo da forma. Verbos -**ru** são um pouco mais estáveis em relação à conjugação, porque a forma de radical aparece em cada forma. Verbos -**u** são um pouco mais complexos: adicionam mais um som ou mais uma sílaba às formas -**nai**, de radical e -**te**.

A Tabela 3-5 lista verbos -**ru**, verbos -**u** e verbos irregulares representativos e inclui esses verbos complicados **eru**/**iru** (pares **kaeru** e **kiru**), para que possa verificá-los.

TABELA 3-5 **Formas Verbais**

	Significado	Forma do Dicionário	Forma -nai	Forma de Radical	Forma -te
Verbos -**ru**	*comer*	たべる **taberu**	たべない **tabenai**	たべ **tabe**	たべて **tabete**
	mudar	かえる **kaeru**	かえない **kaenai**	かえ **kae**	かえて **kaete**
	vestir	きる **kiru**	きない **kinai**	き **ki**	きて **kite**

(continua)

(continuação)

	Significado	Forma do Dicionário	Forma -nai	Forma de Radical	Forma -te
Verbos -**u**	*falar*	はなす **hanasu**	はなさない **hanasanai**	はなし **hanashi**	はなして **hanashite**
	escrever	かく **kaku**	かかない **kakanai**	かき **kaki**	かいて **kaite**
	nadar	およぐ **oyogu**	およがない **oyoganai**	およぎ **oyogi**	およいで **oyoide**
	beber	のむ **nomu**	のまない **nomanai**	のみ **nomi**	のんで **nonde**
	pular	とぶ **tobu**	とばない **tobanai**	とび **tobi**	とんで **tonde**
	morrer	しぬ **shinu**	しなない **shinanai**	しに **shini**	しんで **shinde**
	comprar	かう **kau**	かわない **kawanai**	かい **kai**	かって **katte**
	cortar	きる **kiru**	きらない **kiranai**	きり **kiri**	きって **kitte**
	pegar	とる **toru**	とらない **toranai**	とり **tori**	とって **totte**
	ir para casa	かえる **kaeru**	かえらない **kaeranai**	かえり **kaeri**	かえって **kaette**
	esperar	まつ **matsu**	またない **matanai**	まち **machi**	まって **matte**
Verbos irregulares	*existir* (coisas inanimadas)	ある **aru**	ない **nai**	あり **ari**	あって **atte**
	vir	くる **kuru**	こない **konai**	き **ki**	きて **kite**
	fazer	する **suru**	しない **shinai**	し **shi**	して **shite**
	ir	いく **iku**	いかない **ikanai**	いき **iki**	いって **itte**

Para conjugar um verbo **-ru**, você coloca o **ru** no final de sua forma do dicionário e adiciona algo ou nada. Em contraste, para conjugar um verbo -**u**, você coloca o **u** e sempre adiciona alguma coisa. (Talvez eu deva chamá-los de verbos *colocados -ru* e verbos *colocados -u*. Primeiro você coloca alguma coisa e depois adiciona algo ou nada!)

Para conjugar um verbo, verifique a sílaba final e o tipo do verbo, e então siga o padrão de um dos verbos na Tabela 3-5. Mas qual? Escolha o que tiver a mesma sílaba final e o mesmo tipo verbal. Por *sílaba final* quero dizer a *última sílaba*, não o último *som*. Ou seja, a última combinação de consoante e vogal. Se nenhuma consoante precede a última vogal (por exemplo, como na palavra **kau**), a última vogal sozinha é a sílaba final do verbo.

DICA

Formas -**nai** e de radical são bem fáceis de estruturar, mas as formas -**te** não o são se o verbo for um verbo -**u**, certo? Aqui estão algumas regras de ouro que facilitam a conjugação de verbos japoneses:

» Para verbos -**u** cujas formas de dicionário terminam em う **u**, る **ru** ou つ **tsu**, substitua essas sílabas finais por って **tte**.

» Para verbos -**u** cujas formas de dicionário terminam em む **mu**, ぬ **nu** ou ぶ **bu**, substitua essas sílabas finais por んで **nde**.

» Para verbos -**u** cujas formas de dicionário terminam em す **su**, substitua す **su** por して **shite**.

» Para verbos -**u** cujas formas de dicionário terminam em く **ku** ou ぐ **gu**, substitua por いて **ite** e いで **ide**, respectivamente.

» Para os dois verbos irregulares principais, くる **kuru** (*vir*) e する **suru** (*fazer*), assim como o verbo いく **iku** (*ir*), simplesmente lembre-se de suas formas -**te**, que são きて **kite**, して **shite** e いって **itte**.

» Para verbos -**ru**, apenas substitua o る **ru** no final da forma de dicionário por て **te**.

Decidindo entre os tempos presente e passado

LEMBRE-SE

Os verbos japoneses têm apenas dois tempos: presente e passado. Entretanto, esses termos gramaticais são enganosos. O *tempo presente* em japonês refere-se a ações que ocorrem regularmente ou que ocorrerão no futuro, o que torna o verbo **taberu** não somente *eu como*, mas também *eu comerei*. Por isso, algumas pessoas chamam o tempo presente de tempo *não passado*. Normalmente, o contexto lhe diz qual significado o verbo expressa. Como em português, o tempo presente muitas vezes não se refere a este exato momento, mas a alguma ação habitual, como *eu janto todos os dias às 6h*.

Formando os tempos presente e passado

Criar o tempo presente de um verbo em japonês não é difícil: é somente a forma do dicionário. Se sabe a forma -**te** de um verbo, expressá-lo no passado ainda é bem fácil. Você só muda a vogal final; como está trabalhando com a forma -**te**, sempre muda um **e** para um **a**. Por exemplo, **tabete** se torna **tabeta** (*comi*); e **nonde** (nohn-deh), **nonda** (*bebi*).

Criando verbos de tempo passado negativo

Para dizer que não fez alguma coisa no passado, você precisa ser capaz de criar verbos em suas formas passadas negativas. Sem problemas. É fácil. Simplesmente pegue a forma -**nai**, retire a vogal final **i** e adicione **-katta**. Por exemplo, **tabenai** (*não como*) se torna **tabenakatta** (*não comi*). Legal, né?

Falando educadamente com -masu

Em japonês, os verbos que escolhe usar dizem muito sobre você. Usar as formas verbais simples/informais — especificamente as do dicionário, formas -**nai** e suas correspondentes no passado (que discuto anteriormente na seção "Conjugando") — é suficiente para falar com amigos próximos ou familiares. Entretanto, usá-las em uma situação de negócios ou com estranhos pode fazer o ouvinte achar que você não é sofisticado ou até mesmo que é rude. A habilidade de avaliar a situação e saber qual nível de formalidade é apropriado é uma parte importante do falar japonês. É por isso que vale a pena conhecer outro conjunto de padrões de conjugação que usam o sufixo polido **masu** para criar formas verbais polidas/neutras.

Conjugar com **-masu** é fácil se conhecer a forma de radical dos verbos (falo sobre ela em uma seção anterior, relacionada). Você só precisa lembrar-se de quatro terminações verbais (uma para cada um dos seguintes: presente afirmativo, presente negativo, passado afirmativo e passado negativo) e adicionar uma delas ao final do verbo na forma de radical.

- » Para verbos do presente afirmativo, adicione **-masu**. Por exemplo, 食べます **tabemasu** (*come*) ou 飲みます **nomimasu** (*bebe*).
- » Para verbos do presente negativo, adicione **-masen**. Por exemplo, 食べません **tabemasen** (*não come*) ou 飲みません **nomimasen** (*não bebe*).
- » Para verbos do passado afirmativo, adicione **-mashita**. Por exemplo, 食べました **tabemashita** (*comeu*) ou 飲みました **nomimashita** (*bebeu*).
- » Para verbos do passado negativo, adicione **-masen deshita**. Por exemplo, 食べませんでした **tabemasen deshita** (*não comeu*) ou 飲みませんでした **nomimasen deshita** (*não bebeu*).

Apresentando o Verbo Desu, Ser

Como os verbos *ser* e *estar*, **desu** expressa a identidade ou o estado de pessoas e coisas. **Desu** é usado na construção **X wa Y desu.** (*X é/está Y.*) (Como observo anteriormente no capítulo, a ordem canônica da frase em japonês é *X Y é/está*, e não *X é/está Y*. **Wa** é a partícula de tópico que discuto na seção "Dizendo o tópico", anteriormente.)

Desu segue um substantivo ou adjetivo. Por exemplo, **Otōto wa gakusei desu** significa *Meu irmão mais novo é estudante.* **Watashi wa genki desu** significa *Eu estou bem.* Agora você sabe por que muitas frases em japonês terminam em **desu**. E, como o verbo *estar*, **desu** também expressa a localização de pessoas e coisas. Por exemplo, **Jon wa Bosuton desu** significa *John está em Boston.* Só fique ciente de que você também pode expressar a localização de coisas e pessoas usando os verbos **aru** e **iru**. Para descobrir mais sobre **aru** e **iru**, veja o Capítulo 7.

Em termos de conjugação, **desu** não se parece com nenhum outro verbo. (Isso porque **desu** não começou como um verbo único; era a combinação da partícula **de**, do verbo **aru** [*existir*] e do sufixo polido **-masu**.) A Tabela 3-6 mostra os padrões de **desu**. Para ajudá-lo a entender a ideia facilmente, uso o mesmo substantivo **gakusei** (*aluno*) em cada exemplo. Se quiser saber como usar **desu** depois de um adjetivo, veja a seção seguinte.

TABELA 3-6 **Forma Polida/Neutra do Substantivo mais Desu**

Japonês	Português
学生です **gakusei desu**	*é um aluno*
学生じゃありません **gakusei ja arimasen**	*não é um aluno*
学生でした **gakusei deshita**	*foi um aluno*
学生じゃありませんでした **gakusei ja arimasen deshita**	*não foi um aluno*

Em um contexto informal, você pode usar a versão abreviada de **desu**, como demonstra a Tabela 3-7.

TABELA 3-7 **Forma Informal do Substantivo mais Desu**

Japonês	Português
学生だ **gakusei da**	*é um aluno*
学生じゃない **gakusei ja nai**	*não é um aluno*
学生だった **gakusei datta**	*foi um aluno*
学生じゃなかった **gakusei ja nakatta**	*não foi um aluno*

DICA

Ja, que você vê nas formas negativas nas Tabelas 3-6 e 3-7, é a contração de **de wa**. A maioria dos japoneses usa **ja** em conversas cotidianas, mas, ocasionalmente, usa **de wa**, que soa um pouco mais formal. Esteja pronto para ouvir qualquer um deles.

Tendo uma Conversa

TOQUE AGORA

Susan faz algumas perguntas a Ken. (Faixa 6)

Susan: **Ano otoko no hito wa gakusei desu ka.**
Aquele homem é um aluno?

Ken: **Īe, gakusei ja arimasen. Watashi no karate no sensei desu.**
Não, ele não é um aluno. É meu professor de karatê.

Susan: **Ā, sō desu ka. Chotto kowasō desu ne.**
Ah, entendi. Ele parece um pouco assustador.

Palavras a Saber

otoko no hito	homem
gakusei	aluno
sensei	professor
kowasō	parece assustador

Descrevendo Pessoas e Coisas com Adjetivos

Como em português, você pode colocar adjetivos japoneses tanto antes de um substantivo, como seu modificador (*bonito* livro, por exemplo), quanto no final de uma frase (Esse livro é *bonito*).

Acredite se quiser, todos os adjetivos japoneses terminam em **i** ou em **na** quando são colocados antes de um substantivo (exceto algumas categorias de adjetivos; ou seja, não adjetivos, que não trato aqui porque têm padrões de substantivos). Os adjetivos que terminam em **i** são chamados de adjetivos *tipo -i*; e aqueles que terminam em **na**, de *adjetivos tipo -na*. Adjetivos tipo **-i** são puros, mas adjetivos tipo **-na** são um tipo de "substantivo" seguido por **na**. Não existe uma distinção realmente clara entre os dois grupos em termos de significado. Por exemplo, **takai** e **kōka na**, ambos significam *caro*, mas um é um adjetivo tipo -**i** e o outro é tipo -**na**.

Observe alguns adjetivos que modificam o substantivo **hon** (*livro*):

» 高い本 **takai hon** (*um livro caro*)

» おもしろい本 **omoshiroi hon** (*um livro interessante*)

» 高価な本 **kōka na hon** (*um livro de preço alto*)

» 便利な本 **benri na hon** (*um livro útil*)

» きれいな本 **kirei na hon** (*um livro bonito*)

LEMBRE-SE

Adjetivos japoneses consistem de um *radical* (a parte que permanece igual) e uma parte de *inflexão* (a que muda dependendo do contexto). Os finais **i** e **na** são partes de inflexão.

Os adjetivos em português são conjugados com base em ser comparativos ou superlativos, como *alto*, *mais alto* e *o mais alto de todos*, mas os adjetivos japoneses são conjugados com base em fatores diferentes. Por exemplo, quando os adjetivos aparecem no final de uma sentença em vez de antes de um substantivo, o **i** e o **na** mudam ou desaparecem, e um item extra como o verbo **desu** (*ser/estar*) aparece em várias formas, todas dependentes de tempo, *polaridade* (se a frase é afirmativa ou negativa) ou estilo de discurso.

Observe as sentenças a seguir: todas incluem **takai**, um adjetivo tipo-**i**, ou **kōka na**, um adjetivo tipo-**na**:

あれは高価じゃありません。**Are wa kōka ja arimasen.** (*Isso não tem um preço alto.*)

ハンバーガーは高くありません。**Hanbāgā wa takaku arimasen.** (*Hambúrgueres não são caros.*)

高価なネックレスを買いました。**Kōka na nekkuresu o kaimashita.** (*Comprei um colar caro.*)

これは高かったです。**Kore wa takakatta desu.** (*Isso foi caro.*)

高い本を買いました。**Takai hon o kaimashita.** (*Comprei um livro caro.*)

A Tabela 3-8 resume os padrões para adjetivos tipo -**i** e -**na**.

TABELA 3-8 **Padrões de Adjetivos**

	Tempo/Polaridade	Tipo-i	Tipo-na
Estilo simples/ informal			
	Presente afirmativo (é)	高い **takai**	高価だ **kōka da**
	Presente negativo (não é)	高くない **takaku nai**	高価じゃない **kōka ja nai**
	Passado afirmativo (foi)	高かった **takakatta**	高価だった **kōka datta**
	Passado negativo (não foi)	高くなかった **takaku nakatta**	高価じゃなかった **kōka ja nakatta**
Estilo polido/neutro			
	Presente afirmativo (é)	高いです **takai desu**	高価です **kōka desu**
	Presente negativo (não é)	高くありません **takaku arimasen** 高くないです **takaku nai desu**	高価じゃありません **kōka ja arimasen** *ou* 高価じゃないです **kōka ja nai desu**
	Passado afirmativo (foi)	高かったです **takakatta desu**	高価でした **kōka deshita**
	Passado negativo (não foi)	高くありませんでした **takaku arimasen deshita** 高くなかったです **taka-ku nakatta desu**	高価じゃありませんでした **kōka ja arimasen deshita** *ou* 高価じゃなかったです **kōka ja nakatta desu**

Claro, alguns adjetivos japoneses são irregulares. O adjetivo irregular usado mais frequentemente é **ii** (*bom*). Sua parte radical é a inicial **i**, e sua parte de inflexão é o segundo **i**. A parte radical **i** se torna **yo** em todas as formas, exceto na do presente afirmativo, independente de o adjetivo aparecer no final de uma frase ou logo antes de um substantivo. Aqui estão alguns exemplos:

いい本です **ii hon desu** (*é um livro bom*)

いいです **ii desu** (*é bom*)

よかったです **yokatta desu** (*foi bom*)

よくありませんでした **yoku arimasendeshita** (*não foi bom*)

よくありません **yoku arimasen** (*não é bom*)

LEMBRE-SE

Neste livro, quando listo um adjetivo na seção Vocabulário, listo adjetivos tipo -**i** e tipo -**na** na forma que você vê antes de um substantivo, mas coloco **na** entre parênteses. Quando você usa um dicionário de japonês, os adjetivos tipo -**na** muitas vezes aparecem em sua forma de radical, sem **na**.

Usando Advérbios para Descrever Suas Ações

Assim como os adjetivos descrevem como as pessoas e as coisas são, os advérbios descrevem como as ações são realizadas. Os advérbios japoneses caem em duas categorias: os que são criados a partir de adjetivos e os que não são. Eu lhe contarei sobre ambos os tipos de advérbios, assim como sobre as cláusulas adverbiais, nas próximas seções.

Criando advérbios de adjetivos

Você nota algo especial nas palavras *lentamente*, *rapidamente*, *prazerosamente*, *ordenadamente* e *silenciosamente*? São todas advérbios criados a partir de adjetivos adicionando -*mente*! Em japonês você também pode criar advérbios a partir de adjetivos. Apenas adicione **ku** e **ni** aos radicais de um adjetivo tipo -**i** e de um tipo -**na**, respectivamente. (Falo sobre adjetivos tipo -**i** e tipo -**na** na seção anterior "Descrevendo Pessoas e Coisas com Adjetivos".) A Tabela 3-9 mostra o que quero dizer.

TABELA 3-9 Advérbios Criados a Partir de Adjetivos

	Adjetivo Japonês	Português	Advérbio Japonês	Português
Adjetivo tipo -**i**	楽しい **tanoshii**	*agradável, divertido*	楽しく **tanoshiku**	*agradavelmente*
Substantivo adjetivado	静か(な) **shizuka (na)**	*silencioso*	静かに **shizuka ni**	*silenciosamente*

Buscando advérbios puros

Diferentes de advérbios que são criados a partir de adjetivos (veja a seção anterior), alguns já nascem como advérbios. Por exemplo:

- ちょっと **chotto** (*levemente, um pouco*)
- いつも **itsumo** (*sempre*)
- もう **mō** (*já*)
- たいてい **taitei** (*normalmente*)
- ときどき **tokidoki** (*às vezes*)
- ゆっくり **yukkuri** (*lentamente*)

A versão adverbial de **ii** (*bom*) é **yoku** (*bem*).

Transformando em advérbios parecidos com frases

Você pode descrever a ação ou o estado usando um advérbio parecido com uma frase, ou uma *cláusula adverbial*, para expressar suas circunstâncias. Por exemplo, **kara** designa razões para uma ação e **toki ni** declara seu tempo. As razões podem ser declaradas com uma frase, como *porque irei ao Japão*. O tempo de uma ação também o pode, como *quando eu fizer um exame*.

日本に行きますから，日本語を勉強します。**Nihon ni ikimasu kara, Nihongo o benkyō shimasu.** (Como *irei ao Japão, estudarei japonês.*)

日本が好きですから，日本語を勉強します。**Nihon ga suki desu kara, Nihongo o benkyō shimasu.** (*Como gosto do Japão, estudarei japonês.*)

試験を受けるときに，勉強します。**Shiken o ukeru toki ni, benkyō shimasu.** (*Quando faço um exame, estudo.*)

静かなときに，勉強します。**Shizuka na toki ni, benkyō shimasu.** (*Quando está quieto, estudo.*)

Esses são apenas alguns dos muitos tipos de cláusulas adverbiais, mas lhe mostro outras ao longo do livro à medida que se tornam relevantes, para que entenda melhor como usá-las no contexto.

Expressando Humores e Atitudes

Para expressar sua atitude através da sua declaração, você adiciona alguns elementos ao final de sua frase (como adicionaria *certo?* ou *né?* para uma frase em português). Aqui, listei as mais úteis, com exemplos de frases para que saiba como usá-las.

- ね **ne** (usado para confirmação; *tudo bem?*; *certo?*; *não é?*)

  食べますね。**Tabemasu ne.** (*Vou comer, tudo bem?*)

  高いですね。**Takai desu ne.** (*É caro, não é?*)

  きれいですね。**Kirei desu ne.** (*É bonito, não é?*)

  学生ですね。**Gakusei desu ne.** (*Ele é um aluno, certo?*)

- よ **yo** (usado para ênfase; *Vou lhe contar, sabia?*)

  食べますよ。**Tabemasu yo.** (*Eu comerei!*)

  高いですよ。**Takai desu yo.** (*É caro!*)

  きれいですよ。**Kirei desu yo.** (*É bonito, vou-lhe contar!*)

  学生ですよ。**Gakusei desu yo.** (*Ele é um aluno, sabia?*)

- でしょう **deshō** (*provavelmente*)

  食べるでしょう。**Taberu deshō.** (*Ele provavelmente comerá.*)

  高いでしょう。**Takai deshō.** (*Provavelmente é caro.*)

  きれいでしょう。**Kirei deshō.** (*Provavelmente é bonito.*)

  学生でしょう。**Gakusei deshō.** (*Ele provavelmente é um aluno.*)

- かもしれません **ka mo shiremasen** (*talvez; possivelmente*)

  食べるかもしれません。**Taberu ka mo shiremasen.** (*Ele talvez coma.*)

  高いかもしれません。**Takai ka mo shiremasen.** (*Talvez seja caro.*)

  きれいかもしれません。**Kirei ka mo shiremasen.** (*Talvez seja bonito.*)

  学生かもしれません。**Gakusei ka mo shiremasen.** (*Ele talvez seja um aluno.*)

Diversão & Jogos

Experimente as atividades a seguir com base nos conceitos deste capítulo. A solução está no Apêndice D.

Atividade 1: Escolha o item mais apropriado nos parênteses.

1. 昨日は **(a.** お酒を飲みました **/ b.** 飲みましたお酒を**)**。

   Kinō wa (a. **osake o nomimashita** / b. **nomimashita osake o**).

2. 東京 **(a.** で **/ b.** に**)** 行きます。

   Tōkyō (a. **de** / b. **ni**) **ikimasu.**

3. タクシー **(a.** で **/ b.** に**)** 行きます。

   Takushī (a. **de** / b. **ni**) **ikimasu.**

4. 私は学生 **(a.** ます **/ b.** です**)**。

   Watashi wa gakusei (a. **masu** / b. **desu**).

5. あの人は **(a.** いつ **/ b.** だれ**)** ですか。

   Ano hito wa (a. **itsu** / b. **dare**) **desu ka.**

6. この本は **(a.** 高価な **/ b.** 高価**)** です。

   Kono hon wa (a. **kōka na** / b. **kōka**) **desu.**

Atividade 2: Susan e Ken estão em um restaurante japonês. Preencha as lacunas.

Susan: それは ___________ ですか。

Sore wa ___________ desu ka.

Ken: ____________はてんぷらです。

___________ wa tenpura desu.

Susan: じゃあ、あれは何ですか。

Jā, are wa nan desu ka.

Ken: ___________はすきやきです。

___________ wa sukiyaki desu.

Susan: ああ、そうですか。

Ā, sō desu ka.

SUKIYAKI

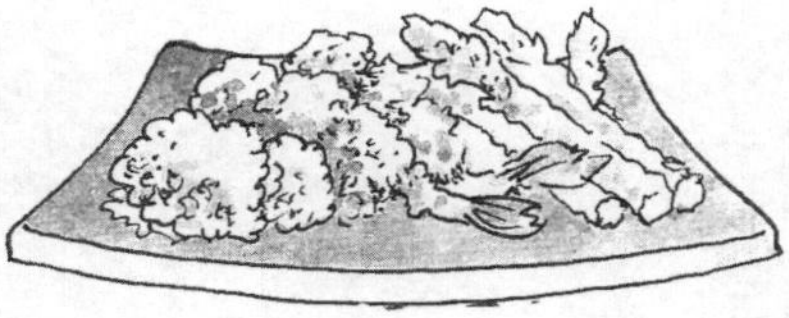

TEMPURA

Ilustração por Elizabeth Kurtzman

NESTE CAPÍTULO

» Cumprimentando amigos e estranhos

» Introduzindo as apresentações

» Dizendo "Obrigado" e "Desculpe-me"

Capítulo 4

Começando com Expressões Simples

Konnichiwa! (*Boa tarde!/Oi!*) Cumprimentos como esse são expressões básicas que pode usar para começar conversas com pessoas que você conhece. Para as que não conhece, você pode apresentar-se e descobrir mais sobre elas envolvendo-se em conversas leves. Este capítulo mostra como estruturar cumprimentos, apresentações e despedidas em japonês. Ele também descreve como interagir educadamente com novas pessoas e dizer *Obrigado* e *Desculpe-me.*

Começando (e Terminando) Conversas

Aisatsu (*cumprimentos*) são as ferramentas de comunicação mais importantes. Comece seu dia com um cumprimento amigável e animado para sua família, amigos, colegas, professores, chefes e até estranhos na rua. Nas seções a seguir você descobre como cumprimentar todos os tipos de pessoas ao longo de todo o dia. E como você inevitavelmente tem que dizer tchau para as pessoas que encontra durante seu dia, também descobrirá exatamente como fazer isso.

Dirigindo-se a amigos e estranhos

Em português, você se dirige aos outros por seus primeiros nomes ("Oi, Roberto!"), apelidos ("Ei, Beto!"), suas posições ("Com licença, professor") ou por seus sobrenomes e títulos apropriados ("Olá, Sr. Right"), dependendo do seu relacionamento e do quanto for próximo da pessoa. Você não quer soar muito formal ou distante, mas também não muito íntimo ou presunçoso.

CUIDADO

Na sociedade japonesa, dirigir-se a pessoas é algo que você não quer errar. Quando encontrar alguém novo no trabalho e souber o título ocupacional da pessoa (como presidente da empresa, professor ou gerente de divisão), use o título junto ao sobrenome dele ou dela — por exemplo, **Sumisushachō** (*Presidente Smith*). A seguir estão alguns exemplos de títulos ocupacionais:

- 部長 **buchō** (*gerente de divisão*)
- 学長 **gakuchō** (*reitor*)
- 校長 **kōchō** (*diretor de escola*)
- 先生 **sensei** (*professor, doutor*)
- 社長 **shachō** (*presidente da empresa*)
- 店長 **tenchō** (*gerente de loja*)

Se não souber o título ocupacional da pessoa, a maneira mais segura de dirigir-se a ela é usando seu sobrenome mais o título respeitoso -**san** — **Sumisu**-**san** (*Sr. Smith* ou *Sra. Smith*). A versão mais polida de -**san** é -**sama**, mas é muito formal e sistemática para a maioria das situações sociais. Outros títulos respeitosos incluem -**chan** e -**kun**, mas você deve usá-los com muito cuidado. Confira a Tabela 4-1 para ver quais títulos são adequados para seus amigos e conhecidos. A tabela contém exemplos de várias maneiras que pode dirigir-se a Robert (**Robāto**) e Susan (**Sūzan**) Smith (**Sumisu**).

TABELA 4-1 Títulos Respeitosos

Título	Função	Exemplo
ーちゃん **-chan**	Para crianças; usado depois do nome de um menino ou menina.	スーザンちゃん **Sūzan-chan** ロバートちゃん **Robāto-chan**
ー君 **kun**	Usado depois do nome de um menino. Também usado depois do sobrenome de um subordinado, independente do gênero.	ロバート君 **Robāto-kun** スミス君 **Sumisu-kun**
ー様 **sama**	Usado depois do nome de um superior ou de um cliente, independente do gênero. Também usado ao começar cartas (Querido...).	スミス様 **Sumisu-sama** スーザン様 **Sūzan-sama** ロバート・スミス様 **Robāto Sumisu-sama**
ーさん **-san**	De uso genérico se outros títulos não estiverem disponíveis.	スミスさん **Sumisu-san** スーザンさん **Sūzan-san** ロバート・スミスさん **Robāto Sumisu-san**

CONHECENDO A CULTURA

Ao se apresentar, os japoneses (assim como os chineses e coreanos) dão seus sobrenomes antes e seus nomes por último. A maioria dos japoneses percebe que os nomes ocidentais não estão na mesma ordem, e não esperam que você reverta a ordem do seu nome para seguir o padrão japonês. Muitos japoneses também percebem que os ocidentais tendem a usar muito seus nomes, mas você deve usar o sobrenome para tudo, exceto para seus amigos mais próximos e família.

Se usar a palavra japonesa para *você* — **anata** —, soará presunçoso ou grosseiro. O povo japonês tenta não dizer **anata**; em vez disso, eles apenas deixam os pronomes de lado ou usam nomes ou títulos (enquanto o português usa *você*). Se visitar uma loja japonesa, notará que os representantes da loja se dirigem a você com **okyaku-sama** (*cliente*), só porque não querem dizer **anata**. Em vez de *você*, use termos interessantes, adequados à idade e ao gênero, ao se dirigir a estranhos em contextos amigáveis. Por exemplo, **ojisan** significa literalmente *tio*, mas você pode usá-lo para dirigir-se casualmente a qualquer homem de meia-idade não familiar. A lista a seguir mostra outras descrições gerais de estranhos e os termos japoneses que pode usar para se dirigir a eles:

- おばさん **obasan** (*mulher de meia-idade* [literalmente: *tia*])
- おじいさん **ojīsan** (*velho* [literalmente: *avô*])
- おばあさん **obāsan** (*velha* [literalmente: *avó*])
- 坊や **bōya;** お坊ちゃん **obocchan** (*menino jovem* [literalmente: *filho*])
- お嬢さん **ojōsan** (*menina jovem* [literalmente: *filha*])
- お兄さん **onīsan** (*homem jovem* [literalmente: *irmão mais velho*])
- お姉さん **onēsan** (*mulher jovem* [literalmente: *irmã mais velha*])

CONHECENDO A CULTURA

Adultos japoneses bem-educados usam o modo de quebrar o gelo **otaku** (literalmente: *sua família*), mas ele tem uma limitação; você não pode simplesmente dizer **otaku** como diria *Ei, você!* para chamar a atenção de alguém. Você só pode usar **otaku** em uma frase, como em **Otaku wa dochira kara desu ka.** (*De onde você é?*) Note que os jovens têm usado **otaku** como um rótulo negativo para alguém obcecado por animes e afins, então use o termo com cuidado.

Cumprimentando o dia todo

Em japonês, como em qualquer outra língua, o que você diz e faz para cumprimentar pessoas depende da hora do dia e da pessoa que cumprimenta.

- Pela manhã, ao cumprimentar família e amigos, diga **ohayō**, a versão informal de *bom dia*. Quando cumprimentar seu chefe ou professor, ou até mesmo seus colegas, use o formal **ohayō gozaimasu** — e não se esqueça de fazer uma reverência ao dizê-lo. Verifique o próximo box, "Fazendo uma Reverência", para saber mais sobre este costume.
- À tarde, diga **konnichiwa** (*boa tarde*) para todos, independente de sua posição ou status.
- Quando puder ver as estrelas ou a Lua no céu, diga **konbanwa**, independente de quem cumprimentar. Significa *boa noite*.

CONHECENDO A CULTURA

Se não vê alguém há algum tempo, pergunte **O-genki desu ka.** (*Você está bem?* ou *Como você está?*) Quando outros lhe perguntarem **O-genki desu ka**, você pode dizer **Hai, genki desu** (*Estou bem*), mas se quiser soar um pouco mais sofisticado, diga **Hai, okagesama de** (*Sim, estou bem, graças a você e a Deus*) ou **Nantoka.** (*Mal estou conseguindo levar a vida* ou *Mal estou conseguindo lidar.*) Essas duas expressões são muito polidas e maduras em japonês, mesmo que a última soe muito negativa para os brasileiros.

CUIDADO

Os brasileiros têm o hábito de perguntar a todo mundo *Como você está?*, mesmo se viram a pessoa no dia anterior. **O-genki desu ka** é uma pergunta séria sobre a saúde mental e física de uma pessoa, então não a use ao cumprimentar alguém que viu ontem. Só fale quando realmente quiser saber.

Dizendo tchau

Quando deixar um amigo, diga **jā, mata** (*até logo*). Você também pode dizer **sayōnara** (*tchau*) se estiver partindo por um longo período de tempo, mas não use essa opção se for ver a pessoa mais tarde no mesmo dia. Caso contrário, você pode usar a frase ou ambos juntos. Quando interagir com seu chefe ou professor, diga **shitsurei shimasu**. **Shitsurei shimasu** significa, literalmente, *Serei grosseiro*. Como se entende *tchau* com *Serei grosseiro*? É como se você estivesse dizendo *Estou sendo grosseiro por sair de sua presença*.

LEMBRE-SE

Não diga **sayōnara** ou **shitsurei shimasu** para os membros de sua família quando estiver saindo de casa para ir à escola ou ao trabalho. Em vez disso, diga **ittekimasu** (literalmente: *Vou e voltarei*) — uma frase definida para essa ocasião. Sua família lhe responderá com **itterasshai** (literalmente: *Você irá e voltará!*). Por via das dúvidas, ao chegar em casa, diga **tadaima** (literalmente: *nesse momento*), o que realmente significa *Estou em casa!* Então sua família responderá com **okaeri** (literalmente: *Você chegou em casa*). Se tiver problemas para memorizar essas quatro frases, tente não pensar sobre seus significados literais e foque qual se aplica ao sair de casa e qual se aplica ao chegar.

Tendo uma Conversa

TOQUE AGORA

Jéssica passa por seu professor de manhã enquanto corre para outra aula (Faixa 7).

Jéssica: **Sensei, ohayō gozaimasu!**
Professor, bom dia!

Professor: **Ā, Jeshika-san. Ohayō.**
Ah, Jéssica. Bom dia.

Jéssica: **Jā, mata kurasu de. Shitsurei shimasu.**
Nos vemos novamente na aula. Tchau.

Professor: **Hai. Jā, mata.**
Sim. Até mais tarde.

Palavras a Saber

sensei	professor
Ohayō.	Bom dia.
Shitsurei shimasu.	Tchau. (formal)
Jā, mata.	Até mais tarde.
Kurasu	aula

Fazendo Apresentações

Nada é mais animador do que conhecer novas pessoas em uma **pātī** (*festa*), **kaigi** (*conferência*), **atarashii shokuba** (*novo emprego*) ou até mesmo na **tōri** (*rua*). Amanhã você pode conhecer alguém que será muito importante em sua vida! As próximas seções mostram como passar uma boa primeira impressão. Sim, os primeiros 30 segundos podem decidir o resto de sua vida!

Apresentando-se

A primeira palavra a dizer quando você se apresenta a alguém é **hajimemashite**. Ela significa, literalmente, *começo*, e deixa claro o fato de que você está encontrando essa pessoa pela primeira vez. Depois de dizer **hajimemashite**, diga seu nome e então **yoroshiku**. **Yoroshiku** é uma frase pronta que mostra sua atitude modesta e pede à outra pessoa que seja amigável e simpática com você. Não existe uma tradução dela para o português.

AQUI ESTÁ O MEU CARTÃO

CONHECENDO A CULTURA

Pessoas de negócios normalmente trocam cartões quando conhecem outras; mas, no Japão, uma boa dose de etiqueta acompanha essa troca. Primeiro, você deve trocar cartões apenas com uma pessoa de cada vez. Certifique-se de dar e receber o cartão com ambas as mãos e apresentá-lo de maneira que as letras estejam de frente para o recebedor. Além disso, não coloque o cartão que receber prontamente na carteira. Você deve tratar os cartões de visita de outras pessoas como seus rostos e lidar com eles da maneira mais respeitosa.

CONHECENDO A CULTURA

Falantes de português apenas dizem *Prazer em conhecê-lo* ou *Estou muito feliz em conhecê-lo* quando conhecem alguém. Eles não imploram às pessoas para que sejam simpáticas como faz o **yoroshiku**. Mas, ao falar japonês, faça como os japoneses e diga **yoroshiku**. A resposta para **yoroshiku** é normalmente **kochira koso yoroshiku**, significando *Sou eu quem deveria dizer isso*. Então, se implorar para alguém ser amigável, ele implora de volta. Depois de toda essa súplica, vocês são amigos!

A versão formal completa de **yoroshiku**, que é **yoroshiku onegai itashimasu**, é frequentemente usada em qualquer contexto em que haja formalidade. Então, em um contexto de negócios, você pode esperar ouvir **yoroshiku onegai itashimasu** no fim de cada conversa.

Apresentando seus amigos

Seu amigo pode tornar-se amigo de outro amigo se apresentá-los um ao outro. Quando quer apresentar seu amigo a alguém, diga **kochira wa** (*quanto a esta pessoa*), o nome do seu amigo e o verbo **desu** (*é*). Por exemplo, se quiser dizer *Este é o John*, diga **Kochira wa Jon-san desu.** (O sufixo curto **-san** depois do nome **Jon** [*John*] é um título respeitoso; veja a seção "Dirigindo-se a amigos e estranhos", anteriormente neste capítulo.)

LEMBRE-SE

Já que estou falando sobre apresentações, eis mais uma dica: sempre apresente a pessoa com o status social mais baixo à pessoa com o mais alto.

CONHECENDO A CULTURA

FAZENDO UMA REVERÊNCIA

A reverência tem um papel muito importante na comunicação japonesa. Ela quase sempre acompanha frases expressando gratidão, desculpas e cumprimentos. Os japoneses também fazem reverências ao conhecer alguém. Ocasionalmente, eles apertam as mãos, mas na maioria das vezes apenas fazem uma reverência enquanto dizem 宜しく **yoroshiku**. Você não precisa fazer uma reverência muito longa nesse contexto. Apenas incline a cabeça e a parte de cima das costas lentamente para a frente e segure a posição por dois segundos. A reverência longa e profunda só é necessária quando você comete um erro terrível, recebe muita bondade ou associa-se com pessoas a quem deve mostrar muito respeito. Não é esperado que os ocidentais façam reverências para ser educados, mas se o fizerem certamente receberão apreço dos japoneses. Apenas certifique-se de não colocar suas mãos nos bolsos, atrás das costas ou em punho ao fazer uma reverência.

Tendo uma Conversa

TOQUE AGORA

Jun está apresentando seus amigos Lisa e Robert um ao outro (Faixa 8).

Jun: **Robāto-san, kochira wa Risa-san desu. Risa-san, kochira wa Robāto-san desu.**
Robert, está é a Lisa. Lisa, este é o Robert.

Lisa: **Hajimemashite. Risa Jonson desu. Yoroshiku onegai shimasu.**
Como você está? Eu sou Lisa Johnson. É um prazer conhecê-lo.

Robert: **Hajimemashite. Robāto Rosu desu. Kochira koso yoroshiku.**
Como você está? Eu sou Robert Roth. É um prazer conhecê-la também.

Palavras a Saber

kochira	esta pessoa
Hajimēmashite.	Como você está?
Yoroshiku onegai shimasu.	É um prazer conhecê-lo.
koso	(partícula de ênfase)

Perguntando os nomes das pessoas

Normalmente, quanto mais pessoas você conhece, mais feliz é. Então comece a perguntar o nome das pessoas e faça amigos! Como em português, dizer seu nome a alguém quando fala japonês é mais ou menos uma dica para aquela pessoa lhe dizer o dela. Se isso não acontecer, você pode apenas perguntar dizendo **Shiturei desu ga, o-namae wa.** (*Posso estar sendo grosseiro, mas qual é seu nome?*)

LEMBRE-SE

Seu próprio nome é **namae**, mas o nome de outra pessoa é **o-namae**, como explico na próxima seção.

Sendo educado com o-

O prefixo polido **o-** é usado opcionalmente para mostrar respeito aos outros e às suas coisas. É normalmente traduzido para o português como *honrado*, e é por isso que muitos personagens japoneses em filmes B sempre dizem honrado isso e honrado aquilo. Mas *honrado* é um bocado estranho se comparado a **o-**, que se anexa a palavras com muito mais naturalidade.

Às vezes, usar **o-** é obrigatório, independente de você estar falando sobre si mesmo ou sobre os outros. Por exemplo, a palavra para *dinheiro* é **kane**, mas as pessoas quase sempre o chamam de **okane**, mesmo se estiverem falando sobre o próprio dinheiro. Apenas ladrões de banco e bêbados dizem **kane**. Da mesma forma, *chá* e *suvenir* devem ser **ocha** e **omiyage**, respectivamente. Existem algumas diferenças nesse conceito, dependendo da área geográfica do Japão em que estiver, mas não trato delas aqui.

Conhecendo Seu Novo Amigo

Depois de uma apresentação, converse um pouco para que você e seu novo conhecido se conheçam melhor. Você pode falar de onde é e talvez fazer uma conexão que siga por essa linha. Uma pequena conversa pode marcar o começo de uma amizade. As seções a seguir lhe mostram como perguntar de onde uma pessoa é e como comentar sobre as habilidades linguísticas de alguém — dois tópicos sobre os quais você provavelmente pode falar com seu novo amigo.

LEMBRE-SE

Quando alguém lhe estiver dizendo algo, você não pode somente encará-lo. Você deve concordar com a cabeça. E também pode dizer **Ā, sō desu ka.**, que significa *Ah, é mesmo?*, *Ah, verdade?* ou *Ah, entendo.* Ou pode dizer apenas **Ā**, enquanto concorda com a cabeça, para transmitir a mesma mensagem. Ao fazer isso, você reconhece a informação dada a você por seu parceiro de conversa. Se não o fizer, seu parceiro pode começar a pensar que você está se sentindo chateado, sendo grosseiro ou sonhando acordado.

Perguntando às pessoas de onde são

Quando conhece alguém, uma pergunta natural é *De onde você é?* Faça-a dizendo **Dochira kara desu ka. Dochira** é a forma polida de **doko** (*onde*). A partícula **kara** significa *de*. (Trato de partículas no Capítulo 3.) Para responder à pergunta **Dochira kara desu ka**, você só substitui **dochira** pelo nome de um lugar e retira a partícula de pergunta **ka**, como Ken e Susan fazem no próximo diálogo.

FALANDO CORRETAMENTE

Você não acha que o mundo é pequeno quando descobre que a pessoa que acabou de conhecer é da mesma cidade que a sua ou estudou no mesmo colégio? Em tais contextos, você precisa saber como dizer *Eu também!* Para dizer *também*, use a partícula **mo**. Por exemplo, **Watashi mo Tōkyō kara desu.** (*Eu também sou de Tóquio.*)

Tendo uma Conversa

TOQUE AGORA

Ken Yamada acabou de se apresentar para Susan Brennan na casa de seu amigo em comum. Ken pergunta a Susan de onde ela é (Faixa 9).

Ken: **Sūzan-san, Sūzan-san wa dochira kara desu ka.**
Susan, de onde você é?

Susan: **Watashi wa San Furanshisuko kara desu.**
Eu sou de San Francisco.

Ken: **Hontō ni.**
Mesmo?

Susan: **Ē. Yamada-san wa.**
Sim. E você, Sr. Yamada?

Ken: **Boku mo San Furanshisuko kara desu.**
Também sou de San Francisco.

Susan: **Ā, sō desu ka.**
Ah, é mesmo?

Palavras a Saber

dochira	pra que lado, onde
kara	de
Hontō ni.	Mesmo?
mo	também
Ā, sō desu ka.	Ah, é mesmo?

LEMBRE-SE

No Tendo uma Conversa anterior, Ken usa **boku** ao se referir a si mesmo, em vez de dizer **watashi**. Homens e meninos normalmente substituem **boku** por **watashi**, que não é nem muito formal nem muito informal. (Vá ao Capítulo 3 para ler sobre estilos de discurso formais e informais.) Ken também diz **Sūzan-san** duas vezes, o que pode soar estranho para você. O primeiro **Sūzan-san** é para chamar a atenção de Susan, e o segundo **Sūzan-san** é usado para significar *você*. Veja o Capítulo 3 para saber mais sobre evitar o pronome **anata** (*você*).

Falando sobre suas habilidades linguísticas

Sempre que você fala **Nihongo** (*a língua japonesa*) para **Nihonjin** (*pessoas japonesas*), elas dizem **Nihongo ga jōzu desu ne!** (*Seu japonês é ótimo!*). Como o Japão é uma sociedade em que ser bilíngue é considerado muito especial e admirável, os japoneses ficam sempre impressionados se você fala japonês. Eles valorizam seu esforço em estudar e usar a língua deles.

Como uma resposta a um elogio sobre suas habilidades no japonês, você pode dizer **dōmo** (*obrigado*) ou escolher uma das seguintes frases modestas. Fica à sua escolha.

- いいえ、下手です。**Īe, heta desu.** (*Não, eu sou ruim.*)
- いいえ、まだまだです。**Īe, madamada desu.** (*Não, ainda não, ainda não.*)
- いいえ、ぜんぜん。**Īe, zenzen.** (*Não, nem um pouco.*)

Se responder modestamente usando uma dessas expressões, a pessoa japonesa ficará ainda mais impressionada com suas habilidades e elogiará seu japonês novamente. Não sinta que precisa continuar negando seu elogio para sempre. Tente não o negar muitas vezes, senão seu parceiro de conversa ficará exausto! Depois de algumas vezes negando, você pode apenas sorrir e parar de negar.

CONHECENDO A CULTURA

Até mesmo os japoneses que possuem um grau de proficiência em português muito alto ainda dizem tais frases modestas quando são elogiados.

Tendo uma Conversa

TOQUE AGORA

David estuda japonês há dois anos. Ele se senta ao balcão de um restaurante japonês e conversa com a garçonete japonesa. (Faixa 10)

Garçonete: **Nihongo ga jōzu desu ne.**
Seu japonês é excelente!

David: **Īe, madamada desu.**
Não, ainda não, ainda não.

Garçonete: **Nihonjin-mitai.**
Você é como um japonês.

David: **Sō desu ka.**
É mesmo?

Palavras a Saber

Nihongo	língua japonesa
jōzu (na)	habilidoso
Nihonjin	pessoa japonesa
...mitai	como...

FALANDO CORRETAMENTE

Ao descrever alguém ou algo dizendo como ele, ela ou isso se parece, use **mitai** (*como*), como nos exemplos a seguir:

マイクさんは日本人みたいです。**Maiku-san wa Nihonjin mitai desu.** (*Mike é como um japonês.*)

母は男みたいです。**Haha wa otoko mitai desu.** (*Minha mãe é como um homem.*)

このまんじゅうは花みたいです。**Kono manjū wa hana mitai desu.** (*Esse bolinho parece uma flor.*)

私の彼氏はスーパーマンみたいです。**Watashi no kareshi wa Sūpāman mitai desu!** (*Meu namorado é como o Super-homem!*)

Expressando Gratidão e Pesar

Frases de gratidão e desculpas são as mais importantes e essenciais em qualquer língua. Suponha que um estranho segure a porta aberta para você quando estiver entrando em um prédio. O que você diz? Suponha que pise no pé de alguém sem querer. Como diz *Desculpe-me*? As próximas seções respondem a essas perguntas.

Mostrando gratidão

Você deve conhecer a palavra **arigatō** (*obrigado*), mas ela é apenas uma maneira de expressar gratidão. Na verdade, você só pode usar **arigatō** com a família, amigos, colegas e subordinados, além de estranhos que pareçam descontraídos e mais novos que você. Para todo o restante (ou quando estiver em dúvida sobre a adequação de **arigatō**), diga uma das opções seguintes no lugar para dizer *obrigado*:

» ありがとうございます。**Arigatō gozaimasu.**

» どうもありがとうございます。**Dōmo arigatō gozaimasu.**

» どうも。**Dōmo.**

FALANDO CORRETAMENTE

A frase de gratidão mais fácil é **dōmo** — um advérbio que significa literalmente *de fato* ou *muito*, mas pode ser compreendido como *obrigado*. É uma frase curta, conveniente e ainda muito educada de gratidão que pode usar em qualquer contexto. Se quiser expressar um grau de gratidão mais alto do que o normal, use uma das frases mais longas e completas, como **Arigatō gozaimasu** ou **Dōmo arigatō gozaimasu.**

Pedindo desculpas

Para pedir desculpas por algo que fez, ou por causar dor ou inconveniência a alguém, diga **Dōmo sumimasen** (*Sinto muito*) ou apenas **Sumimasen**. **Dōmo** é um advérbio interessante. Sua função é fazê-lo soar sério e você pode usá-lo tanto com **Arigatō gozaimasu** (*Obrigado*) quanto com **Sumimasen** (*Sinto muito*). (Se disser apenas **dōmo**, será interpretado como *obrigado*, não como *desculpe*.) Então, preste atenção! Em um contexto informal, **Gomennasai** (*Desculpe*) está ótimo para pedir desculpas.

LEMBRE-SE

Apenas lembre-se de que **sumimasen** também pode ser usado para chamar a atenção de alguém. **Sumimasen** significa tanto *Desculpe-me* quanto *Com licença*, mas o contexto e sua expressão facial indicam o que quer dizer. Os japoneses até dizem **sumimasen** em contextos em que falaríamos *Obrigado*, como para dizer *Desculpe-me por tê-lo feito sentir que precisava passar por tudo isso.*

Falando sobre Falar: O Verbo Hanasu

Como você se sente sobre começar a falar japonês? Para responder a essa pergunta, precisa saber como dizer *falar* em japonês! Use o verbo **hanasu**, que significa *falar*. Como **hanasu** não termina em **iru/eru**, com certeza é um verbo **-u.** (Trato sobre tipos de verbos no Capítulo 3.) Aqui está como conjugá-lo.

Texto em Japonês	Rōmaji
話す	hanasu
話さない	hanasanai
話し(ます)	hanashi (masu)
話して	hanashite

Os exemplos a seguir mostram como usar **hanasu** em um contexto:

日本語を話しますか。**Nihongo o hanashimasu ka.** (*Você fala japonês?*)

あの人とは話しません。**Ano hito to wa hanashimasen.** (*Não falo com aquela pessoa.*)

人の前で話すのが下手です。**Hito no mae de hanasu no ga heta desu.** (*Não sou bom em falar na frente das pessoas.*)

Diversão & Jogos

Combine a situação com a expressão adequada. A solução está no Apêndice D.

1. Você quebra acidentalmente a janela de seu vizinho	a. おはようございます。**Ohayō gozaimasu.**
2. Você está prestes a deixar seu amigo.	b. どうもありがとうございます。**Dōmo arigatō gozaimasu.**
3. Você encontra alguém pela primeira vez na casa do seu amigo.	c. どうもすみません。**Dōmo sumimasen.**
4. Seu professor lhe dá um presente.	d. さようなら。**Sayōnara.**
5. Você vê seu chefe pela manhã.	e. はじめまして。**Hajimemashite.**

NESTE CAPÍTULO

» Dominando os números de 1 a 100.000

» Contando e medindo com contadores

» Indicando a hora

» Identificando os dias

Capítulo 5

Organizando Seus Números, Horários e Medidas

Você provavelmente conta e mede uma variedade de itens todos os dias, então, quantidades e valores são essenciais para fazer quase tudo na vida. Maçãs, café, pessoas, horário, distância, temperatura — é só falar, e provavelmente isso requer contar ou medir. Neste capítulo você descobre tudo sobre os números em japonês. Também descobre como expressar horas e datas para que possa descrever, por exemplo, quando encontrará seus parceiros de negócios ou quando seu namorado deve buscar você.

Ichi, Ni, San: Contando em Japonês

Nesta seção lhe mostro os números de 1 a 100.000 em japonês. Pense — você pode aumentar seu vocabulário em 100.000 palavras!

Números de 1 a 10

Você pode dominar a arte de contar de 1 a 10 agora mesmo. Isso será útil ao ganhar suas faixas no **karate dōjō** (*centro de treinamento de karatê*). No **karate dōjō**, não se começa do **rei** (*zero*). Mas do **ichi** (*um*) quando socam e chutam. **Ichi, ni** (*dois*), **san** (*três*)!

Os japoneses normalmente escrevem números usando numerais arábicos, mas também os escrevem em **kanji**. Aqui está como os japoneses escrevem e falam os números de 1 a 10:

- *1:* 一 **ichi**
- *2:* 二 **ni**
- *3:* 三 **san**
- *4:* 四 **yon** *ou* **shi**
- *5:* 五 **go**
- *6:* 六 **roku**
- *7:* 七 **nana** *ou* **shichi**
- *8:* 八 **hachi**
- *9:* 九 **kyū** *ou* **ku**
- *10:* 十 **jū**

CONSEGUINDO UMA FAIXA PRETA EM CONTAR

Os japoneses normalmente usam as pronúncias し **shi**, しち **shichi** e く **ku** — para quatro, sete e nove, respectivamente — apenas para recitar os números ou fazer contas, e não para realmente contar as coisas. Os alunos de artes marciais podem estar familiarizados com esses números de contar enquanto praticam chutes, socos e assim por diante. Na linguagem das artes marciais, as sílabas normalmente são encurtadas, fazendo a prática da contagem soar como **ich**, **ni**, **san**, **shi**, **go**, **rok**, **shich**, **hach**, **ku** e **jū**. Isso também dificulta o entendimento dos filmes de guerra!

Números de 11 a 99

Para formar qualquer número de 11 a 99, basta combinar os números de 1 a 10. Por exemplo, *11* é **jū-ichi** — 10 **(jū)** mais 1 **(ichi)**. E 12? A mesma coisa: *12* é **jū-ni**. *Vinte* são 2 conjuntos de 10, então você diz "dois-dez": **ni-jū**. Ajuda pensar em 20 como 2 vezes 10. *Vinte e um* são **ni-jū-ichi**. Vê a lógica? Você pode usar esse padrão para contar até **kyū-jū-kyū** (*99*) ou 9 10 mais 9.

Números de 100 a 9.999

Para contar acima de 100, continue usando o padrão para os números até 99 (que descrevo na seção anterior). *Cem* é **hyaku**. Então *200* é **ni-hyaku**. *Mil* é **sem**; portanto 2.000 é **ni-sen**. Tenho certeza de que você mal pode esperar para dizer 9.999. Sim. É **kyū-sen kyū-hyaku kyū-jū kyū**.

LEMBRE-SE

Esse negócio de contar parece fácil, mas fique atento a algumas mudanças fonéticas irregulares. Quando as palavras para 100 **(hyaku)** e 1.000 **(sen)** são precedidas pelo número 3 **(san)**, se tornam **byaku** e **zen**, respectivamente. Então *300* é **san-byaku**, e 3.000, **san-zen**. Outras mudanças fonéticas são encontradas em *600* **(rop-pyaku)**, *800* **(hap-pyaku)** e *8.000* **(has-sen)** . Veja a lista a seguir:

- *100:* **百 hyaku**
- *200:* **二百 ni-hyaku**
- *300:* **三百 san-byaku**
- *400:* **四百 yon-hyaku**
- *500:* **五百 go-hyaku**
- *600:* **六百 rop-pyaku**
- *700:* **七百 nana-hyaku**
- *800:* **八百 hap-pyaku**
- *900:* **九百 kyū-hyaku**
- *1.000:* **千 sen**
- *2.000:* **二千 ni-sen**
- *3.000:* **三千 san-zen**
- *4.000:* **四千 yon-sen**
- *5.000:* **五千 go-sen**
- *6.000:* **六千 roku-sen**
- *7.000:* **七千 nana-sen**
- *8.000:* **八千 has-sen**
- *9.000:* **九千 kyū-sen**

Números de 10.000 a 99.999

Diferente do português, o japonês tem um nome de dígito especial para *10.000*: **man**. Então, *50.000* não é **go-jū-sen**, que é **go-jū** (*50*) de **sen** (*1.000*), mas **go-man** (*50.000*). Como pode ver pela lista a seguir, não há nenhuma mudança chata de som quando você combina números com **man**:

- *10.000:* **一万 ichi-man**
- *20.000:* **二万 ni-man**
- *30.000:* **三万 san-man**
- *40.000:* **四万 yon-man**
- *50.000:* **五万 go-man**
- *60.000:* **六万 roku-man**
- *70.000:* **七万 nana-man**
- *80.000:* **八万 hachi-man**
- *90.000:* **九万 kyū-man**

Agora, você consegue dizer 99.999? É **kyū-man kyū-sen kyū-hyaku kyū-jū kyū**.

COMPARANDO OS NOMES DE DÍGITOS DO PORTUGUÊS E DO JAPONÊS

Você pode achar útil ver uma comparação lado a lado dos nomes em português e em japonês para dígitos diferentes. Se esse for o caso, está no lugar certo.

Número	Português	Japonês
10	*dez*	**十 jū**
100	*cem*	**百 hyaku**
1.000	*mil*	**千 sen**
10.000	*N/A*	**万 man**
100.000	*N/A*	N/A
1.000.000	*milhão*	N/A
10.000.000	*N/A*	N/A
100.000.000	*N/A*	**億 oku**

Números acima de 100.000

Os japoneses não têm um número de dígito para *milhão*. Um milhão em japonês é **100 man**, ou, mais corretamente, **hyaku man**. No entanto, o japonês tem um nome de dígitos ricamente especiais para *100 milhões*, que é **1 oku**, ou, mais corretamente, **ichi oku**. Agora você consegue dizer 999.999.999? É **kyū-oku kyū-sen kyū-hyaku kyū-jū kyū-man kyū-sen kyū-hyaku kyū-jū kyū**.

Expressando quantias ou quantidades com contadores

Palavras como *pedaço*, *folha* e *par* (como em um *pedaço* de bolo, uma *folha* de papel e um *par* de sapatos) expressam a unidade de valor ou quantidade. Dependendo da forma, tamanho e tipo de um item, você usa diferentes *contadores* (pequenos sufixos seguindo numerais). A Tabela 5-1 lista alguns contadores usados frequentemente, junto com seus usos.

TABELA 5-1 Contadores e Seus Usos

Contador	Uso	Exemplos
台 **-dai**	Itens mecânicos	Carros, computadores, refrigeradores
匹 **-hiki**	Animais (de tamanho pequeno ou médio)	Mosquitos, cachorros, gatos, sapos, peixes
本 **-hon**	Itens cilíndricos	Canetas, lápis, bananas, gravetos, sombrinhas
枚 **-mai**	Itens planos	Lençóis, papéis, selos
人 **-nin**	Pessoas	Alunos, crianças, mulheres
つ **-tsu**	Vários itens inanimados	Móveis, maçãs, sacolas, semáforos

Claro, para usar contadores você precisa juntá-los com números. A Tabela 5-2 mostra como combinar os números de 1 a 10 com os contadores frequentemente usados, mostrados na Tabela 5-1.

TABELA 5-2 **Contando com Contadores**

Número	Contadores					
	台 *- dai*	匹 *-hiki*	本 *-hon*	枚 *-mai*	人 *-nin*	つ *-tsu*
1	**ichi-dai**	**ip-piki**	**ip-pon**	**ichi-mai**	**hitori**	**hito-tsu**
2	**ni-dai**	**ni-hiki**	**ni-hon**	**ni-mai**	**futari**	**futa-tsu**
3	**san-dai**	**san-biki**	**san-bon**	**san-mai**	**san-nin**	**mit-tsu**
4	**yon-dai**	**yon-hiki**	**yon-hon**	**yon-mai**	**yo-nin**	**yot-tsu**
5	**go-dai**	**go-hiki**	**go-hon**	**go-mai**	**go-nin**	**itsu-tsu**
6	**roku-dai**	**rop-piki**	**rop-pon**	**roku-mai**	**roku-nin**	**mut-tsu**
7	**nana-dai**	**nana-hiki**	**nana-hon**	**nana-mai**	**nana-nin**	**nana-tsu**
8	**hachi-dai**	**hap-piki**	**hap-pon**	**hachi-mai**	**hachi-nin**	**yat-tsu**
9	**kyū-dai**	**kyū-hiki**	**kyū-hon**	**kyū-mai**	**kyū-nin**	**kokono-tsu**
10	**jū-dai**	**jup-piki**	**jup-pon**	**jū-mai**	**jū-nin**	**tō**

Notou como o contador -**tsu** é um pouco diferente dos outros na tabela? Primeiro, ele é escrito em **kana** (つ), em vez de em **kanji**. O que isso lhe diz? Que -**tsu** é um contador japonês nativo, enquanto os outros são originalmente chineses. Como resultado, os números usados com -**tsu** não são **ichi**, **ni**, **san** e assim por diante, que são originalmente do chinês, mas **hito**, **futa**, **mi** e assim por diante, que são do vocabulário nativo japonês.

FALANDO CORRETAMENTE

O contador para pessoas (人) segue os padrões de um contador nativo japonês apenas para os primeiros dois números, e de um contador chinês a partir do três, como você vê na Tabela 5-2. O contador 人 é pronunciado como **ri** e usado com números nativos japoneses para os dois primeiros, mas pronunciado como **nin** e usado com números de origem chinesa a partir do três. De qualquer maneira, quando você escreve, pode usar o número em numeral arábico ou em **kanji**, seguido pelo contador escrito em **kanji**, exceto por つ **tsu**, que é escrito em **hiragana**. Por exemplo, 1台, 一台, 1人, 一人, 1つ, 一つ e assim por diante.

Usar alguns contadores causa mudanças de som nos números e no próprio contador. E a palavra japonesa nativa para o número dez, **tō** (*dez*), não pode ser seguida pelo contador -**tsu**. Não fique muito preocupado com essas mudanças irregulares. Você será entendido perfeitamente por japoneses mesmo se cometer um erro aqui.

LEMBRE-SE

Números japoneses nativos estão disponíveis apenas de 1 a 10. Se você tem 11 ou mais maçãs, use o contador **-ko**. Por exemplo, para dizer *9* ao contá-las, você pode dizer **kokono-tsu** ou **kyū-ko**. Entretanto, para dizer *12* maçãs, você precisa dizer **jūni-ko**.

DICA

Se esquecer qual contador usar e estiver contando não mais que 10 de alguma coisa, as frases de números na última coluna da Tabela 5-2 (a coluna **-tsu**) funcionam para contar praticamente tudo, exceto pessoas e animais.

Indicando números ordinais com -me

Frases de números ordinais, como *o primeiro* e *o segundo,* são essenciais para marcar coisas e pessoas em uma sequência. Para formar uma frase de número ordinal em japonês, você pega um dos contadores japoneses (veja a seção anterior) e adiciona **-me** depois dele. Por exemplo, **san-nin-me** significa *terceira pessoa*, e **mit-tsu-me** significa *terceira coisa.* A seguir estão alguns exemplos adicionais de frases de números ordinais:

> 3人目の息子 **san-nin-me no musuko** (*meu terceiro filho*)
>
> 右側の5つ目の家 **migi gawa no itsu-tsu-me no ie** (*a quinta casa do lado direito*)
>
> 2杯目のコーヒー **ni-hai-me no kōhī** (*segunda xícara de café*)
>
> 4つ目の信号 **yot-tsu-me no shingō** (*o quarto semáforo*)
>
> 2番目の息子 **ni-ban-me no musuko** (*meu segundo filho*)

DICA

Se quiser dizer o *número X*, apenas adicione **ban** depois do número — por exemplo, **ichi-ban**. Então, para dizer a alguém que *Mike é o número 1 da sala*, você diria **Maiku wa kurasu de ichi-ban desu.**

Dizendo as Horas

Se alguém lhe perguntar **Nan-ji** (*Que horas são?*), você pode responder rapidamente olhando no seu **tokei** (*relógio*)? Sim, pode, depois que estudar as próximas seções, que lhe dizem como se referir ao tempo tanto genericamente quanto em termos de horas e minutos.

Observando as horas e os minutos

Você pode expressar o tempo em japonês usando os contadores **-ji** (*hora*) e **-fun** (*minutos*), como mostrados nas Tabelas 5-3 e 5-4. ***Nota:*** ao falar sobre minutos, **-fun** às vezes muda para **-pun**, então fique atento.

TABELA 5-3 **Declarando a Hora**

Expressão de Tempo	Português
1時 **1-ji**	*1h*
2時 **2-ji**	*2h*
3時 **3-ji**	*3h*
4時 **4-ji**	*4h*
5時 **5-ji**	*5h*
6時 **6-ji**	*6h*
7時 **7-ji**	*7h*
8時 **8-ji**	*8h*
9時 **9-ji**	*9h*
１０時 **10-ji**	*10h*
１１時 **11-ji**	*11h*
１２時 **12-ji**	*12h*

TABELA 5-4 **Declarando os Minutos**

Expressão de Tempo	Português
1分 **1-pun**	*1 minuto*
2分 **2-fun**	*2 minutos*
3分 **3-pun**	*3 minutos*
4分 **4-pun**	*4 minutos*

Expressão de Tempo	Português
５分 **5-fun**	*5 minutos*
６分 **6-pun**	*6 minutos*
７分 **7-fun**	*7 minutos*
８分 **8-pun**	*8 minutos*
９分 **9-fun**	*9 minutos*
１０分 **10-pun**	*10 minutos*
１１分 **11-pun**	*11 minutos*
１２分 **12-fun**	*12 minutos*

Você pode usar a frase conveniente **han** (*metade*) para *meia hora* ou *30 minutos*. **Mae** (*antes*) e **sugi** (*depois*) também são convenientes para dizer a hora. Desculpe, mas não há uma frase simples para *15 minutos* em japonês. Então, se quiser dizer *2h15*, precisa dizer **2-ji 15-fun sugi**. Para especificar **gozen** (*antes do meio-dia*) ou **gogo** (*depois do meio-dia*), coloque a palavra apropriada na frente do número, como em **gogo 8-ji** (*8 da noite*). Confira como as pessoas dizem que horas são agora:

今, 何時ですか。**Ima, nan-ji desu ka.** (*Que horas são agora?*)

今, ３時５分です。**Ima, 3-ji 5-fun desu.** (*São 3h05 agora.*)

今, ３時５分すぎです。**Ima, 3-ji 5-fun sugi desu.** (*São 5 minutos passados das 3h agora.*)

今, １２時３分前です。**Ima, 12-ji 3-pun mae desu.** (*São 3 minutos antes do meio-dia.*)

今, 日本は午前２時です。**Ima, Nihon wa gozen 2-ji desu.** (*São 2h da manhã no Japão.*)

CONHECENDO A CULTURA

Os horários de trem no Japão seguem o sistema de 24 horas. Por exemplo, **1-ji** significa apenas *1h da manhã*, e **13-ji**, *1h da tarde*. Esse sistema elimina a ambiguidade manhã/tarde, e você não precisa dizer **gozen** ou **gogo**.

SABENDO QUANDO USAR -FUN E -PUN

-Fun muda para **-pun**, dependendo do som anterior. Quando os números são いち **ichi**, ろく **roku**, はち **hachi** e じゅう **jū**, substitua o último **hiragana** por っ, que é basicamente um momento de silêncio, e adicione ぷん **pun**. Ou seja, você obtém いっぷん **ippun**, ろっぷん **roppun**, はっぷん **happun** e じゅっぷん **juppun**. Além disso, depois de ん **n**, apenas adicione ぷん **pun**. Então você terá さんぷん **sapun** e よんぷん **yonpun.** Para os outros números, apenas adicione ふん **fun**.

Falando sobre o tempo

FALANDO CORRETAMENTE

Para expressar *a que horas*, *de que horas*, *até que horas* e *por qual hora*, você precisa das partículas **ni** (*a*), **kara** (*de*), **made** (*até*) e **made ni** (*por*). Certifique-se de colocar a partícula depois, e não antes, da frase de tempo. O Capítulo 3 lhe dá as informações sobre usar partículas. Aqui estão alguns exemplos:

コンサートは何時に始まりますか。　３時に始まります。**Konsāto wa nan-ji ni hajimarimasu ka. 3-ji ni hajimarimasu.** (*A que horas começa o show? Começa às 3h.*)

ランチサービスは午前１１時半から午後２時までです。**Ranchi sābisu wa gozen 11-ji han kara gogo 2-ji made desu.** (*O almoço especial é das 11h30 da manhã às 2 da tarde.*)

３時５分前までに来てください。**3-ji 5-fun mae made ni kite kudasai.** (*Por favor, chegue até 5 minutos antes das 3h.*)

Em vez de dizer a hora exata, você pode especificar vagamente a parte do dia ou usar expressões de tempo relativo:

- 朝 **asa** (*manhã*)
- 昼 **hiru** (*tarde, meio do dia*)
- 晩 **ban** (*noite*)
- 夜中 **yonaka** (*meio da noite*)
- 今 **ima** (*agora*)
- さっき **sakki** (*há pouco tempo*)

Para dizer o período de tempo, apenas adicione -**kan** (kahn) depois de -**ji** ou -**fun**. Entretanto, em conversas, -**kan** é normalmente omitido depois de -**fun**. Confira esses exemplos:

2時間勉強しました。**2-jikan benkyō shimashita.** (*Estudei por duas horas.*)

8時間かかりました。**8-jikan kakarimashita.** (*Levou 8 horas.*)

１５分かかります。**15-fun kakarimasu.** (*Leva 15 minutos.*)

É um Encontro! Mergulhando no Calendário

Fazer planos com os outros em japonês requer uma compreensão básica dos termos usados para os dias da semana, meses, anos e assim por diante. Com as informações nas próximas seções, você estará preparado para marcar no seu **karendā** (*calendário*) todos os tipos de atividades divertidas.

Falando sobre os dias da semana

Tanto as semanas brasileiras quanto as japonesas têm sete dias. Uma semana brasileira — pelo menos no calendário — começa no **nichiyōbi** (*domingo*) e termina no **doyōbi** (*sábado*), mas uma semana japonesa começa na **getsuyōbi** (*segunda-feira*) e termina no **nichiyōbi** (*domingo*). Os japoneses trabalham primeiro e descansam depois. Aqui estão todos os termos que precisa saber para falar sobre os dias da semana:

- 月曜日 **getsuyōbi** (*segunda-feira*)
- 火曜日 **kayōbi** (*terça-feira*)
- 水曜日 **suiyōbi** (*quarta-feira*)
- 木曜日 **mokuyōbi** (*quinta-feira*)
- 金曜日 **kin'yōbi** (*sexta-feira*)
- 土曜日 **doyōbi** (*sábado*)
- 日曜日 **nichiyōbi** (*domingo*)

Então, se alguém lhe perguntar **Kyō wa nan'yōbi desu ka** (*Que dia é hoje?*), você pode responder com **Kyō wa doyōbi desu.** (*Hoje é sábado.*) A seguir estão algumas declarações adicionais apresentando dias da semana, para que os veja em ação:

月曜日から金曜日まで働きます。**Getsuyōbi kara kin'yōbi made hataraki-masu.** (*Eu trabalho de segunda a sexta-feira.*)

コンサートは土曜日です。**Konsāto wa doyōbi desu.** (*O show é no sábado.*)

日曜日はゆっくりします。**Nichiyōbi wa yukkuri shimasu.** (*Eu relaxo aos domingos.*)

Nomeando e contando os meses

A palavra japonesa para *Lua* é **tsuki**, que também significa *mês*. O japonês não tem um nome separado para cada mês — ele usa um número combinado com o contador **-gatsu**. Então *janeiro* é **ichi-gatsu**, e *dezembro* é **jū-ni-gatsu**. Aqui está como escrever todos os 12 meses em japonês:

- 1月 **ichi-gatsu** (*janeiro*)
- 2月 **ni-gatsu** (*fevereiro*)
- 3月 **san-gatsu** (*março*)
- 4月 **shi-gatsu** (*abril*)
- 5月 **go-gatsu** (*maio*)
- 6月 **roku-gatsu** (*junho*)
- 7月 **shichi-gatsu** (*julho*)
- 8月 **hachi-gatsu** (*agosto*)
- 9月 **ku-gatsu** (*setembro*)
- 1 0月 **jū-gatsu** (*outubro*)
- 1 1月 **jū-ichi-gatsu** (*novembro*)
- 1 2月 **jū-ni-gatsu** (*dezembro*)

Para expressar um número de meses, como *um mês* e *dois meses*, use o contador **-kagetsu** ou **-kagetsukan**.

- 1ヶ月 **ik-kagetsu** (*1 mês*)
- 2ヶ月 **ni-kagetsu** (*2 meses*)
- 3ヶ月 **san-kagetsu** (*3 meses*)
- 4ヶ月 **yon-kagetsu** (*4 meses*)

- 5ヶ月 **go-kagetsu** (*5 meses*)
- 6ヶ月 **rok-kagetsu** (*6 meses*)
- 7ヶ月 **nana-kagetsu** (*7 meses*)
- 8ヶ月 **hachi-kagetsu** (*8 meses*)
- 9ヶ月 **kyū-kagetsu** (*9 meses*)
- 10ヶ月 **juk-kagetsu** (*10 meses*)
- 11ヶ月 **jū-ik-kagetsu** (*11 meses*)
- 12ヶ月 **jū-ni-kagetsu** (*12 meses*)

DICA

Em conversas, -**kagetsu** é mais comum que -**kagetsukan**, então você pode usar apenas -**kagetsu**, mas é bom conhecer ambos, porque pode ouvir qualquer um.

Contando os dias

Nesta seção, mostro como dizer *o primeiro*, *o segundo* e assim por diante, para datas. (Para descobrir como dizer esses tipos de palavras em relação a outros itens, como prédios, cafés e pessoas, veja a seção anterior, "Indicando números ordinais com -me".)

A maneira como as datas são pronunciadas em japonês não é muito sistemática; é cheia de irregularidades. Sei que isso não é muito encorajador — desculpe —, então sua melhor aposta é memorizar a Tabela 5-5.

TABELA 5-5 Qual É a Data de Hoje?

Data	Japonês
1º	1日 **tsuitachi**
2º	2日 **futsuka**
3º	3日 **mikka**
4º	4日 **yokka**
5º	5日 **itsuka**
6º	6日 **muika**
7º	7日 **nanoka**

(continua)

(continuação)

Data	Japonês
8º	8日 **yōka**
9º	9日 **kokonoka**
10º	10日 **tōka**
11º	11日 **jū-ichi-nichi**
12º	12日 **jū-ni-nichi**
13º	13日 **jū-san-nichi**
14º	14日 **jū-yokka**
15º	15日 **jū-go-nichi**
16º	16日 **jū-roku-nichi**
17º	17日 **jū-shichi-nichi**
18º	18日 **jū-hachi-nichi**
19º	19日 **jū-ku-nichi**
20º	20日 **hatsuka**
21º	21日 **ni-jū-ichi-nichi**
22º	22日 **ni-jū-ni-nichi**
23º	23日 **ni-jū-san-nichi**
24º	24日 **ni-jū-yokka**
25º	25日 **ni-jū-go-nichi**

Data	Japonês
26º	２６日 **ni-jū-roku-nichi**
27º	２７日 **ni-jū-shichi-nichi**
28º	２８日 **ni-jū-hachi-nichi**
29º	２９日 **ni-jū-ku-nichi**
30º	３０日 **san-jū-nichi**
31º	３１日 **san-jū-ichi-nichi**

LEMBRE-SE

Você também pode usar as datas mostradas na Tabela 5-5 para expressar o número de dias de um dado período. Por exemplo, **futsuka** significa *o segundo* ou *dois dias*. Para deixar bem claro que está falando sobre o *número de dias*, apenas adicione -**kan** a essa forma — **futsukakan** (*dois dias*) —, para eliminar qualquer ambiguidade. A única exceção a essas regras é **tsuitachi**, que significa apenas *o primeiro*, e não *um dia*. Para dizer *um dia*, use **ichi-nichi**.

Contando as semanas

Você pode especificar as semanas em um mês, ou em qualquer ciclo, dizendo **dai**, o número e -**shū**. Por exemplo:

» 第1週 **dai is-shū** (*a primeira semana*)

» 第2週 **dai ni-shū** (*a segunda semana*)

» 第3週 **dai san-shū** (*a terceira semana*)

» 第4週 **dai yon-shū** (*a quarta semana*)

Para contar semanas, use o contador -**shūkan**, como em **is-shūkan** (*uma semana*), **ni-shūkan** (*duas semanas*) e assim por diante.

Desenrolando os anos

Para especificar o **toshi** (*ano*), apenas adicione o contador -**nen** depois do número que expressa o ano — **1998-nen** (*1998*) e **2012-nen** (*2012*), por exemplo.

Siga esse conselho e você provavelmente será entendido perfeitamente no Japão. Mas esteja pronto para ouvir um ano ser referido com um único **nengō** (*nome de era*), como em **Heisei 24-nen**, que é equivalente a 2012. Confira o próximo box, "Nomes de Eras no Japão", para mais informações sobre esse sistema.

Se quiser contar anos, use **nenkan** ou -**nen** como contadores. Então, *um ano* é **ichi-nen** ou **ichi-nenkan**, e *dois anos*, **ni-nen** ou **ni-nenkan**. ***Nota:*** em uma conversa, a versão mais curta, -**nen**, é usada mais frequentemente do que -**nenkan**, mas, novamente, estar ciente de ambas as formas é uma boa ideia.

Especificando datas e horas

Ao especificar uma data completa da maneira japonesa, comece da maior unidade de tempo, o **toshi**, e então vá para as unidades menores: o **tsuki**, o **hi** e o **yōbi**, nessa ordem. Por exemplo, *quinta-feira, 25 de outubro de 2012* é:

» **２０１２年１０月２５日木曜日 nisenjūni-nen jū-gatsu nijūgo-nichi Mokuyōbi**

» **平成２４年１０月２５日木曜日 Heisei nijūyo-nen jū-gatsu nijūgo-nichi Mokuyōbi**

CONHECENDO A CULTURA

NOMES DE ERAS NO JAPÃO

Você pode expressar anos de duas maneiras no Japão. Pode usar o sistema ocidental com o contador **年 -nen**, como em **2012年 2012-nen** (2012); ou o sistema japonês, com **年号 nengō** (*nome de era*) e o contador -**nen**, como em **平成24年 Heisei 24-nen** (2012).

Um novo **nengō** é criado a cada vez que um novo imperador ascende ao trono no Japão, e continua a ser usado até que um diferente tome seu lugar. O primeiro ano de qualquer era é chamado de **元年 gan-nen**. Por exemplo, o ano em que o Imperador Heisei ascendeu ao trono (1989) foi chamado de **平成元年 Heisei gan-nen** no sistema japonês. E o ano seguinte (1990), de **平成２年 Heisei 2-nen**.

Os oficiais do governo tendem a usar apenas o sistema japonês, mas muitas empresas e instituições usam os sistemas ocidentais. Minha filha nasceu na era **Heisei**, minha mãe e eu, na era **昭和 Shōwa**, e minha avó nasceu na era **Meiji**. Houve uma era curta, a era **大正 Taishō**, entre a era **Meiji** e a era **Shōwa**. Deixe-me listar essas eras do Japão moderno cronologicamente:

- **明治 Meiji 1868–1912**
- **大正 Taishō 1912–1926**
- **昭和 Shōwa 1926–1989**
- **平成 Heisei 1989–Presente**

Em vez de usar uma data específica no calendário, você também pode usar expressões de tempo relativo baseadas nos conceitos de *antes* e *depois* ou *anterior* e *seguinte*. Veja na Tabela 5-6 o que quero dizer.

TABELA 5-6 **Expressões de Tempo Relativo com Suas Traduções**

Anterior	Atual	Futuro
昨日 **kinō** (*ontem*)	今日 **kyō** (*hoje*)	あした **ashita** (*amanhã*)
先週 **senshū** (*semana passada*)	今週 **konshū** (*esta semana*)	来週 **raishū** (*semana que vem*)
先月 **sengetsu** (*mês passado*)	今月 **kongestsu** (*este mês*)	来月 **raigetsu** (*mês que vem*)
去年 **kyonen** (*ano passado*)	今年 **kotoshi** (*este ano*)	来年 **rainen** (*ano que vem*)

Você pode esperar ouvir termos alternativos como esses quando estiver em um contexto levemente formal:

» 本日 **honjitsu** (*hoje*)

» 明日 **asu** (*amanhã*)

» 昨日 **sakujitsu** (*ontem*)

» 昨年 **sakunen** (*ano passado*)

DICA

Os termos adicionais a seguir para se referir ao futuro são sempre úteis:

» あさって **asatte** (*o dia depois de amanhã*)

» 再来週 **saraishū** (*a semana depois da próxima*)

» 再来月 **saraigetsu** (*o mês depois do próximo*)

» 再来年 **sarainen** (*o ano depois do próximo*)

FALANDO CORRETAMENTE

Para especificar *quando* algo acontece ou aconteceu, insira uma frase de tempo na sentença. Você pode colocá-la em qualquer lugar em uma sentença, contanto que seja antes do verbo. Se estiver tratando de um *tempo específico*, coloque a partícula **ni** depois da frase de tempo. Se estiver lidando com um *tempo* *relativo*, não precisa usar a partícula **ni**. Ilustro as diferenças na seguinte lista de exemplos:

- **１２月２８日に東京に行きます。12-gatsu 28-nichi ni Tōkyō ni ikimasu.** (*Irei a Tóquio no dia 28 de dezembro.*)
- **あした買い物をします。Ashita kaimono o shimasu.** (*Irei às compras amanhã*)
- **１９９８年に生まれました。1998-nen ni umaremashita.** (*Eu nasci em 1998.*)
- **先週家賃を払いました。Senshū yachin o haraimashita.** (*Paguei o aluguel na semana passada.*)

FALANDO CORRETAMENTE

Para listar várias atividades na mesma frase, coloque todos os verbos, exceto o último, em uma forma **-te** (trato das formas **-te** no Capítulo 3). Você não precisa usar nenhuma partícula que corresponderia a *e* em português — converter todos os verbos, exceto o último, em formas **-te** é o equivalente ao conceito *e*. O último verbo expressa o tempo de todas as atividades.

昨日は９時に銀行に行って１０時にデパートに行って５時に帰りました。Kinō wa ku-ji ni ginkō ni itte jū-ji ni depāto ni itte go-ji ni kaerimashita. (*Ontem fui ao banco às 9h, fui à loja de departamentos às 10h e fui para casa às 5h.*)

あしたは買い物をして映画を見ます。Ashita wa kaimono o shite eiga o mimasu. (*Irei às compras e assistirei a um filme amanhã.*)

No próximo Tendo uma Conversa, Eleanor fala sobre seus planos de férias no Havaí. Note que sua primeira frase termina com **-n-desu**.

FALANDO CORRETAMENTE

Em japonês, você frequentemente forma uma frase usando **-n-desu** em conversas, especialmente quando fornece alguma informação ou explicação. A intenção de **-n-desu** é encorajar seu interlocutor a responder a suas afirmações. Você parecerá muito mais convidativo e amigável se usá-lo. Ele mostra vontade de ouvir os comentários e opiniões de seu interlocutor. Portanto, use **-n-desu** em conversas, mas não por escrito ou em discursos públicos, quando não espera que seu público responda-lhe depois de cada frase. Quando um verbo é seguido de **-n-desu**, deve estar em uma forma informal/simples.

Eleanor, no diálogo, fala sobre quando ela partirá e quando retornará de sua viagem. Os verbos japoneses *ir* e *retornar* são **iku** e **kaeru**. Ambos são verbos **-u**. Pratique conjugá-los.

Texto em Japonês	Rōmaji
行く	iku
行かない	ikanai
行き(ます)	iki (masu)
行って	itte

Texto em Japonês	Rōmaji
帰る	kaeru
帰らない	kaeranai
帰り(ます)	kaeri (masu)
帰って	kaette

Tendo uma Conversa

TOQUE AGORA

Eleanor está planejando ir ao Havaí no próximo mês. Ela fala sobre isso com Kevin. (Faixa 11)

Eleanor: **Raigetsu Hawai ni iku-n-desu.**
Vou ao Havaí no mês que vem.

Kevin: **Hontō. Nan-nichikan.**
Mesmo? Por quantos dias?

Eleanor: **Mikkakan.**
Três dias.

Kevin: **Mijikai desu ne.**
Isso é pouco, não é?

Eleanor: **Ē, 15-nichi ni itte 18-nichi ni kaeru-n-desu.**
Aham. Vou para lá no dia 15 e volto no dia 18.

Palavras a Saber

hontō	verdade
iku	ir
kaeru	retornar
mijikai	curto

Familiarizando-se com o Sistema Métrico

Os japoneses usam o sistema métrico para tirar e discutir medidas. Então, se for ao Japão, espere ouvir sobre litros, gramas, metros e quilômetros, como no Brasil. Eis os termos que precisa saber para falar sobre medidas em japonês.

- ミリ **miri (mētoru)** (*milímetro*)
- センチ **senchi (mētoru)** (*centímetro*)
- メートル **mētoru** (*metro*)
- キロ (メートル) **kiro (mētoru)** (*quilômetro*)
- グラム **guramu** (*grama*)
- キロ (グラム) **kiro (guramu)** (*quilograma*)
- トン **ton** (*tonelada*)
- リットル **rittoru** (*litro*)
- 平方メートル **heihō mētoru** (*metro quadrado*)
- 立法メートル **rippō mētoru** (*metro cúbico*)

Diversão & Jogos

Combine as ilustrações com as frases corretas. A solução está no Apêndice D.

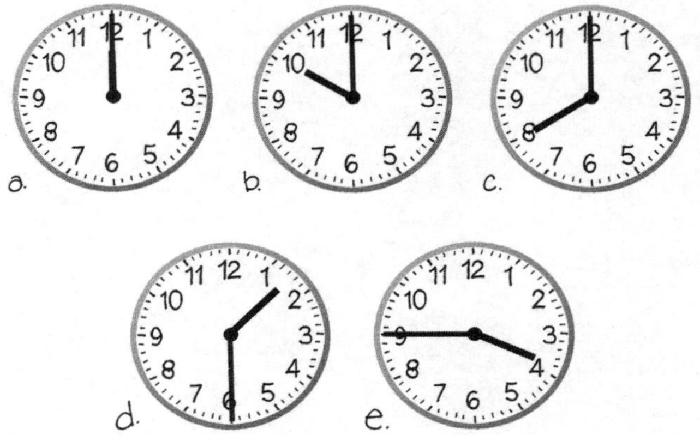

Ilustração por Elizabeth Kurtzman

1. いちじはん ichi-ji han
2. はちじ hachi-ji
3. じゅうじ jū-ji
4. じゅうにじ jū-ni-ji
5. さんじよんじゅうごふん san-ji yonjū-go-fun

NESTE CAPÍTULO

» Nomeando áreas e objetos de sua casa

» Discutindo refeições

» Mantendo sua casa limpa e segura

Capítulo 6

Falando Japonês em Casa

Não há melhor lugar do que seu **uchi** (*lar*). O que você tem em seu **uchi**? O que come em seu **uchi**? O que faz em seu **uchi**? Este capítulo o ajuda a responder em japonês a essas perguntas.

Passeando por Sua Casa

More você em uma *casa* **(ie)** ou em um *apartamento* **(apāto)**, seu **uchi** provavelmente tem esses cômodos e estruturas:

- 玄関 **genkan** (*entrada*)
- キッチン **kitchin** *ou* 台所 **daidokoro** (*cozinha*)
- ダイニング **dainingu** *ou* 食堂 **shokudō** (*sala de jantar*)
- リビング **ribingu** *ou* 居間 **ima** (*sala de estar*)
- 寝室 **shinshitsu** (*quarto*)
- 書斎 **shosai** (*escritório*)
- バスルーム **basurūmu** *ou* 風呂場 **furoba** (*banheiro*)
- 洗濯場 **sentakuba** (*lavanderia*)
- 床 **yuka** (*piso*)
- 天井 **tenjō** (*teto*)
- 壁 **kabe** (*parede*)
- クローゼット **kurōzetto** (*armário de estilo ocidental*)
- 窓 **mado** (*janela*)
- 押入れ **oshiire** (*armário para futon e outros itens*)

CONHECENDO A CULTURA

Ao entrar em casas japonesas, certifique-se de tirar seus **kutsu** (*sapatos*) depois que estiver na **genkan** (e não do lado de fora). Nas casas japonesas, a **genkan** tem dois níveis. A área na qual pisa primeiro é o nível mais baixo, ou nível térreo, e é feita de concreto, azulejo ou pedras. Você pode pisar nessa área mais baixa enquanto estiver com seus sapatos. A segunda, o nível mais alto, é outra parte da casa, e não pode pisar nela usando sapatos. Tire seus sapatos no nível mais baixo e, então, imediatamente pise no nível mais alto, onde normalmente pedirão para que use **surippa** (*chinelos*). Você pode usar chinelos em qualquer lugar dentro da casa, exceto nos quartos com chão de **tatami** (*tatames*). Quando você vai a um banheiro, outro par de chinelos o espera. Troque de chinelos durante o tempo que ficar nesse cômodo, e então volte aos outros quando retornar para o resto da casa. (Em outras palavras, não volte à sala com seus chinelos do banheiro.)

A cozinha

A **kitchin** deve ser o cômodo mais usado em qualquer casa (a não ser que seja fã de pedir comida). Aqui estão os termos em japonês para alguns dos principais aparelhos e acessórios em sua cozinha:

- 電子レンジ **denshi-renji** (*forno de micro-ondas*)
- 冷凍庫 **reitōko** *ou* フリーザー **furīzā** (*freezer*)
- 椅子 **isu** (*cadeira*)
- コンロ **konro** (*fogão*)
- キャビネット **kyabinetto** (*armário*)
- オーブン **ōbun** (*forno*)
- 冷蔵庫 **reizōko** (*geladeira*)
- 食器洗い機 **shokki-arai-ki** (*máquina de lavar louça*)
- 流し台 **nagashidai** ou シンク **shinku** (*pia*)
- テーブル **tēburu** (*mesa*)

CONHECENDO A CULTURA

Poucos japoneses têm um forno grande ou uma máquina de lavar louça em suas cozinhas, então, quando estiver no Japão, esteja preparado para assar bolos pequenos e lavar as louças à mão.

O que você tem nas gavetas e armários de sua cozinha? Se for como a maioria das pessoas, provavelmente tem vários instrumentos e utensílios:

- ボール **bōru** (*tigela*)
- フードプロセッサー **fūdo purosessā** (*processador de alimentos*)
- フライパン **furaipan** (*frigideira*)
- 包丁 **hōchō** (*faca do chef*)
- 泡立て器 **awatateki** (*batedor*)
- 計量カップ **keiryō kappu** (*copo de medida*)
- 計量スプーン **keiryō supūn** (*colher de medida*)
- コーヒーメーカー **kōhīmēkā** (*cafeteira*)
- まな板 **manaita** (*tábua de corte*)
- ミキサー **mikisā** (*liquidificador*)
- 鍋 **nabe** (*panela*)

- トースター **tōsutā** (*torradeira*)
- ざる **zaru** (*coador*)

A sala de jantar

A maioria das casas tem uma mesa de jantar na cozinha, mas você certamente precisa desses itens onde quer que coma:

- フォーク **fōku** (*garfo*)
- コップ **koppu** (*copo, xícara*)
- ナイフ **naifu** (*faca*)
- ナプキン **napukin** (*guardanapo*)
- 皿 **sara** (*prato*)
- スパチュラ **supachura** (*espátula*)
- スプーン **supūn** (*colher*)
- テーブルクロス **tēburukurosu** (*toalha de mesa*)
- 器 **utsuwa** (*tigela*)

CONHECENDO A CULTURA

Jantar em casas japonesas pode ser bem diferente do que você provavelmente está acostumado. Primeiro, os japoneses normalmente comem refeições em uma sala em estilo japonês, sentados no chão a uma mesa baixa e usando **hashi** (*hashi*), **chawan** (*tigela de arroz japonês*) e **o-wan** (*tigela envernizada de sopa japonesa*). Além disso, a mesa japonesa normalmente apresenta **shōyu** (*molho de soja*).

A sala de estar

Seja sua sala de estar um espaço formal de entretenimento ou apenas onde a família passa algum tempo, ela provavelmente tem muitos dos itens a seguir:

- アームチェアー **āmucheā** (*poltrona*)
- 電気スタンド **denki-sutando** (*luminária de mesa, luminária de chão*)
- 絵 **e** (*pintura*)
- エアコン **eakon** (*ar-condicionado*)
- エンドテーブル **endo tēburu** (*mesa de canto*)
- 電話 **denwa** (*telefone*)
- ヒーター **hītā** ou ストーブ **sutōbu** (*aquecedor*)

- 本棚 **hondana** (*prateleira, estante de livros*)
- コーヒーテーブル **kōhī tēburu** (*mesa de centro*)
- ソファー **sofā** (*sofá*)
- テレビ **terebi** (*TV*)

O quarto

Cansado de tanto estudar japonês? Antes de ir para a cama e tirar um cochilo, veja alguns mobiliários comuns de quartos:

- ベッド **beddo** (*cama*)
- ふとん **futon** (*futon*)
- カーテン **kāten** (*cortinas*)
- 枕 **makura** (*travesseiro*)
- 目覚まし時計 **mezamashi-dokei** (*despertador*)
- 毛布 **mōfu** (*cobertor*)
- ナイトスタンド **naitosutando** (*criado-mudo*)
- シーツ **shītsu** (*lençol*)
- たんす **tansu** (*cômoda*)

CONHECENDO A CULTURA

FUTON: NÃO APENAS PARA ESTUDANTES UNIVERSITÁRIOS

Os futons têm se tornado uma peça de mobília de tendência no ocidente. Como a maioria das importações culturais, no entanto, a realidade é um tanto quanto diferente.

Um *futon* ocidental é apenas o colchão em que você dorme — o edredom ou os cobertores que usa para se manter aquecido são itens separados. No Japão, no entanto, tanto o colchão quanto as coberturas formam o **futon**. À noite, você coloca seu **futon** no chão, e pela manhã o dobra e coloca-o em um **押入れ oshiire** (*armário para futon e outros itens*). O mesmo cômodo serve como quarto à noite e sala durante o dia — bem conveniente em um país em que o espaço custa caro.

Se dormir no chão parece um pouco esquisito, tenha certeza de que um **futon** japonês é realmente bem confortável e dá uma boa noite de descanso. Além disso, dormir em um **futon** é bom para suas costas, porque um **futon** não contém molas, e suas costas precisam ficar retas!

CONHECENDO A CULTURA

Os japoneses dormem em camas ou em **futon**, dependendo de suas preferências e do tamanho do quarto. (Camas ocupam um espaço mais permanente; confira o próximo box, "Futon: Não Apenas para Estudantes Universitários", para saber mais sobre a opção de dormir em um futon.)

O banheiro

A maioria dos banheiros normalmente contém os seguintes itens:

- バスタオル **basu-taoru** (*toalha de banho*)
- ブラシ **burashi** (*escova*)
- ドライヤー **doraiyā** (*secador de cabelo*)
- 歯ブラシ **ha-burashi** (*escova de dentes*)
- 歯磨き粉 **hamigakiko** (*pasta de dentes*)
- 鏡 **kagami** (*espelho*)
- シャワー **shawā** (*chuveiro*)
- 石鹸 **sekken** (*sabonete*)
- トイレットペーパー **toiretto pēpā** (*papel higiênico*)

CONHECENDO A CULTURA

Na maioria das casas japonesas, o **furoba** (*sala de banho*) e o **toire** (*banheiro*) são cômodos separados. Nas cidades em que o espaço é limitado, alguns apartamentos têm uma **yunitto basu** (*unidade de banho*) — uma combinação compacta de uma banheira, uma pia, um vaso sanitário, a parede ao redor e o chão. Ela é pré-montada em uma fábrica antes da instalação e parece uma folha de plástico moldado. A **yunitto basu** é extremamente econômica tanto em termos de espaço quanto em termos financeiros, mas ainda tem tudo o que se espera encontrar em um banheiro.

CONHECENDO A CULTURA

Os japoneses adoram usar o inglês no geral, então usam o termo **basurūmu** para significar *banheiro*. A maioria dos **basurūmu** no Japão ainda tem apenas áreas para banho, mas o termo é relativamente novo e um pouco vago. Em contraste, o termo **furoba** refere-se estritamente ao cômodo de banho.

A lavanderia

Os japoneses frequentemente penduram suas roupas lavadas em seus quintais ou em suas varandas. Isso economiza energia e mata germes! Se colocar suas roupas (limpas) ao ar livre não for seu estilo, você pode jogá-las na secadora, passá-las e explicar a coisa toda em japonês com as seguintes palavras:

- アイロン **airon** (*ferro de passar*)
- アイロン台 **airondai** (*tábua de passar*)
- 漂白剤 **hyōhakuzai** (*alvejante*)
- ハンガー **hangā** (*cabides*)
- 柔軟剤 **jūnanzai** (*amaciante*)
- 乾燥機 **kansōki** (*secadora*)
- 洗濯機 **sentakuki** (*máquina de lavar roupas*)
- 洗剤 **senzai** (*detergente*)

A despensa

Se for sortudo, sua casa terá uma **shako** (*garagem*), um **yaneurabeya** (*ático*) ou um **chikashitsu** (*porão*) espaçoso para armazenar todos os tipos de coisas, como as seguintes:

- 道具箱 **dōgubako** (*caixa de ferramentas*)
- 延長コード **enchō kōdo** (*cabos de extensão*)
- 金槌 **kanazuchi** ou ハンマー **hanmā** (*martelo*)
- 肥料 **hiryō** (*fertilizante*)
- ホース **hōsu** (*mangueira de jardim*)
- 釘 **kugi** (*prego*)
- 自転車 **jitensha** (*bicicleta*)
- 巻き尺 **makijaku** (*fita métrica*)
- ねじ **neji** (*parafuso*)
- のこぎり **nokogiri** (*serra*)
- レンチ **renchi** (*chave inglesa*)
- 芝刈り機 **shibakariki** (*cortador de grama*)
- ドライバー **doraibā** (*chave de fenda*)

CONHECENDO A CULTURA

A maioria dos japoneses, especialmente na cidade, tem um pouco mais de dificuldade com armazenamento do que você pode estar acostumado; eles têm apenas um pequeno espaço perto da entrada, uma parte de seu closet e uma área debaixo da **kaidan** (*escada*) ou um espaço nos fundos da casa para armazenar as coisas extras.

FALANDO CORRETAMENTE

Se não tem muita certeza de algo, mas acha que *talvez* ou *possivelmente*, diga isso com **kamoshiremasen**. Adicione isso ao fim de um verbo ou um adjetivo na forma simples/informal, mas tire apenas o **da** que aparece na forma presente afirmativa simples do verbo de ligação, **desu**, ou um adjetivo tipo **-na**. Por exemplo:

釘は道具箱の中にあるかもしれません。**Kugi wa dōgubako no naka ni aru kamoshiremasen.** (*Os pregos podem estar na caixa de ferramentas.*)

ミキサーはあまり使わないかもしれません。**Mikisā wa amari tsukawanai kamoshiremasen.** (*Talvez não usemos o liquidificador com muita frequência.*)

このシーツは大きいかもしれません。**Kono shītsu wa ōkii kamoshiremasen.** (*Esse lençol pode ser muito grande.*)

あの部屋は静かかもしれません。**Ano heya wa shizuka kamoshiremasen.** (*Aquele cômodo pode ser silencioso.*)

Tendo uma Conversa

TOQUE AGORA

Marge está procurando um apartamento e acabou de entrar no segundo com um corretor de imóveis (Faixa 12).

Corretor: **Koko ga ribingu; asoko ga kitchin. Koko ga furoba desu.**
Esta é a sala de estar; a cozinha é logo ali. Aqui está o banheiro.

Marge: **Ii desu ne.**
É bom.

Corretor: **Kore ga kurōzetto desu.**
Este é o closet.

Marge: **Kono kurōzetto wa chotto chīsai kamoshiremasen.**
Este closet pode ser muito pequeno.

Corretor: **Demo, oshiire mo arimasu yo.**
Mas há um armário também.

Palavras a Saber

koko	aqui
asoko	logo ali
chotto	um pouco
chīsai	pequeno
mo	também
aru	existir

O Lar É Onde a Comida Está

Nada é mais saboroso do que os pratos que sua mãe faz em casa. (Essa é uma das razões por não haver lugar melhor que o nosso lar.) Enquanto você se empanturra com gostosuras caseiras, confira o vocabulário para vários horários de refeições:

- 朝ごはん **asagohan** *ou* 朝食 **chōshoku** (*café da manhã*)
- 昼ごはん **hirugohan** *ou* 昼食 **chūshoku** (*almoço*)
- 晩ごはん **bangohan** *ou* 夕食 **yūshoku** (*jantar*)
- おやつ **oyatsu** (*lanche*)
- 夜食 **yashoku** (*ceia*)

A seção a seguir o ajuda a falar sobre comer. Só não pratique com a boca cheia.

Começando a cozinhar

O verbo geral para *cozinhar* em japonês é **ryōri suru**. Na verdade, **ryōri** é um substantivo que significa *comida*, e **suru** é o verbo que significa *fazer*. Você sabe que cozinhar envolve uma variedade de ações. Os verbos a seguir o ajudarão a curtir cozinhar em casa!

- 揚げる **ageru** (*fritar*)
- 炒める **itameru** (*refogar no estilo asiático*)

- » 蒸す **musu** (*cozinhar no vapor*)
- » 煮る **niru** (*cozinhar em fogo lento*)
- » 焼く **yaku** (*assar, tostar, grelhar, saltear*)
- » ゆでる **yuderu** (*ferver*)

Usando dois verbos à mesa

O que você faz à mesa? Você **taberu** (*come*) e **nomu** (*bebe*), claro! Na verdade, **taberu** é o primeiro verbo que ensino em minhas aulas de japonês. É um verbo **-ru**. Aqui está a conjugação:

Texto em Japonês	Rōmaji
食べる	taberu
食べない	tabenai
食べ(ます)	tabe (masu)
食べて	tabete

Em contrapartida, **nomu** é obviamente um verbo **-u**, porque não tem uma sequência **eru** ou **iru** no final. Aqui está sua conjugação:

Texto em Japonês	Rōmaji
飲む	nomu
飲まない	nomanai
飲み(ます)	nomi (masu)
飲んで	nonde

FALANDO CORRETAMENTE

O que quer que coma ou beba, é marcado pela partícula **o**. Ela indica o objeto direto do verbo, então você pode usar **o** com outros verbos, como *ler*, *comprar*, *fazer*, *convidar*, *escrever* e assim por diante. Em todos os casos, **o** marca o objeto direto do verbo: o livro lido, a coisa comprada, a pizza feita, a pessoa convidada, a carta escrita etc., independente de quem realizou essas ações. Eis alguns exemplos de **o** com **taberu** e **nomu**.

ピザを食べました。**Piza o tabemashita.** (*Eu comi pizza.*)

コーラを飲みました。**Kōra o nomimashita.** (*Eu bebi Coca-Cola.*)

Tendo modos adequados à mesa

O que se qualifica como modos adequados à mesa depende da cultura e dos costumes de seu anfitrião. Os japoneses bebem sopa diretamente de uma **o-wan**, sem usar colher. E isso é educado. Os japoneses mastigam ruidosamente o macarrão em uma sopa. Isso também é educado.

CUIDADO

Quando começar a comer, sempre diga **itadakimasu**. É uma palavra muito humilde para *receber*, mas nesse contexto não há uma tradução realmente boa. Apenas lembre-se de que é uma frase definida usada para expressar gratidão humilde para aqueles que tornaram possível a refeição que está prestes a receber. Mesmo crianças pequenas dizem isso no Japão. Se elas esquecem, suas mães as repreendem. Então, nunca esqueça **itadakimasu**. E, quando tiver acabado sua refeição, diga **gochisōsama**. É outra palavra de gratidão que não tem tradução equivalente para o português, mas você nunca deve sair da mesa sem dizê-la.

Saboreando comidas de todos os tipos

Com que frequência você come em casa? Se come três vezes por semana, pode economizar muito dinheiro e ficar mais saudável. As seções a seguir apresentam uma variedade de alimentos que você pode saborear em casa.

Tomando café da manhã em duas culturas

Um café da manhã japonês pode ser absolutamente requintado — se tiver os olhos (e o paladar) para ver isso dessa maneira. A seguir estão alguns alimentos que você pode esperar encontrar em um café da manhã tradicional japonês:

- ご飯 **gohan** (*arroz cozido*)
- ほうれん草のおひたし **hōrensō no ohitashi** (*espinafre cozido temperado com molho de soja*)
- みそ汁 **misoshiru** (*sopa de pasta de soja*)
- 生たまご **nama tamago** (*ovo cru*)
- 納豆 **nattō** (*soja fermentada*)
- のり **nori** (*algas*)
- 漬け物 **tsukemono** (*legumes em conserva*)
- 焼き魚 **yakizakana** (*peixe grelhado/tostado*)

Se um café da manhã no estilo ocidental faz mais o seu tipo, você pode saborear os seguintes itens, pelo menos até que se sinta mais aventureiro:

- » バター **batā** (*manteiga*)
- » ベーコン **bēkon** (*bacon*)
- » ハム **hamu** (*presunto*)
- » ジャム **jamu** (*geleia*)
- » クロワッサン **kurowassan** (*croissant*)
- » 紅茶 **kōcha** (*chá preto*)
- » 目玉焼き **medamayaki** (*ovo frito*)
- » 牛乳 **gyūnyū** (*leite*)
- » オレンジジュース **orenji jūsu** (*suco de laranja*)
- » シリアル **shiriaru** (*cereal*)
- » スクランブルエッグ **sukuranburu eggu** (*ovos mexidos*)
- » ソーセージ **sōsēji** (*salsicha*)
- » トースト **tōsuto** (*torrada*)

Mastigando seu almoço

No Japão, o macarrão é sempre uma refeição popular na hora do almoço. O macarrão branco e grosso que pode ter visto em sopas é o **udon**, e o *macarrão de trigo-sarraceno*, o **soba**. E não se esqueça do **rāmen**, que os japoneses adotaram da China.

Pratos com arroz em grandes tigelas também são muito populares para o almoço. Essas refeições são chamadas de **丼物 donburimono** (*pratos de tigelas grandes*) e apresentam uma tigela de arroz com diferentes coberturas. Se cozinhou uma galinha e um ovo sobre o arroz, ele é chamado de **oyako donburi**. **Oyako** significa literalmente *pai-filho*; descreve a galinha e o ovo.

Aqui estão algumas opções de almoço com as quais pode estar mais familiarizado:

- » チーズ **chīzu** (*queijo*)
- » ハンバーガー **hanbāgā** (*hambúrguer*)
- » ピザ **piza** (*pizza*)
- » サンドイッチ **sandoicchi** (*sanduíche*)
- » サラダ **sarada** (*salada*)

- » スパゲッティー **supagettī** (*espaguete*)
- » スープ **sūpu** (*sopa*)

Você pode usar estes itens para dar mais sabor a seu **sandoicchi**:

- » ケチャップ **kechappu** (*ketchup*)
- » マスタード **masutādo** (*mostarda*)
- » マヨネーズ **mayonēzu** (*maionese*)
- » ピクルス **pikurusu** (*picles*)

Saboreando jantares

Os japoneses comem todos os tipos de comidas étnicas, mas aqui estão alguns dos pratos caseiros populares para o jantar:

- » カレーライス **karēraisu** (*molho curry servido sobre arroz cozido*)
- » マーボー豆腐 **mābōdōfu** (*tofu cozido com carne moída e pimenta*)
- » 肉じゃが **nikujaga** (*carne, batatas e cebola cozidas em molho de soja adocicado*)
- » さしみ **sashimi** (*peixe cru fatiado*)
- » ステーキ **sutēki** (*bife*)
- » てんぷら **tenpura** (*frutos do mar, legumes e cogumelos empanados e fritos*)
- » とんかつ **tonkatsu** (*costeletas de porco à milanesa fritas servidas com repolho picado*)

Provando comidas de festa

Para uma festa caseira calma e amigável, os japoneses normalmente servem pratos que cozinham direto na mesa, usando um fogão portátil ou uma placa elétrica de aquecimento. Em vez de ficar preso na cozinha e perder a diversão, os anfitriões podem cozinhar, comer e conversar com seus amigos ao mesmo tempo. Os pratos de uma festa japonesa padrão incluem o seguinte:

- » しゃぶしゃぶ **shabushabu** (carne e vegetais cozidos em uma panela de caldo fervente)
- » すき焼き **sukiyaki** (carne e vegetais cozidos em **warishita**, uma mistura de molho de soja, açúcar, caldo e licor)
- » 寄せ鍋 **yosenabe** (caçarola japonesa de vegetais, peixe ou carne)
- » 焼き肉 **yakiniku** (churrasco no estilo coreano)

Falando sobre comidas das quais você gosta e não gosta

FALANDO CORRETAMENTE

Quando fala em português sobre suas preferências, você usa verbos como *gostar*, *amar* e *odiar*. Em japonês, no entanto, usa adjetivos para expressar seus gostos e desgostos. Por exemplo, **suki** (*gostar*) é um adjetivo. Se você quer dizer que gosta de pizza, diz **Watashi wa piza ga suki desu.** (*Eu gosto de pizza.*) A tradução fica confusa aqui, então preste atenção: o item de que gosta, *pizza*, nesse caso, é marcado pela partícula indicativa de sujeito, **ga**. Você não pode usar a partícula indicativa de objeto **o** porque só se usa **o** com um verbo.

Se você sabe **suki**, também precisa saber **kirai** (*odiar*). Para dizer que gosta ou odeia muito alguma coisa, adicione **dai-**, que significa *grande*, antes de **suki** ou **kirai**, como em **daisuki** (*gostar muito*) e **daikirai** (*odiar muito*). Agora você tem quatro adjetivos para expressar seus gostos e desgostos, seu comilão exigente! Confira alguns exemplos desses adjetivos em ação:

私は魚が好きです。**Watashi wa sakana ga suki desu.** (*Eu gosto de peixe.*)

妹はチーズケーキが大好きです。**Imōto wa chīzu kēki ga daisuki desu!** (*Minha irmã mais nova ama muito cheesecake!*)

妹は野菜が嫌いです。**Imōto wa yasai ga kirai desu.** (*Minha irmã mais nova odeia legumes.*)

私は納豆が大嫌いです。**Watashi wa nattō ga daikirai desu!** (*Eu odeio muito soja fermentada!*)

Envolvendo-se em Atividades Domésticas Comuns

Sua casa é o melhor lugar para se estar, mas mantê-la exatamente do jeito que você gosta acarreta inúmeras responsabilidades. As próximas seções dão as palavras e frases que você precisa para manter sua casa limpa e segura.

Mantendo sua casa arrumada

Manter sua casa limpa torna a vida muito mais confortável. Você pode usar essas frases enquanto faz sua **sōji** (*limpeza*) semana ou anual:

- 部屋を掃除する **heya o sōji suru** (*limpar o quarto*)
- 部屋をかたづける **heya o katazukeru** (*arrumar o quarto*)

- 埃をとる **hokori o toru** (*tirar o pó*)
- 窓をふく **mado o fuku** (*limpar as janelas*)
- 掃除機をかける **sōjiki o kakeru** (*passar aspirador*)
- 床をふく **yuka o fuku** (*limpar o chão*)

Realizando uma verificação de segurança

Você não quer que aconteça um **kaji** (*incêndio*) enquanto estiver dormindo ou que um **dorobō** (*ladrão*) invada sua casa enquanto estiver de férias. Confira a seguinte lista quando sair ou for dormir:

- 暖房を切る **danbō o kiru** (*desligar o aquecimento central*)
- 電源を切る **dengen o kiru** (*desligar o fornecimento de energia*)
- ドアの鍵をかける **doa no kagi o kakeru** (*trancar a porta*)
- 電気を消す **denki o kesu** (*desligar a luz*)
- ガスの元栓をしめる **gasu no motosen o shimeru** (*fechar a válvula de gás principal*)
- 窓をしめる **mado o shimeru** (*fechar a janela*)

Falando sobre o que Você Faz Regularmente

Pessoas diferentes têm hábitos diários distintos. Você sempre corre pela manhã? Toma cerveja no jantar? Assiste ao YouTube? Verifica seus e-mails? Todas as anteriores?

FALANDO CORRETAMENTE

Para expressar que faz algo regularmente, como correr, jogar futebol, ir ao trabalho, escovar os dentes e assim por diante, você usa o verbo que expressa a atividade e o verbo **iru** (*existir*), nessa ordem. Certifique-se de conjugar o verbo que expresse a ação na forma -**te**. (Veja o Capítulo 3 para saber detalhes sobre a forma -**te**.) Você pode deixar o verbo **iru** como é ou usar sua forma polida, **imasu**.

Por exemplo, você pode combinar os verbos **hashiru** (*correr*) e **iru** para obter **hashitte iru** ou **hashitte imasu**. Ambas as frases significam que alguém corre regularmente. É como dizer: "Eu corro e existo todos os dias." Mas tenha cuidado: **hashitte iru** também tem uma conotação de ação contínua, traduzida como *Estou no meio de uma corrida*. O contexto determina qual significado é o pretendido. Se falar **mainichi** (*todos os dias*) antes de dizer **hashitte imasu**, isso obviamente significa *Eu corro todos os dias*. Se falar **ima** (*agora*), a frase significa *Estou no meio de uma corrida agora*, que é uma ação progressiva. As frases a seguir usam a forma **-te** mais **iru** e expressam ações habituais:

お父さんはいつも寝ているよ！ **Otōsan wa itsumo nete iru yo!** (*Meu pai está sempre dormindo!*)

ケンは毎日ピザを食べています。 **Ken wa mainichi piza o tabete imasu.** (*Ken come pizza todos os dias.*)

A alternativa para usar a combinação da forma **-te** mais **iru** é usar o tempo presente simples:

毎朝新聞を読みます。 **Maiasa shinbun o yomimasu.** (*Leio jornal todas as manhãs.*)

週末は掃除をします。 **Shūmatsu wa sōji o shimasu.** (*Eu limpo [a casa] todo final de semana.*)

Tendo uma Conversa

TOQUE AGORA

David está falando com sua amiga Michiko. (Faixa 13)

David: **Michiko-san wa maiasa nan-ji ni okimasu ka.**
Michiko, a que horas você acorda todas as manhãs?

Michiko: **6-ji ni okimasu.**
Eu acordo às 6h.

David: **Hayai desu ne.**
É bem cedo, não é?

Michiko: **Ē. Maiasa 1-jikan hashitte imasu.**
Eu corro durante uma hora todas as manhãs.

David: **Sugoi!**
Ótimo!

Palavras a Saber

okiru	acordar
maiasa	todas as manhãs
hayai	cedo
hashiru	correr
sugoi	ótimo

FOUNDUE ESTILO JAPONÊS

Os japoneses normalmente servem um tipo de fondue chamado しゃぶしゃぶ **shabushabu** — uma grande panela de caldo de algas colocada sobre um fogão portátil na mesa de jantar. Você pega uma fatia fina de carne com hashi, submerge no caldo fervente e mexe um pouco por alguns segundos. E você a come logo em seguida com o molho de sua preferência (como patê de pasta de gergelim, molho de soja ou patê de limão). Outros ingredientes incluem repolho chinês, folhas de *Garland chrysanthemum*, cogumelos, tofu e macarrão de gelatina. Algumas pessoas adicionam um macarrão branco e grosso chamado うどん **udon**, alho-poró e outros ingredientes.

A carne japonesa é muito cara, mas é também muito macia e deliciosa. Para produzir carne de alta qualidade, os fazendeiros alimentam o gado com cerveja e o massageiam com grandes escovas. Então, da próxima vez que encontrar um gado bem ajeitado com hálito de cerveja, você sabe que ele esteve recentemente no Japão.

Diversão & Jogos

Combine os cômodos da casa com as palavras japonesas. A solução está no Apêndice D.

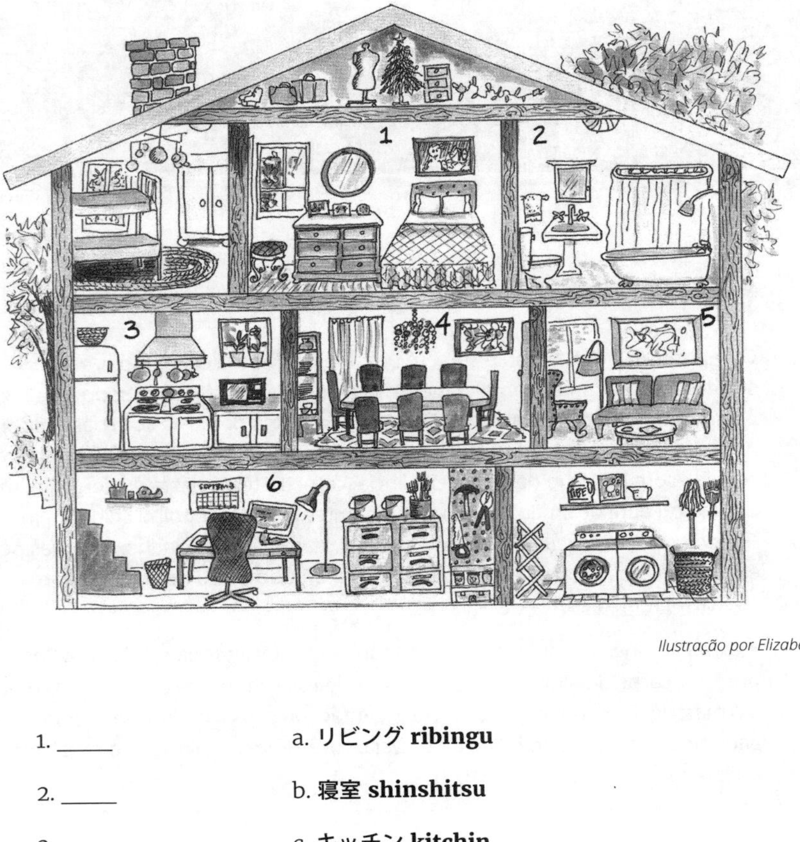

Ilustração por Elizabeth Kurtzman

1. _____	a. リビング **ribingu**
2. _____	b. 寝室 **shinshitsu**
3. _____	c. キッチン **kitchin**
4. _____	d. バスルーム **basurūmu**
5. _____	e. 書斎 **shosai**
6. _____	f. ダイニング **dainingu**

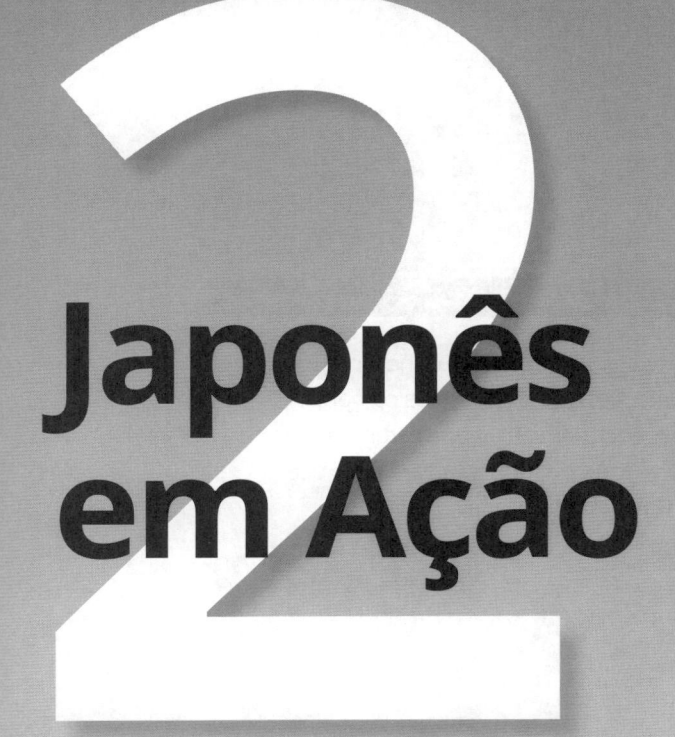

2
Japonês em Ação

NESTA PARTE . . .

Esta parte lhe permite agir em japonês. Conhecer novas pessoas, pedir informações, comer fora, ir às compras, explorar a cidade, experienciar a natureza, curtir hobbies e fazer seu trabalho — trato de tudo isso para que você o faça em japonês. **Ganbatte!** (*Faça seu melhor!*)

NESTE CAPÍTULO

» **Falando sobre o clima**

» **Conversando sobre seu trabalho**

» **Falando sobre sua família**

» **Entendendo os verbos *existir/possuir***

» **Trocando informações de contato**

Capítulo 7

Conhecendo Você: Jogando Conversa Fora

Frequentemente, as conversas que tem quando conhece pessoas consistem em afirmações sobre o clima, o que você faz e de onde é. Esse jogar conversa fora o ajuda a conhecer novas pessoas. Neste capítulo mostro como falar sobre todos esses tópicos, para que você comece a fazer novas conexões em japonês. Explico também como compartilhar suas informações para manter contato com seus novos amigos.

Começando a Jogar Conversa Fora

Você pode começar a jogar conversa fora com outras pessoas de diversas maneiras. Dizer "Com licença" é sempre uma boa opção. Se estiver viajando, pode falar com seus companheiros passageiros sobre aonde estão indo. Se estiver em casa, comece um diálogo com seu vizinho sobre o clima do dia. Então esteja aberto e inicie uma conversa sempre que puder usando o vocabulário que forneço nas próximas seções.

Quebrando o gelo com "com licença"

Uma conversa-fiada normalmente começa com **Sumimasen.** (*Com licença.*) Você usa essa frase para quebrar o gelo. Mas, em seguida, normalmente precisa fazer algumas perguntas para iniciar a conversa. Dependendo do tipo de informação que procura, precisa usar diferentes palavras de perguntas, como **doko** (*onde*), **dore** (*qual*) e **nan-ji** (*a que horas*). O Capítulo 3 resume os tipos de perguntas e fornece uma lista de palavras para perguntas, mas você pode usar as seguintes perguntas simples para quebrar o gelo e começar uma conversa-fiada:

- バス停はどこですか。**Basutē wa doko desu ka.** (*Onde fica o ponto de ônibus?*)
- 今，何時ですか。**Ima, nan-ji desu ka.** (*Que horas são agora?*)

Falando sobre aonde está indo

Quando você está viajando e sente vontade de conversar com a pessoa sentada a seu lado no avião, ônibus ou trem, por que não começar uma conversa perguntando **Dochira made desu ka.** (*Aonde você está indo?*) **Dochira** significa *qual* ou *que caminho*, mas pode funcionar como a versão polida de **doko** (*onde*). **Made** é uma partícula que significa *até*. Para responder à pergunta **Dochira made desu ka**, basta substituir **dochira** pelo nome do lugar e retirar a partícula de pergunta **ka**, como em **Tōkyō made desu.** (*Estou indo para Tóquio.*)

Tendo uma Conversa

TOQUE AGORA

Richard está sentado em um trem-bala no Japão. Ele quer saber que horas são, mas não tem relógio, então pergunta à mulher que está sentada a seu lado. (Faixa 14)

Richard: **Sumimasen. Ima nan-ji desu ka.**
Com licença. Que horas são agora?

Mulher: **4-ji 17-fun desu.**
São 4h17.

Richard: **Ā, sō desu ka. Dōmo.**
Ah, mesmo! Obrigado.

Mulher: **Īe. Dochira made desu ka?**
De nada. Aonde você está indo?

Richard: **Hiroshima made desu.**
Para Hiroshima.

Mulher: **Ā, sō desu ka. Watashi mo desu!**
Ah, verdade? Eu também!

Palavras a Saber

Sumimasen.	Com licença.
ima	agora
nan-ji	que horas
Dochira made desu ka.	Aonde você está indo?

Discutindo o clima

Discutir o **tenki** (*clima*) é uma maneira comprovada de jogar conversa fora, porque **tenki** parece ser um tópico neutro universal. Em um dia bonito e claro, tente começar uma conversa com **Ii tenki desu ne.** (*Está bom hoje, não está?*) Os adjetivos a seguir descrevem a temperatura e a umidade:

» 暖かい **atatakai** (*morno*)

» 暑い **atsui** (*quente*)

» 蒸し暑い **mushi-atsui** (*mormacento*)

» 寒い **samui** (*frio*)

» 涼しい **suzushii** (*fresco*)

FALANDO CORRETAMENTE

Você pode usar esses adjetivos sozinhos em contextos informais. Por exemplo, quando está em casa, pode gritar **Atsui!** (*Quente!*) Se quiser falar com sua mãe que está quente, supondo que ela concordará, adicione a partícula **ne**, como em **Atsui ne.** (*Está quente, não está?*) A partícula de final de frase **ne** é para confirmação. Ela convida seu parceiro à concordância e faz sua conversa fluir com mais naturalidade. Se estiver com calor, use **ne**, porque seu parceiro de conversa provavelmente também estará — a não ser que seja um ciborgue.

FALANDO CORRETAMENTE

Em um contexto polido/neutro ou formal, certifique-se de adicionar **desu** (*ser/estar*) ao adjetivo que usar para descrever o clima. Adjetivos sempre soam polidos se terminam em **desu**. (Veja o Capítulo 3 para saber mais sobre **desu**.) Por exemplo, você pode dizer **Atsui desu** (*Está quente*) ou **Atsui desu ne** (*Está quente, não está?*) para seu professor, colega ou chefe.

Falando sobre Sua Vida

Depois de iniciar uma conversa com a pessoa sentada a seu lado no trem ou no avião, você pode falar sobre o que faz da vida. Se quiser, pode também falar sobre sua família.

Seu trabalho

Para perguntar a outra pessoa sobre seu **shigoto** (*trabalho*), você diz **O-shigoto wa nan desu ka** (*Qual é o seu trabalho?*), ou pode usar a versão abreviada, **O-shigoto wa.** (*E o seu trabalho?*) A seguir estão algumas ocupações que você ou seu parceiro de conversa podem ter:

» 弁護士 **bengoshi** (*advogado*)

- デザイナー **dezainā** (*designer*)
- 医者 **isha** (*médico*)
- 事務員 **jimuin** (*secretária*)
- 看護師 **kangoshi** (*enfermeira*)
- 経理士 **keirishi** (*contador*)
- 研究員 **kenkyūin** (*pesquisador*)
- コック **kokku** (*chefe*)
- 教師 **kyōshi** (*professor*)
- 音楽家 **ongakuka** (*músico*)
- プログラマー **puroguramā** (*programador*)
- ウエーター **uētā** (*garçom*)
- ウエートレス **uētoresu** (*garçonete*)

Esses termos expressam cargos e funções específicos. Se você só quer dizer que trabalha para uma **kaisha** (*empresa*) ou que é um *executivo*, você pode usar o termo **kaishain** (*funcionário de uma empresa*). Na verdade, os japoneses normalmente se identificam como **kaishain**, sem especificar seus títulos de emprego ou cargos na **kaisha**.

Sua família

O japonês tem dois termos para cada palavra em português usada para falar sobre os membros de sua família — um polido e um simples. Qual versão você usa depende do contexto. Nesse caso, há três contextos possíveis:

- Quando se referir à família de outra pessoa, use o termo polido.
- Para falar sobre os membros de sua própria família para pessoas que não fazem parte dela, use o termo simples.
- Quando você fala com qualquer membro mais velho de sua família que não seja seu cônjuge, ou quando fala sobre eles de uma maneira informal, deve usar o termo polido. Por exemplo, você pode chamar sua mãe dizendo **Okāsan! Doko.** (*Mãe! Onde você está?*)

A Tabela 7-1 lista vários termos que talvez queira usar ao falar sobre sua família.

TABELA 7-1 **Termos Familiares**

Português	Termo Polido	Termo Simples
família	ご家族 **go-kazoku**	家族 **kazoku**
irmãos	ご兄弟 **go-kyōdai**	兄弟 **kyōdai**
pais	ご両親 **go-ryōshin**	両親 **ryōshin**
pai	お父さん **otōsan**	父 **chichi**
mãe	お母さん **okāsan**	母 **haha**
irmão mais velho	お兄さん **onīsan**	兄 **ani**
irmã mais velha	お姉さん **onēsan**	姉 **ane**
irmão mais novo	弟さん **otōto-san**	弟 **otōto**
irmã mais nova	妹さん **imōto-san**	妹 **imōto**
marido	ご主人 **go-shujin**	主人 **shujin** *ou* 夫 **otto**
esposa	奥さん **okusan**	家内 **kanai** *ou* 妻 **tsuma**
filho/a	お子さん **okosan**	子ども **kodomo**
filho	息子さん **musuko-san**	息子 **musuko**
filha	お嬢さん **ojōsan**	娘 **musume**
avô	おじいさん **ojīsan**	祖父 **sofu**
avó	おばあさん **obāsan**	祖母 **sobo**
neto/a	お孫さん **omagosan**	孫 **mago**
tio	おじさん **ojisan**	おじ **oji**

Português	Termo Polido	Termo Simples
tia	おばさん **obasan**	おば **oba**
sobrinho	甥御さん **oigosan**	甥 **oi**
sobrinha	姪御さん **meigosan**	姪 **mei**
primo/a	おいとこさん **oitokosan**	いとこ **itoko**

Além disso, você pode se referir aos parentes que adquiriu após o casamento usando **義理の giri no** antes dos termos na Tabela 7-1. Por exemplo:

義理の母 giri no haha (*a própria sogra*)

義理のお母さん giri no okāsan (*a sogra de outra pessoa*)

義理の兄 giri no ani (*o próprio cunhado mais velho*)

Especificando Onde Você Mora com o Verbo Sumu

Para expressar onde você mora, use o verbo **sumu** (*viver*) e a partícula **ni**. Usá-lo pode ser um pouco complicado. Lembre-se de pegar a forma -**te** desse verbo e adicionar o verbo **iru** (*existir*) logo depois, como em **sunde iru**. Claro, você também pode usar sua correspondente polida, **imasu**, como em **sunde imasu**. Por exemplo, **Tōkyō ni sunde imasu.** significa *Eu moro em Tóquio.* Se você só disser **Tōkyō ni sumu** ou **Tōkyō ni sumimasu**, significa *Eu morarei em Tóquio*, em vez de *Eu atualmente moro em Tóquio.*

Conjugue o verbo **sumu** (*viver/morar*). Ele é um verbo **-u**.

Texto em Japonês	Rōmaji
住む	sumu
住まない	sumanai
住み(ます)	sumi (masu)
住んで	sunde

Existindo e Possuindo: Os Verbos Iru e Aru

FALANDO CORRETAMENTE

Para dizer a alguém que você tem ou possui alguma coisa, tem algo para fazer ou tem algum relacionamento, use os verbos **iru** e **aru**. Ambos significam *existir*. Ou seja, você usa o verbo *existir* significando *ter* em japonês. Sei que parece estranho, mas é só uma das coisas. Outro conceito estranho é que você escolhe o verbo de acordo com o fato de o item que possui ser animado ou inanimado:

- いる **Iru** é para itens animados — coisas que se movem sozinhas, como pessoas e animais.
- ある **Aru** é para itens inanimados — coisas que não se movem sozinhas, como livros, dinheiro, plantas e imóveis.

Então *Eu tenho um namorado* é **Watashi wa kareshi ga iru**, que significa, literalmente, *Quanto a mim, um namorado existe.* De maneira similar, *Alison tem dinheiro* é **Arison wa o-kane ga aru**, que significa, literalmente, *Quanto a Alison, tem dinheiro.* Está se acostumando com esse sentido do *existir*?

Agora você pode falar sobre o que tem ou não usando os verbos **iru** e **aru**. Quando estiver falando em um contexto polido/neutro, use a forma polida dos verbos — **imasu** e **arimasu**, respectivamente, que são ambos conjugados aqui. **Iru** é um verbo -**ru**; mas **aru**, um verbo -**u** com uma leve irregularidade, então, preste muita atenção à forma negativa.

Texto em Japonês	Rōmaji
いる	iru
いない	inai
い(ます)	i (masu)
いて	ite

Texto em Japonês	Rōmaji
ある	aru
ない	nai
あり(ます)	ari (masu)
あって	atte

LEMBRE-SE

Não se esqueça de colocar a partícula **ga** no final do objeto ou animal que afirma existir — a partícula informa a seu ouvinte qual é o sujeito de sua frase.

Observe os exemplos a seguir e pense sobre o que você tem e o que não tem:

暇がありません。**Hima ga arimasen.** (*Não tenho tempo livre.*)

ペットがいます。**Petto ga imasu.** (*Tenho um animal de estimação.*)

私は兄弟がいません。**Watashi wa kyōdai ga imasen.** (*Não tenho irmãos.*)

父はお金があります。**Chichi wa o-kane ga arimasu.** (*Meu pai tem dinheiro.*)

宿題があります。**Shukudai ga arimasu.** (*Tenho lição de casa.*)

Os verbos **iru** e **aru** também expressam a existência ou a localização de pessoas e coisas. Basta marcar o item com a partícula **wa**, em vez de **ga**. Por exemplo:

母はうちにいます。**Haha wa uchi ni imasu.** (*Minha mãe está em casa.*)

郵便局はあそこにあります。**Yūbinkyoku wa asoko ni arimasu.** (*O correio fica logo ali.*)

Tendo uma Conversa

TOQUE AGORA

Jason, um aluno do ensino médio, visita a casa de seu colega Ken pela primeira vez. A mãe de Ken pergunta sobre os membros de sua família (Faixa 15).

Mãe de Ken: **Go-kyōdai wa.**
Você tem irmãos?

Jason: **Ane ga imasu.**
Tenho uma irmã mais velha.

Jason mostra uma foto de sua família para a mãe de Ken.

Jason: **Kore ga ane desu.**
Esta é minha irmã.

Mãe de Ken: **Ā, Jēson-san no onēsan desu ka. Kirei desu ne.**
Ah, esta é sua irmã. Ela é bonita, não é?

Jason: **Īe, zenzen.**
Não, nem um pouco.

Mãe de Ken: **Onēsan no o-shigoto wa.**
Qual é o trabalho de sua irmã?

Jason: **Opera kashu desu. Ima Igirisu ni sunde imasu.**
Ela é cantora de ópera. Agora ela mora na Inglaterra.

Mãe de Ken: **Ā, sō desu ka. Ii desu ne!**
Ah, é mesmo? Isso é ótimo!

Palavras a Saber

go-kyōdai	irmãos de alguém
ane	a própria irmã mais velha
iru	existir
onēsan	a irmã mais velha de alguém
kirei (na)	bonita
shigoto	trabalho
opera kashu	cantora de ópera
sumu	viver/morar
Igirisu	Inglaterra
Ii desu ne!	Isso é ótimo!

CONHECENDO A CULTURA

Os japoneses sempre elogiam os membros da família, as casas, as roupas e até os animais de estimação dos outros, mas quando recebem um elogio eles negam, não importa a razão. Isso faz parte da modéstia japonesa, mas essas respostas às vezes intrigam os não japoneses, que estão acostumados a dizer ou ouvir *Minha mãe é bonita* e *Amo minha casa*. Então, quando falar com japoneses, diga coisas boas sobre eles, mas esteja preparado para que rejeitem seus elogios.

Dando Suas Informações de Contato

Depois de se divertir conversando com um estranho no trem, avião, em uma festa ou conferência, você pode querer entrar em contato de novo com ele. Atualmente, a maneira mais fácil de manter-se em contato com alguém é pegar o **mēru adoresu** (*e-mail*) dessa pessoa, mas se quiser adotar a postura ortodoxa, peça seu **denwa bangō** (*número de telefone*). Você pode até querer saber também o **jūsho** (*endereço*) da pessoa.

Se sentir que essa pessoa pode tornar-se uma parte importante de sua vida social ou profissional, certifique-se de coletar todas as informações com precisão. Trocar **meishi** (*cartões de visita*) é uma boa maneira de garantir que tenha os dados corretos da pessoa. (Vá para o Capítulo 4 para saber detalhes sobre a maneira correta de trocar cartões de visita no Japão.)

As frases a seguir são úteis ao trocar informações de contato:

- メールで連絡します。**Mēru de renraku shimasu.** (*Entrarei em contato via e-mail.*)
- 電話番号は何ですか。**Denwa bangō wa nan desu ka.** (*Qual é seu número de telefone?*)
- 電話をしてください **Denwa o shite kudasai.** (*Por favor, ligue-me.*)
- 住所を教えてください。**Jūsho o oshiete kudasai.** (*Por favor, fale-me seu endereço.*)
- これは私の名刺です。**Kore wa watashi no meishi desu.** (*Este é o meu cartão de visitas.*)
- よかったら連絡ください。**Yokattara renraku kudasai.** (*Entre em contato, se quiser.*)

Diversão & Jogos

Combine esses membros da família com as palavras que os identificam. A solução está no Apêndice D.

Ilustração por Elizabeth Kurtzman

a. お母さん **okāsan** b. お姉さん **onēsan**

c. おばあさん **obāsan** d. お父さん **otōsan**

NESTE CAPÍTULO

» Usando perguntas com "onde" para determinar localizações

» Fazendo perguntas "Como chego a"

» Entendendo pontos de referência e direções ativas

Capítulo 8

Pedindo Orientações

Se conseguir pedir informações em japonês, estará pronto para ir a qualquer lugar no Japão. Os japoneses gostarão de falar com você e oferecer ajuda. Este capítulo apresenta as palavras e frases necessárias para receber informações.

Descobrindo Onde os Lugares Estão Localizados

Uma das perguntas mais básicas para ajudá-lo a chegar aonde precisa ir é *onde*. Se não conseguir fazer perguntas com "onde" e entender as respostas, provavelmente passará muito tempo em casa. Isso não é bom, então as seções a seguir o ajudarão a perguntar onde as coisas estão localizadas, para que não fique preso em casa.

Fazendo perguntas com "onde"

Suponha que queira ir à prefeitura. Você sabe que fica perto da estação de metrô, mas não consegue vê-la. O que faz? Oras, você pergunta a um estranho com uma cara bondosa onde fica a prefeitura. Se ninguém tiver uma cara bondosa, pergunte a alguém malvado. As pessoas normalmente são mais bondosas do que parecem.

Onde em japonês é **doko**. Mas você não pode dizer apenas **doko** — parecerá que teve uma concussão grave e não sabe onde está. Mencione primeiro o que estiver procurando — por exemplo, **shiyakusho** (*prefeitura*).

FALANDO CORRETAMENTE

Coloque a partícula de tópico **wa** depois do lugar pelo qual estiver procurando. Então adicione **doko desu ka** (*onde é*) ou **doko ni arimasu ka** (*onde fica localizado*). Você pode usar qualquer um, mas **doko desu ka** é mais curto e provavelmente mais fácil de falar. Aqui estão alguns exemplos de como formar perguntas com "onde":

病院はどこですか。**Byōin wa doko desu ka.** (*Onde fica o hospital?*)

銀行はどこにありますか。**Ginkō wa doko ni arimasu ka.** (*Onde o banco está localizado?*)

Os lugares que desejar encontrar podem estar incluídos a seguir:

- アメリカ大使館 **Amerika taishikan** (*embaixada norte-americana*)
- バス停 **basu-tei** (*ponto de ônibus*)
- 病院 **byōin** (*hospital*)
- 映画館 **eigakan** (*cinema*)
- 駅 **eki** (*estação de trem/metrô*)
- 学校 **gakkō** (*escola*)
- ガソリンスタンド **gasorin sutando** (*posto de gasolina*)

- 銀行 **ginkō** (*banco*)
- 博物館 **hakubutsukan** (*museu*)
- コンビニ **konbini** (*loja de conveniência*)
- ドラッグストアー **doraggu sutoā** (*farmácia*)
- 市役所 **shiyakusho** (*prefeitura*)
- 図書館 **toshokan** (*biblioteca*)
- 役場 **yakuba** (*prefeitura*)
- 郵便局 **yūbinkyoku** (*correios*)

Obtendo respostas básicas de localização/posição

LEMBRE-SE

A maneira mais fácil de responder a perguntas com "onde" é apontar e dizer "lá", então muitos japoneses para quem pedir informações simplesmente apontarão o indicador enquanto dizem **Asoko desu.** (*É logo ali.*) Outras palavras de localização que pode ouvir junto com o apontar são **koko** e **soko**. (Notou como todas acabam em **oko**?) A Tabela 8-1 mostra o que cada palavra significa em português e a localização à qual se refere.

TABELA 8-1 Pronomes Locativos

Japonês	Português	Localização
ここ **koko**	*aqui*	próximo ao locutor
そこ **soko**	*aí, perto de você*	próximo ao ouvinte, mas longe do locutor
あそこ **asoko**	*logo ali, lá*	longe tanto do locutor quanto do ouvinte

Se os gestos e as palavras curtas de localização da Tabela 8-1 não forem suficientes, seu ajudante pode descrever o local com algumas palavras de posição da Tabela 8-2.

TABELA 8-2 **Palavras de Posição**

Frase de Posição	Português
間 **aida**	*entre*
近く **chikaku**	*perto*
反対(側) **hantai (gawa)**	*(do lado) oposto*
左(側) **hidari (gawa)**	*(do lado) esquerdo*
前 **mae**	*em frente*
右(側) **migi (gawa)**	*(do lado) direito*
向かい(側) **mukai (gawa)**	*do outro lado da rua/em frente a*
そば **soba**	*bem próximo*
後ろ **ushiro**	*atrás*
横 **yoko**	*ao lado*

CUIDADO

Você usa **tonari** (*próximo a*) apenas ao lidar com duas coisas similares, como dois edifícios, duas pessoas ou dois assentos. Para coisas diferentes próximas uma da outra, você usa **yoko** para expressar *próximo a*. Por exemplo, se quiser dizer em japonês *Há um policial próximo ao museu*, diga **Keisatsukan ga hakubutsukan no yoko ni imasu.**

FALANDO CORRETAMENTE

Você não pode usar uma das palavras de posição na Tabela 8-2 sozinha para descrever a localização de alguma coisa. Se disser *Minha casa é à esquerda*, ninguém o entenderá. Você precisa indicar um ponto de referência em relação ao qual sua casa fica à esquerda. Use a partícula **no** para criar uma frase modificadora que dá o ponto de referência e coloque-o logo antes de uma das palavras de posição da Tabela 8-2. Por exemplo, **ginkō no hidari** significa *à esquerda do banco*. ***Lembre-se:*** a posição **aida** (*entre*) requer dois pontos de referência; conecte-os com a partícula **to**.

As frases a seguir contextualizam alguns desses modificadores:

図書館は学校の後ろです。**Toshokan wa gakkō no ushiro desu.** (*A biblioteca fica atrás da escola.*)

郵便局は図書館と市役所の間です。**Yūbinkyoku wa toshokan to shiyakusho no aida desu.** (*O correio fica entre a biblioteca e a prefeitura.*)

学校は病院の前です。**Gakkō wa byōin no mae desu.** (*A escola fica em frente ao hospital.*)

銀行は病院の隣です。**Ginkō wa byōin no tonari desu.** (*O banco fica ao lado do hospital.*)

Especificar o quanto você está longe ou perto de um local é, muitas vezes, uma informação muito útil. A palavra para *longe* é **tōi**, e a palavra para *perto*, **chikai**. Para ser mais específico, você pode usar advérbios como **chotto** (*um pouquinho*), **sugu** (*logo*) ou **totemo** (*muito*). Dê uma olhada nestes exemplos:

ちょっと遠いですよ。**Chotto tōi desu yo.** (*É um pouco longe.*)

すぐそこです。**Sugu soko desu.** (*É logo ali.*)

とても近いです。**Totemo chikai desu.** (*É muito perto.*)

LEMBRE-SE

Desu é muito usado para expressar localizações, mas também indica identidade, propriedade, características ou estado de pessoas e coisas. Para ver como conjugar **desu**, vá ao Capítulo 3. Para exemplos de **desu** em ação, confira a lista a seguir:

私は学生です。**Watashi wa gakusei desu.** (*Sou um aluno.*)

恵美子さんは優しいです。**Emiko-san wa yasashii desu.** (*Emiko é bondosa.*)

すしはおいしいです。**Sushi wa oishii desu.** (*Sushi é delicioso.*)

今日は寒いです。**Kyō wa samui desu.** (*Está frio hoje.*)

Tendo uma Conversa

TOQUE AGORA

Ben está procurando a estação de metrô. Ele pergunta a uma mulher onde fica. (Faixa 16)

Ben: **Sumimasen. Chikatetsu no eki wa doko desu ka.**
Com licença. Onde fica a estação de metrô?

Mulher: **Chikatetsu no eki wa asoko desu.**
A estação de metrô é logo ali.

Ben: **Ano hon'ya no tonari desu ka.**
Aquela próxima à livraria?

Mulher: **Hai**.
Isso.

Ben: **Arigatō gozaimashita.**
Muito obrigado.

Mulher: **Īe**.
Sem problemas.

Palavras a Saber

chikatetsu no eki	estação de metrô
doko	onde
asoko desu	logo ali
hon'ya	livraria
tonari	próximo a

Detalhando uma localização exata

Ter alguém lhe dizendo que o banco fica "logo ali" é muito bom, mas não é efetivo quando você não sabe dizer facilmente onde fica "logo ali". Para ser realmente útil, as informações devem detalhar localizações específicas, sem ambiguidade. Palavras e frases como *norte*, *o terceiro prédio* e *caminhe cinco minutos* esclarecem onde algo está localizado. Nas seções a seguir, dou as palavras de que precisa.

Usando pontos cardeais

Migi *(direita)* e ***hidari*** (*esquerda*) são ótimas. Entretanto, depois que girar 180 graus ou fizer algumas curvas para a direita e para a esquerda, você pode ficar confuso. Para evitar qualquer confusão, seu ajudante pode especificar *pontos cardeais*, como norte e leste, e *pontos ordinais*, como noroeste e sudoeste.

- 東 **higashi** (*leste*)
- 北 **kita** (*norte*)
- 南 **minami** (*sul*)
- 西 **nishi** (*oeste*)
- 北西 **hokusei** (*noroeste*)
- 北東 **hokutō** (*nordeste*)
- 南西 **nansei** (*sudoeste*)
- 南東 **nantō** (*sudeste*)

Especificando a ordem

Expressões de números ordinais, como *o primeiro* e *o segundo*, são essenciais para detalhar casas, prédios, interseções e ruas. Lembre-se de que você pode converter frases de quantidade em frases de números ordinais apenas adicionando **-me** depois delas. (Vá ao Capítulo 5 para ter mais informações sobre números ordinais.)

２つ目の交差点 **futa-tsu-me no kōsaten** (*a segunda interseção*)

１つ目の建物 **hito-tsu-me no tatemono** (*o primeiro prédio*)

右側の３つ目の家 **migi gawa no mit-tsu-me no ie** (*a terceira casa do lado direito*)

４本目の道 **yon-hon-me no michi** (*a quarta rua*)

Indicando a distância

Você pode expressar a distância de uma localização especificando o tempo que leva para chegar a algum lugar ou a distância real. Em áreas urbanas no Japão, muitas pessoas usam transporte público, em vez de carros. Como resultado, as informações normalmente incluem uma estimativa do número de minutos que levaria para andar da estação mais próxima. Os japoneses usam os contadores **-fun** para *minutos* e **-jikan** para *horas.* A seguir estão alguns exemplos:

ここから駅まで１０分です。**Koko kara eki made 10-pun desu.** (*A estação de trem fica a dez minutos daqui.*)

歩いて３０分です。**Aruite 30-pun desu.** (*Trinta minutos a pé.*)

空港までバスで１時間です。**Kūkō made basu de ichi-jikan desu.** (*É uma hora de ônibus até o aeroporto.*)

東京から新幹線で２時間です。**Tōkyō kara shinkansen de ni-jikan desu.** (*Leva duas horas de Tóquio de Shinkansen [trem-bala].*)

Claro, você também pode especificar a distância real. Por exemplo, **Eki made ni-kiro desu.** (*São dois quilômetros até a estação de trem.*)

Para dizer *aproximadamente* ou *cerca de*, você adiciona **gurai** depois da expressão de tempo ou distância, como nos exemplos a seguir:

ここから車で５分ぐらいです。**Koko kara kuruma de go-fun gurai desu.** (*Fica a cerca de cinco minutos daqui de carro.*)

ここから１マイルぐらいです。**Koko kara ichi-mairu gurai desu.** (kohkoh kah-rah ee-chee mah-ee-roo goo-rah-ee deh-soo.) (*Fica a cerca de uma milha daqui.*)

FALANDO CORRETAMENTE

Algumas pessoas dizem **kurai**, em vez de **gurai**, mas os jovens tendem a dizer **gurai** com mais frequência do que **kurai**.

Tendo uma Conversa

TOQUE AGORA

Masako está procurando os correios. Ela pede ajuda a um homem na rua. (Faixa 17)

Masako: **Sumimasen. Yūbinkyoku wa chikaku ni arimasu ka.**
Com licença. Há um correio próximo daqui?

Homem: **Ē. Aruite 5-fun desu yo.**
Sim. A apenas uma caminhada de cinco minutos.

Masako: **Ā, sō desu ka.**
Ah, é mesmo?

Homem: **Koko kara mittsu-me no kōsaten desu.**
É a terceira interseção a partir daqui.

Masako: **Higashi gawa desu ka.**
Fica no lado leste?

Homem: **Īe. Nishi gawa desu.**
Não, fica no lado oeste.

Masako: **Ā, dōmo.**
Ah, obrigada.

Homem: **Īe.**
Sem problemas.

Palavras a Saber

yūbinkyoku	correios
chikaku	próximo
ni arimasu	estar localizado em
mittsu-me	terceiro
kōsaten	interseção
koko	daqui
higashi gawa	lado leste
nishi gawa	lado oeste

Encontrando o Caminho para Seu Destino

Perguntas com "onde" são ótimas, mas depois que sabe onde, você provavelmente também quer saber como chegar lá. Nas seções a seguir ajudo a conseguir a informação de que precisa para chegar aonde estiver indo.

Requisitando instruções de viagem

DICA

Você pode pedir informações a um companheiro de viagem no ponto de ônibus, no trem ou na estação de metrô. As chances são de que encontre alguém indo na mesma direção. Se for assim, sua jornada se tornará mais fácil e divertida. Apenas siga seu novo melhor amigo (com cuidado, é claro).

Para fazer perguntas "Como chego...", use a palavra interrogativa **dōyatte** (*como*). Coloque-a logo depois da frase de destino e da partícula **wa** na pergunta. Você vê isso nos exemplos a seguir:

アメリカ大使館はどうやって行くんですか。**Amerika taishikan wa dōyatte iku-n-desu ka.** (*Como chego à embaixada norte-americana?*)

市役所はどうやって行くんですか。**Shiyakusho wa dōyatte iku-n-desu ka.** (*Como chego à prefeitura?*)

DICA

Você pode estar perguntando sobre um local bem específico, como um restaurante chamado Fuji. Antes de perguntar *Como chego ao Fuji?*, talvez deva perguntar *Você conhece um restaurante chamado Fuji?* Dessa maneira, a pessoa saberá que você não está falando sobre o famoso monte, mas, sim, sobre um restaurante. Para perguntar *Você conhece*, diga **shitte imasu ka**. Para dizer ... *chamado...*, diga o nome seguido de **to iu** e o tipo de localização (nesse caso, um restaurante), como em **Fuji to iu resutoran** (*um restaurante chamado Fuji*). Você também pode usar as seguintes construções para perguntar sobre coisas diferentes de direções:

由紀さんという人を知っていますか。**Yuki-san to iu hito o shitte imasu ka.** (*Você conhece uma pessoa chamada Yuki?*)

岡崎というところを知っていますか。**Okazaki to iu tokoro o shitte imasu ka.** (*Você conhece um lugar chamado Okazaki?*)

たこ焼きという食べ物を知っていますか。**Takoyaki to iu tabemono o shitte imasu ka.** (*Você conhece uma comida chamada takoyaki?*)

Descobrir se precisa de transporte para chegar a seu destino é sempre uma boa ideia. Pergunte se seu destino está a uma curta caminhada de distância. Use o verbo -**u aruku** (*andar*) na forma "consigo" nesse caso. (Confira o Capítulo 13 para uma discussão dessa forma verbal.)

ここから秋葉原まで歩けますか。**Koko kara Akihabara made arukemasu ka.** (*Consigo andar daqui até Akihabara?*)

市役所は歩いて行けますか。**Shiyakusho wa aruite ikemasu ka.** (*Consigo chegar à prefeitura a pé?*)

Se seu destino não estiver a uma curta caminhada de distância, pergunte qual meio de transporte usar. O Capítulo 16 mostra como fazer perguntas com "qual" e tem um inventário extenso de termos de transporte.

Referindo-se a pontos de referência

Ao dar informações, as pessoas muitas vezes incluem vários pontos de referência pelos quais o viajante tem que passar para chegar ao destino. A Tabela 8-3 fornece alguns pontos de referência normalmente visíveis e semipermanentes.

TABELA 8-3 Pontos de Referência

Referência	Português
踏み切り **fumikiri**	*travessia ferroviária*
橋 **hashi**	*ponte*

Referência	Português
一時停止 **ichiji teishi** ou 止まれ **tomare**	*sinal de PARE*
角 **kado**	*esquina*
交差点 **kōsaten**	*interseção*
道 **michi**	*estrada*
信号 **shingō**	*semáforo*
通り **tōri**	*rua*
突き当り **tsukiatari**	*fim da rua*

DICA

Como em português, **michi** (*estrada*) e **tōri** (*rua*) são sutilmente diferentes. Ambas têm duas funções — conectar locais e acomodar lojas e casas. E embora cada uma realize ambas as funções, a ênfase de **michi** é na conexão, e a ênfase de **tōri**, na acomodação de lojas e casas.

LEMBRE-SE

Você pode combinar pontos de referência com os números ordinais apresentados no Capítulo 5 para dar informações bem específicas, como **mit-tsu-me no shingō** (*o terceiro semáforo*) ou **itsu-tsu-me no kado** (*a quinta esquina*).

Indicando ações com direções

A maioria das pessoas usa um imperativo, como *Siga em frente nessa rua por cinco minutos*, ou uma frase de pedido, como *Por favor, faça a curva na segunda interseção.* Em japonês, as informações usam uma *frase de pedido* que consiste de um verbo na forma -**te** e **kudasai**. **Kudasai** significa, literalmente, *Dê isso para mim* (ou *para nós*), mas quando usado logo depois de um verbo na forma -**te**, significa basicamente *Faça [tal e tal], por favor.* (Literalmente: *Faça [tal e tal] e dê para mim como um favor.*) Isso cria uma frase de pedido educada.

Conjugar verbos na forma -**te** é o primeiro passo para formar uma frase de pedido. Você pode olhar no Capítulo 3 para descobrir como estruturar a forma -**te**, mas, para facilitar seu trabalho, listo na Tabela 8-4 as formas do dicionário e as formas -**te** dos verbos de que precisa para dar informações.

TABELA 8-4 **Verbos para Dar Informações**

Forma do Dicionário	Forma -te	Português
歩く **aruku**	歩いて **aruite**	*andar*
行く **iku**	行って **itte**	*ir*
くだる **kudaru**	くだって **kudatte**	*descer*
曲がる **magaru**	曲がって **magatte**	*fazer uma curva*
のぼる **noboru**	のぼって **nobotte**	*subir*
乗る **noru**	乗って **notte**	*subir (entrar)*
降りる **oriru**	降りて **orite**	*descer, sair*
過ぎる **sugiru**	過ぎて **sugite**	*passar*
渡る **wataru**	渡って **watatte**	*cruzar*

Claro, uma pessoa lhe dando informações precisa ser capaz de lhe dizer exatamente para onde se mover. Onde fazer uma curva? Pelo que você cruza? Que rua pega? A língua japonesa especifica esses locais marcando-os com a partícula **o**, seguindo diretamente a palavra para o local ou ponto de referência. (Uma pessoa esperta como você pode se perguntar por que precisa da partícula de objeto direto **o** aqui, mas deixe que os gramáticos pensem nisso.)

交差点を曲がる **kōsaten o magaru** (*fazer uma curva na interseção*)

橋を渡る **hashi o wataru** (*cruzar a ponte*)

この道を歩く **kono michi o aruku** (*seguir por esta estrada*)

銀行を過ぎる **ginkō o sugiru** (*passar pelo banco*)

Especifique a direção do seu movimento marcando-o com a partícula **ni**.

右に曲がる **migi ni magaru** (*fazer uma curva à direita*)

東に行く **higashi ni iku** (*ir para o leste*)

Aqui estão algumas amostras de informações que juntam todos esses conceitos:

三番通りを南に行ってください。**San-ban-dōri o minami ni itte kudasai.** (*Siga em direção ao sul da Terceira Avenida, por favor.*)

あの角を右に曲がってください。**Ano kado o migi ni magatte kudasai.** (*Por favor, vire à direita naquela esquina.*)

駅まで歩いてください。**Eki made aruite kudasai.** (*Caminhe até a estação de trem, por favor.*)

新橋から浅草線に乗ってください。**Shinbashi kara Asakusa-sen ni notte kudasai.** (*Pegue a linha Asakusa de Shinbashi, por favor.*)

Fazendo as informações fluírem

Para fazer as informações fluírem, os japoneses as conectam com a palavra **sorekara** (*e então*), como nestes exemplos:

この道をまっすぐ行ってください。 それから, 三つ目の角を右に曲がってください。**Kono michi o massugu itte kudasai. Sorekara, mit-tsu-me no kado o migi ni magatte kudasai.** (*Siga reto por esta rua e então vire à direita na terceira esquina.*)

橋を渡ってください。 それから, 交番を過ぎてください。**Hashi o watatte kudasai. Sorekara, kōban o sugite kudasai.** (*Cruze a ponte e então passe pela kōban [cabine de polícia].*)

Eles também dizem **sōsuruto** (*então*, literalmente: *se você o fizer*) para mostrar o que verá em seguida. Por exemplo, **Fumikiri o watatte kudasai; sōsuruto, hidari ni resutoran ga arimasu** é traduzido como *Por favor, passe pelo cruzamento da linha férrea; então verá um restaurante à sua esquerda.*

Tendo uma Conversa

TOQUE AGORA

Ben está procurando por um restaurante chamado Shiro. Ele pede informações a uma estranha na rua. (Faixa 18)

Ben: **Sumimasen. Shiro to iu resutoran o shitte imasu ka.**
Com licença. Você conhece o restaurante chamado Shiro?

Mulher: **Hai.**
Sim.

Ben: **Dōyatte iku-n-desu ka.**
Como chego lá?

Mulher: **Tsugi no kōsaten o hidari ni magatte kudasai.**
Faça uma curva à esquerda na próxima interseção.

Ben: **Ano shingō no kōsaten desu ne.**
Aquela com o semáforo ali, certo?

Mulher: **Hai. Sorekara, fumikiri o watatte kudasai. Sōsuruto, Shiro wa hidari gawa ni arimasu.**
Sim. E então passe pelo cruzamento da linha férrea. Então você verá o Shiro à sua esquerda.

Ben: **Ā, sō desu ka. Dōmo.**
Ah, entendi. Obrigado.

Mulher: **Īe.**
Sem problemas.

Palavras a Saber

tsugi	próximo
kōsaten	interseção
shingō	semáforo
sorekara	e então
fumikiri	cruzamento da linha férrea
sōsuruto	então

Diversão & Jogos

Combine as imagens com as descrições. A solução está no Apêndice D.

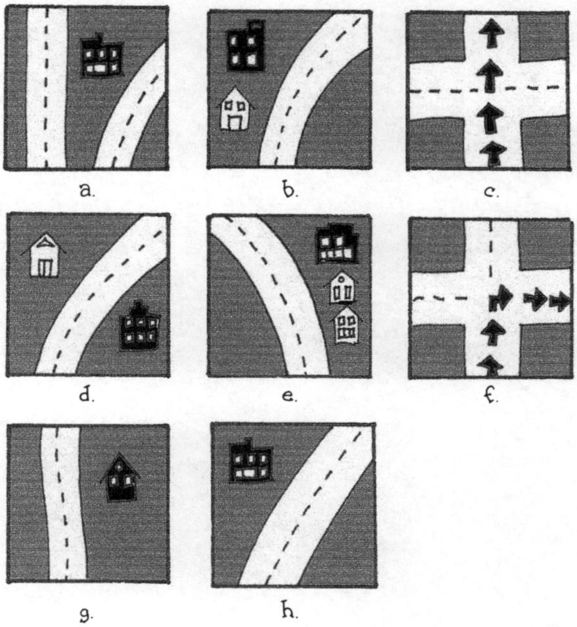

Ilustração por Elizabeth Kurtzman

1. 向かい側にあります。**Mukai gawa ni arimasu.**

2. 道の右側です。**Michi no migi gawa desu.**

3. 道の右側の三つ目です。**Michi no migi gawa no mit-tsu-me desu.**

4. この道をまっすぐ行きます。**Kono michi o massugu ikimasu.**

5. 道の左側です。**Michi no hidari gawa desu.**

6. 隣にあります。**Tonari ni arimasu.**

7. 交差点を右に曲がります。**Kōsaten o migi ni magarimasu**.

8. 道と道の間にあります。**Michi to michi no aida ni arimasu.**

NESTE CAPÍTULO

» Indo a restaurantes

» Comprando mantimentos

Capítulo 9

Jantando Fora e Indo ao Mercado

Todo mundo precisa comer. Às vezes você pode escolher pegar sua comida no seu restaurante favorito. Outras vezes, pode sentir vontade de cozinhar, e vai até o mercado ou à feira comprar carnes e vegetais frescos para preparar sua refeição. Este capítulo apresenta os termos que precisa saber quando for comer fora ou comprar mantimentos.

Comendo Fora em Restaurantes e Lanchonetes

Esteja você saindo para comer no Japão ou no Brasil, está fadado a encontrar todos os tipos de opções deliciosas, de estabelecimentos de fast-food até restaurantes mais tradicionais.

Pratique conjugar o verbo **chūmon suru** (*pedir*). É, na verdade, uma combinação do substantivo **chūmon** (*pedido*) e do verbo **suru** (*fazer*), então você pode apenas conjugar a parte do **suru**. Sim, ele é um verbo irregular. (Veja o Capítulo 13 para saber mais sobre o verbo **suru**.)

Texto em Japonês	Rōmaji
注文する	chūmon suru
注文しない	chūmon shinai
注文し(ます)	chūmon shi (masu)
注文して	chūmon shite

Nesta seção dou as palavras e frases relacionadas a fast-foods que vai precisar sempre que decidir comer fora. Mas você ainda é responsável pela conta!

Pedindo fast-food

No Japão, você encontra alguns restaurantes de fast-food familiares que vê no Brasil. Aqui estão os nomes de alguns pratos de fast-food comuns no Japão — ou, pelo menos, em japonês:

- チーズバーガー **chīzu bāgā** (*cheeseburger*)
- フライドチキン **furaido chikin** (*frango frito*)
- フライドポテト **furaido poteto** (*batata frita*)
- ハンバーガー **hanbāgā** (*hambúrguer*)
- ホットドッグ **hotto doggu** (*cachorro-quente*)
- アイスティー **aisutī** (*chá gelado*)
- コーヒー **kōhī** (*café*)
- コーラ **kōra** (*Coca-Cola*)
- オレンジジュース **orenjijūsu** (*suco de laranja*)
- シェイク **sheiku** (*milk-shake*)

» ピザ **piza** (*pizza*)

» テリヤキバーガー **teriyaki bāgā** (*hambúrguer teriyaki*)

Você talvez tenha que responder a algumas perguntas quando pedir em um restaurante de fast-food. **O-mochi kaeri desu ka** significa *Você levará para casa?* ou *Para viagem?* **Kochira de omeshiagari desu ka** significa *Você comerá aqui?* ou *Para comer aqui?* Se ouvir uma dessas perguntas, apenas responda com **hai** (*sim*) ou **Īe** (*não*). Se não conseguir responder com um simples *sim* ou *não*, diga uma das seguintes frases:

» 持って帰ります。**Motte kaerimasu.** (*Levarei para casa.*)

» ここで食べます。**Koko de tabemasu.** (*Comerei aqui.*)

FALANDO CORRETAMENTE

Se quiser contrastar como você trata ou se sente sobre dois itens — por exemplo, *Gosto de peixe, mas odeio carne* —, destaque cada termo marcando-o com um **wa**. Você pode colocar o **wa** depois do substantivo que deseja destacar e da partícula que já estiver lá. Apenas lembre-se de retirar a partícula original se for a indicativa de sujeito **ga** ou de objeto **o**. (O Capítulo 3 dá mais informações sobre como usá-las.) Aqui estão alguns exemplos:

このレストランはパスタはおいしいです。でも,ピザはまずいです。**Kono resutoran wa pasuta wa oishii desu. Demo, piza wa mazui desu.** (*Neste restaurante, as massas são deliciosas, mas a pizza é ruim.*)

レストランにはよく行きます。でも, バーにはあまり行きません。**Resutoran ni wa yoku ikimasu. Demo, bā ni wa amari ikimasen.** (*Vou sempre a restaurantes. No entanto, nem sempre vou a bares.*)

サラダは食べます。でも, 肉は食べません。**Sarada wa tabemasu. Demo, niku wa tabemasen.** (*Eu como salada, mas não como carne.*)

レストランではお酒を飲みます。でも, 家ではお酒を飲みません。**Resutoran de wa o-sake o nomimasu. Demo, ie de wa o-sake o nomimasen.** (*Eu bebo saquê em restaurantes. No entanto, não bebo saquê em casa.*)

Tendo uma Conversa

TOQUE AGORA

Jenna está prestes a fazer um pedido em um restaurante de fast-food. (Faixa 19)

Atendente do fast-food: **Irasshaimase! O-mochikaeri desu ka. Kochira de o-meshiagari desu ka.**
Bem-vinda! É para viagem? Ou você jantará aqui?

Jenna: **Motte kaerimasu.**
Para viagem, por favor.

Atendente do fast-food:	**Kashikomarimashita! Go-chūmon wa.** *Está certo! E o seu pedido?*
Jenna:	**Chīzu bāgā to teriyaki bāgā o onegai shimasu.** *Um cheeseburger e um hambúrguer teriyaki, por favor.*
Atendente do fast-food:	**O-nomimono wa.** *Algo para beber?*
Jenna:	**Kōra to banira sheiku o onegai shimasu.** *Uma Coca-Cola e um milk-shake de baunilha, por favor.*
Atendente do fast-food:	**Kashikomarimashita!** *Certamente!*

Palavras a Saber

Irasshaimase!	Bem-vinda!
O-mochikaeri desu ka.	É para viagem?
Kochira de o-meshiagari desu ka.	Você jantará aqui?
Kashikomarimashita!	Está certo!
Go-chūmon wa.	Seu pedido?
O-nomimono wa.	Algo para beber?

Fazendo uma reserva

Os japoneses frequentemente fazem fila nos restaurantes mais populares, e não se importam de esperar por uma hora ou mais. Mas se não quiser esperar na fila, faça uma reserva por telefone.

Os japoneses dizem *fazer uma reserva*, que é **yoyaku o suru**. **Yoyaku** é um substantivo, então você só precisa se preocupar com a parte do **suru**. Lembre-se de que **suru** é um verbo irregular quando conferir essas conjugações:

Texto em Japonês	Rōmaji
予約をする	yoyaku o suru
予約をしない	yoyaku o shinai
予約をし(ます)	yoyaku o shi(masu)
予約をして	yoyaku o shite

DICA

Para dizer que *quer* fazer uma reserva, adicione **-tai** ao final da forma radical deste verbo: **yoyaku shi-tai**. Veja o Capítulo 12 para informações sobre o uso de **-tai**.

Para fazer uma reserva, primeiro avise ao recepcionista do restaurante quando você chegará. A Tabela 9-1 mostra como pronunciar os intervalos de tempo básicos que provavelmente precisará para fazer sua reserva para o jantar. (Para saber o básico sobre como falar as horas em japonês, incluindo os conceitos de *antes do meio-dia* e *depois do meio-dia*, vá para o Capítulo 5.)

TABELA 9-1 **Tempo da Reserva**

Horas	Japonês
6h	6時 **roku-ji**
6h15	6時15分 **roku-ji jūgo-fun**
6h30	6時半 **roku-ji han**
6h45	6時45分 **roku-ji yonjūgo-fun**
7h	7時 **shichi-ji**
8h	8時 **hachi-ji**
9h	9時 **ku-ji**

DICA

Quando falar sobre um tempo aproximado, adicione **goro** depois da frase de tempo. **Roku-ji goro** significa *por volta das 6h*, e **roku-ji han goro**, *por volta das 6h30*.

Depois de estabelecer o horário de sua reserva, avise ao restaurante quantas pessoas estão em sua companhia usando um contador. *Contadores* são sufixos curtos que se seguem diretamente aos números. Como explico no Capítulo 5, o contador que usa depende do item que estiver contando. Então você não pode apenas dizer **go** (*cinco*) quando cinco pessoas estiverem em sua companhia. Tem que dizer **go-nin**, porque **-nin** é o contador para pessoas. Mas cuidado com os irregulares **hitori** (*um*), **futari** (*dois*) e **yonin** (*quatro*).

Tendo uma Conversa

TOQUE AGORA

Makoto Tanaka está tentando fazer uma reserva no Fuguchi, um restaurante de baiacu, pelo telefone. (Faixa 20)

Recepcionista: **Maido arigatō gozaimasu. Fuguichi de gozaimasu.**
Obrigada por ligar. (Literalmente: *Obrigada pelo seu patrocínio*). *Aqui é o Fuguichi.* (*Como posso ajudá-lo?*)

Makoto: **Anō, konban, yoyaku o shitai-n-desu ga.**
Eu gostaria de fazer uma reserva para hoje à noite.

Recepcionista: **Hai, arigatō gozaimasu. Nan-ji goro.**
Sim, obrigada. A que horas mais ou menos?

Makoto: **Shichi-ji ni onegai shimasu.**
Sete horas, por favor.

Recepcionista: **Hai. Nan-nin-sama.**
Certamente. Quantas pessoas?

Makoto: **Go-nin desu.**
Cinco pessoas.

Recepcionista: **Hai, kashikomarimashita. O-namae wa.**
Certamente. Seu nome?

Makoto: **Fuji Bōeki no Tanaka desu.**
Sou Tanaka, da Fuji Trade Company.

Recepcionista: **Fuji Bōeki no Tanaka-sama de gozaimasu ne.**
Sr. Tanaka da Fuji Trade Company. É isso mesmo?

Makoto: **Hai.**
Sim.

Recepcionista: **Dewa, shichi-ji ni o-machi shite orimasu.**
Então nós o esperaremos às 7h.

Makoto: **Hai. Yoroshiku.**
Sim. Obrigado.

Palavras a Saber

Maido arigatō gozaimasu.	Obrigado pelo seu patrocínio.
de gozaimasu	ser (honorífico)
konban	hoje à noite
yoyaku (o) suru	fazer uma reserva
Shichi-ji ni o-machi shite orimasu.	Nós o esperaremos às 7h.

DICA

Em japonês, você frequentemente forma uma declaração usando **-n-desu** em conversas, como Makoto faz no Tendo uma Conversa anterior. O efeito de **-n-desu** é encorajar seu parceiro a responder a suas declarações. Veja o Capítulo 5 para saber mais sobre **-n-desu**.

CONHECENDO A CULTURA

Os japoneses dizem **yoroshiku** depois de pedir um favor a alguém ou fazer um pedido, como uma reserva em um restaurante. Nesse contexto, significa *Por favor, cuide disso para mim.* Você não diz nada assim em português, então pense nisso como um *Obrigado*. **Yoroshiku** é uma das frases para as quais você tem que usar sua intuição e conhecimento cultural, em vez de traduções, para entender. Mas, se conseguir usá-la adequadamente, realmente parecerá um falante nativo de japonês!

COMENDO BAIACU COM CUIDADO

Há muito tempo os japoneses admiram o ふぐ **fugu** (*baiacu*) como o peixe mais delicioso. O único problema: ele é venenoso — ou, pelo menos, os ovários e o fígado são especialmente venenosos. Se a pessoa preparando o **fugu** acidentalmente cortar um desses dois órgãos, comer o **fugu** pode matá-lo. Pessoas no Japão já morreram devido à preparação inadequada de **fugu** por chefes sem licença.

É por isso que apenas chefes treinados e licenciados são legalmente permitidos a cortar, limpar e servir **fugu**.

Eles removem as partes perigosas e lavam a porção restante do peixe muito cuidadosamente, usando uma tremenda quantidade de água.

O **fugu** é uma das iguarias mais caras do Japão, custa cerca de $200 um único peixe. Os japoneses são verdadeiros gastrônomos. Buscam gostos únicos, arriscando a vida e pagando uma fortuna no processo.

Pedindo em um restaurante

Como se faz um pedido em um restaurante (ou seja, aqueles em que a comida vai até sua mesa)? Esteja você em um estabelecimento quatro estrelas ou no pub da esquina, seu garçom ou garçonete lhe fará perguntas como as seguintes:

- ご注文は。**Gochūmon wa.** (*Seu pedido?*)
- 何になさいますか。**Nani ni nasaimasu ka.** (*O que vai querer?*)
- お飲み物は。**O-nomimono wa.** (*Algo para beber?*)

A seguir estão algumas frases que podem ajudá-lo a fazer seu pedido:

- メニューをお願いします。**Menyū o onegai shimasu.** (*O menu, por favor.*)
- ラーメンを三つお願いします。**Rāmen o mittsu onegaishimasu.** (*Macarrão lámen para três, por favor.*)
- すしと刺し身と味噌汁をお願いします。**Sushi to sashimi to misoshiru o onegaishimasu.** (*Sushi, sashimi e misoshiru, por favor.*)
- ワインはありますか。**Wain wa arimasu ka.** (*Você tem vinho?*)
- 私はステーキを下さい。**Watashi wa sutēki o kudasai.** (*Bife, por favor.*)
- 私はラザニアをお願いします。**Watashi wa razania o onegaishimasu.** (*Lasanha, por favor.*)
- 今日のスペシャルは。**Kyō no supesharu wa.** (*O especial do dia.*)

LEMBRE-SE

Para listar vários pratos, use **to** entre cada um, para ligá-los. Pense em **to** como uma vírgula verbal ou a palavra *e*.

Para especificar a quantidade de cada item que quer pedir, use **-tsu**, o contador que se aplica aos itens alimentícios — **hito-tsu** (*um*), **futa-tsu** (*dois*), **mit-tsu** (*três*) e assim por diante. (Veja o Capítulo 5 para uma explicação mais aprofundada sobre contadores.)

Você comerá alguns dos seguintes pratos hoje?

- ビーフステーキ **bīfu sutēki** (*bife*)
- ビーフシチュー **bīfu shichū** (*guisado de carne*)
- 牛丼 **gyūdon** (*uma tigela de arroz com carne cozida e vegetais*)
- マッシュポテト **masshu poteto** (*purê de batatas*)
- ミートローフ **mīto rōfu** (*bolo de carne*)

- 親子丼 **oyako donburi** (*uma tigela de arroz com frango cozido e ovos*)
- サラダ **sarada** (*salada*)
- スープ **sūpu** (*sopa*)
- スパゲッティ **supagetti** (*espaguete*)
- てんぷら **tenpura** (*tempura, vegetais e frutos do mar com massa e fritos*)
- とんかつ **tonkatsu** (*costeleta de porco*)
- 鰻 **unagi** (*enguia*)
- 焼き肉 **yakiniku** (*churrasco no estilo coreano*)

DICA

Se quiser uma refeição completa que vem com arroz, sopa e salada, peça um **teishoku** (*refeição definida*), como **sashimi teishoku** e **tempura teishoku**.

CONHECENDO A CULTURA

Imaginando o que fazer se não puder ler o menu em japonês em um restaurante? Não se preocupe. A maioria dos restaurantes no Japão tem imagens coloridas nos menus ou modelos de cera em tamanho real da comida em suas vitrines. A maneira mais fácil de pedir comida é seguir esta fórmula simples: diga **watashi wa** (*quanto a mim*), aponte para a imagem do prato no menu, diga **kore o** (*este aqui* mais a partícula de objeto direto) e **onegaishimasu** (*Eu gostaria de lhe pedir*) ou **kudasai** (*por favor, me dê*) no final.

Tendo uma Conversa

TOQUE AGORA

Ken e Akiko vão fazer um pedido em um restaurante dentro da estação Tóquio. (Faixa 21)

Garçom: **Nani ni nasaimasu ka.**
Do que você gostaria?

Ken: **Boku wa sashimi teishoku.**
Quero a porção de sashimi.

Garçom: **O-nomimono wa.**
E algo para beber?

Ken: **Bīru.**
Cerveja.

Garçom: **Hai, kashikomarimashita. O-kyaku-sama wa?**
Claro, certamente. E você? (Literalmente: *E o cliente?*)

Akiko: **Watashi wa tenpura teishoku o onegai shimasu.**
Quero a porção de tempura.

Garçom: **O-nomimono wa.**
E algo para beber?

Akiko: **Īe, ii desu.**
Não, obrigada.

Garçom: **Hai, sashimi teishoku ga o-hitotsu, tenpura teishoku ga o-hitotsu, bīru ga o-hitotsu desu ne.**
Sim, certamente. Então, uma porção de sashimi, uma porção de tempura e uma cerveja, certo?

Ken e Akiko: **Hai.**
Sim.

Palavras a Saber

Nani ni nasaimasu ka.	Do que você gostaria?
teishoku	menu definido
O-nomimono wa.	E para beber?
o-kyaku-sama	cliente
o-hitotsu	um (honorífico)

Conversando com o garçom

Em algum momento, você pode precisar fazer perguntas ao garçom ou dar a ele um feedback sobre sua comida. Aqui estão algumas frases para ajudá-lo a realizar essas tarefas:

- ちょっと変な味です。**Chotto henna aji desu.** (*Tem um gosto meio estranho.*)
- これは何ですか。**Kore wa nan desu ka.** (*O que é isso?*)
- これは焼けていますか。**Kore wa yakete imasu ka.** (*Está bem cozido?*)
- おいしいですね。**Oishii desu ne.** (*É delicioso, não é?*)
- お水を下さい。**O-mizu o kudasai.** (*Água, por favor.*)
- お手洗いはどこですか。**O-tearai wa doko desu ka.** (*Onde fica o banheiro?*)
- とてもおいしかったです。**Totemo oishikatta desu!** (*Estava muito delicioso!*)

DICA

Para expressar o que pode e não pode comer, use o verbo **taberu** (*comer*) na forma potencial: **taberaremasu** (*Posso comer*) e **taberaremasen** (*Não posso comer*). Por exemplo, **Watashi wa ebi ga taberaremasen**. (*Não posso comer camarão.*) Vá ao Capítulo 13 para saber detalhes sobre a forma potencial.

Pagando por sua refeição

Quando e como você paga por sua refeição varia de acordo com o restaurante. Você pode ter que pagar adiantado ou pode pagar depois de comer. A maioria dos restaurantes aceita **kurejitto kādo** (*cartões de crédito*), mas muitos deles ainda aceitam apenas **genkin** (*dinheiro*), especialmente em cidades menores e em áreas rurais. Deixar esses detalhes claros antes de comer é sua melhor aposta. Então tudo o que precisa fazer é pedir sua conta. Aqui estão as frases que tem que conhecer:

» 別々にお願いします。**Betsubetsu ni onegai shimasu.** (*Por favor, nos dê contas separadas.*)

» チェックお願いします。**Chekku onegai shimasu.** (*A conta, por favor.*)

» 一緒にお願いします。**Isshoni onegai shimasu.** (*Por favor, nos dê uma conta.*)

» 領収書お願いします。**Ryōshūsho onegai shimasu.** (*O recibo, por favor.*)

CONHECENDO A CULTURA

Você não tem que dar gorjetas em restaurantes no Japão (exceto em casos especiais), mas ainda recebe um bom serviço cerca de 99% das vezes. Para refeições muito caras, o restaurante avisa aos clientes, por escrito, que a gorjeta está automaticamente incluída em sua conta como uma **sābisuryō** (*taxa de serviço*). Então você ainda não tem que pensar sobre oferecer uma gratificação voluntária.

Indo às Compras de Mantimentos

Restaurantes são ótimos, mas, se quiser economizar tempo e dinheiro, vá comprar sua comida. Se for a um supermercado, pode conseguir a maioria dos itens que precisa em uma viagem, incluindo os seguintes:

» アイスクリーム **aisukurīmu** (*sorvete*)

» バター **batā** (*manteiga*)

» チーズ **chīzu** (*queijo*)

» 牛乳 **gyūnyū** (*leite*)

» ジュース **jūsu** (*suco*)

» 米 **kome** (*arroz cru*)

- » 果物 **kudamono** (*frutas*)
- » 肉 **niku** (*carne*)
- » パン **pan** (*pão*)
- » 魚 **sakana** (*peixe*)
- » たまご **tamago** (*ovos*)
- » 野菜 **yasai** (*legumes*)

Indo ao açougue

Se seu açougueiro tem uma loja especial ou só trabalha atrás de um balcão de uma loja de mantimentos normal, ainda pode ser o melhor amigo de um carnívoro. Aqui estão algumas das carnes que você consegue em um açougue:

- » 豚肉 **butaniku** (*porco*)
- » 牛肉 **gyūniku** (*bife*)
- » マトン **maton** (*carneiro*)
- » 七面鳥 **shichimenchō** (*peru*)
- » 鶏肉 **toriniku** (*frango*)

Carnes processadas, curadas e cozidas são muito convenientes. Se precisa preparar um jantar rápido, talvez queira comprar uma destas:

- » ベーコン **bēkon** (*bacon*)
- » ハム **hamu** (*presunto*)
- » コーンビーフ **kōn bīfu** (*carne enlatada*)
- » ローストビーフ **rōsuto bīfu** (*rosbife*)
- » ソーセージ **sōsēji** (*salsicha*)

Comprando peixe fresco

Os japoneses são grandes comedores de peixe. Se também ama peixe, a peixaria é o seu lugar. Os nomes de peixes são normalmente escritos em **katakana** na peixaria (e na lista a seguir), mas alguns também são escritos em **kanji** ou **hiragana**. Lembre-se dos nomes de seus peixes favoritos quando fizer sua viagem:

- » ハマチ **hamachi** (*olho de boi*)

- ヒラメ **hirame** (*linguado*)
- マグロ **maguro** (*atum*)
- マス **masu** (*truta*)
- サバ **saba** (*cavala*)
- サケ **sake** (*salmão*)
- スズキ **suzuki** (*robalo japonês*)
- タイ **tai** (*cioba*)
- タラ **tara** (*bacalhau*)

CONHECENDO A CULTURA

Se for ao Japão, tente comprar peixe fresco no Mercado **Tsukiji**. É o maior e mais famoso mercado de peixes em Tóquio e está sempre cheio de compradores e vendedores profissionais de peixe fresco. Grandes restaurantes de sushi em Tóquio compram peixe diretamente do Tsukiji. Não há lugar no mercado para formalidades, e todo mundo é amigável. Se estiver interessado em visitar o Tsukiji, vá cedo, porque está mais movimentado antes das 8h e começa a fechar no final da manhã.

Comprando vegetais e frutas

Inclua alguns dos seguintes legumes e frutas em sua lista de compras. Alguns são sempre escritos em **katakana** (como fiz na lista a seguir), mas outros são escritos em **katakana**, **hiragana** ou **kanji**. Independentemente do texto em japonês usado, estes itens são bons para você:

- バナナ **banana** (*banana*)
- ブドウ **budō** (*uva*)
- ダイコン **daikon** (*rabanete daikon japonês*)
- ジャガイモ **jagaimo** (*batata*)
- カキ **kaki** (*caqui*)
- キャベツ **kyabetsu** (*repolho*)
- ミカン **mikan** (*tangerina*)
- ナシ **nashi** (*pera*)
- ナス **nasu** (*berinjela*)
- ネギ **negi** (*cebolinha*)
- ニンジン **ninjin** (*cenoura*)
- ピーマン **pīman** (*pimentão verde*)

- » レモン **remon** (*limão*)
- » レタス **retasu** (*alface*)
- » リンゴ **ringo** (*maçã*)
- » サツマイモ **satsumaimo** (*batata-doce*)
- » スイカ **suika** (*melancia*)
- » タマネギ **tamanegi** (*cebola*)
- » トマト **tomato** (*tomate*)
- » イチゴ **ichigo** (*morango*)

Diversão & Jogos

Você está prestes a ir ao supermercado para comprar os itens a seguir. Ligue cada ilustração a uma das palavras na lista. A solução está no Apêndice D.

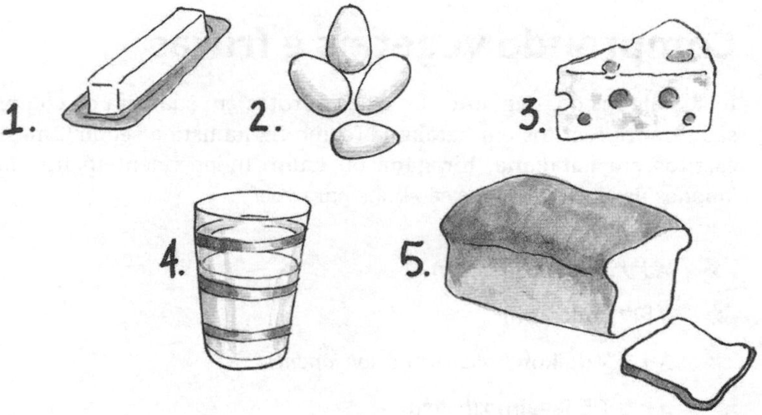

Ilustração por Elizabeth Kurtzman

a. チーズ **chīzu**

b. たまご **tamago**

c. バター **batā**

d. パン **pan**

e. 牛乳 **gyūnyū**

NESTE CAPÍTULO

» Especificando o que procura

» Sabendo onde as coisas estão na loja de departamentos

» Experimentando e comprando roupas

» Comparando itens

» Mostrando o dinheiro

Capítulo 10
Facilitando as Compras

Amo **kaimono** (*comprar*). Quando me sinto bem, faço compras. Quando me sinto deprimida, faço compras. E quando ganho um aumento — você adivinhou —, faço compras. Se também ama fazer compras, este capítulo é para você. Ele está cheio de informações e do vocabulário que precisa conhecer se for sair às compras. Especificamente, você descobre como explicar a alguém o que procura, como comparar os preços e a qualidade e como pagar pela sua mercadoria.

Nomeando Lojas

Você pode referir-se a alguns tipos de lojas usando o sufixo **ya** (*loja*) de uma maneira amigável. Por exemplo:

- 花屋 **hana-ya** (*floricultura*)
- 本屋 **hon-ya** (*livraria*)
- 自転車屋 **jitensha-ya** (*loja de bicicletas*)
- 薬屋 **kusuri-ya** (*farmácia*)
- 靴屋 **kutsu-ya** (*sapataria*)
- おもちゃ屋 **omocha-ya** (*loja de brinquedos*)
- パン屋 **pan-ya** (*padaria*)
- 酒屋 **saka-ya** (*loja de bebidas*)

Algumas lojas são convencionalmente referidas por palavras emprestadas do inglês com algumas modificações. Eis alguns exemplos:

- ブティック **butikku** (do inglês, *boutique*)
- デパート **depāto** (do inglês, *department store — loja de departamentos*)
- ホームセンター **hōmusentā** (do inglês, *home center — loja de materiais de construção*)
- コンビニ **konbini** (*loja de conveniências*)
- スーパー **sūpā** (*supermercado*)

Dizendo a um Vendedor o que Você Procura

Se tiver um item específico em mente, entre em uma loja e diga o nome do item e **wa arimasu ka** (*você tem*). Ou use o verbo **-u sagasu** (*procurar*) para declarar que está procurando, por exemplo, **furoshiki** (esses tecidos japoneses grandes, macios e quadrados de embrulhar que têm lindos padrões e cores). Aqui está como conjugar **sagasu**:

Texto em Japonês	Rōmaji
探す	sagasu
探さない	sagasanai
探し(ます)	sagashi (masu)
探して	sagashite

FALANDO CORRETAMENTE

Se disser **sagasu** ou **sagashimasu**, significa que *procurará* algo ou procura algo *regularmente*. Para dizer que *está* procurando algo, conjugue o verbo **sagasu** para a forma -**te**, que é **sagashite**, e então adicione o verbo **iru** ou sua forma polida **imasu** (*existir*). **Sagashite iru** ou **sagashite imasu** significam que você está procurando alguma coisa. (Para saber mais sobre formas verbais básicas, como a forma -**te**, veja o Capítulo 3.)

CONHECENDO A CULTURA

Se estiver viajando no Japão, talvez tenha em mente algumas lembrancinhas específicas que queira comprar. Visite as divertidas e amigáveis lojas de lembrancinhas em **Kyōto**, **Nara** e **Asakusa**, onde você pode dizer que está procurando pelas seguintes lembrancinhas populares:

» 茶碗 **chawan** (*tigela de arroz, xícara de chá mais larga do que alta usada para cerimônias do chá*)

» 風呂敷 **furoshiki** (*tecidos para embrulhar*)

» 下駄 **geta** (*um tipo de tamanco de madeira*)

» 箸 **hashi** (*hashi*)

» 花瓶 **kabin** (*vaso*)

» 傘 **kasa** (*guarda-chuva*)

» 着物 **kimono** (*quimono*)

» くし **kushi** (*pente*)

» 人形 **ningyō** (*boneca [apenas para exposição]*)

» お茶 **o-cha** (*chá verde*)

» 折り紙 **origami** (*origami*)

» お皿 **o-sara** (*prato*)

» せんべい **senbei** (*bolacha de arroz*)

» 扇子 **sensu** (*leque*)

» 湯飲み **yunomi** (*xícara mais alta do que larga normalmente usada para beber chá verde*)

FALANDO CORRETAMENTE

Expresse seu pedido usando um verbo na forma **-te** (veja o Capítulo 3) e **kudasai**, como nos exemplos a seguir:

その花瓶を見せてください。**Sono kabin o misete kudasai.** (*Por favor, mostre--me aquele vaso.*)

この茶碗を包んでください。**Kono chawan o tsutsunde kudasai.** (*Por favor, embrulhe esta xícara.*)

Tendo uma Conversa

TOQUE AGORA

Joan quer comprar uma lembrancinha japonesa e entra em uma loja em Asakusa. (Faixa 22)

Joan: **Sumimasen. Furoshiki wa arimasu ka.**
Com licença. Você tem furoshiki?

Vendedor: **Furoshiki wa arimasen.**
Furoshiki? Nós não temos.

Joan: **Ā, sō desu ka. Jā, sono sensu o chotto misete kudasai.**
Ah, eu entendo. Então você poderia me mostrar aquele leque, por favor?

Vendedor: **Kore desu ka.**
Este aqui?

Joan: **Hai**.
Sim.

Vendedor: **Dōzo**.
Aqui está.

Palavras a Saber

furoshiki	tecidos para embrulho
wa arimasu ka	você tem
sono	aquele
sensu	leque
Misete kudasai	Por favor, mostre-me
kore	este aqui

Explorando a Variedade de uma Loja de Departamentos

Depāto (*lojas de departamentos*) são muito convenientes. Seus **nedan** (*preços*) são um pouco altos, mas elas oferecem uma variedade de itens de qualidade e **burandohin** (*itens de marca de designers*). E também oferecem um bom **sābisu** (*serviço*), eu acho. Você pode encontrar os seguintes itens em uma **depāto**:

- 婦人服 **fujinfuku** (*roupas para mulheres*)
- 楽器 **gakki** (*instrumentos musicais*)
- 宝石 **hōseki** (*joias*)
- 鞄 **kaban** (*bagagem*)
- 家具 **kagu** (*móveis*)
- 化粧品 **keshōhin** (*cosméticos*)
- 子供服 **kodomofuku** (*roupas para crianças*)
- 靴 **kutsu** (*sapatos*)
- 紳士服 **shinshifuku** (*roupas para homens*)
- 書籍 **shoseki** (*livros*)
- スポーツ用品 **supōtsu yōhin** (*materiais esportivos*)

FALANDO CORRETAMENTE

Para qual andar quer ir? Para responder a essa pergunta, use o contador **-kai**. Por exemplo, **2-kai** significa *segundo andar*. Para mais informações sobre contadores japoneses, veja o Capítulo 5.

LEMBRE-SE

Vendedores falam muito polidamente. Uma das frases polidas que usam com frequência é **de gozaimasu**. É a versão polida do verbo **desu** (*ser/estar*). Então, em vez de dizer **Hōseki wa nana-kai desu** (As joias estão no sétimo andar), dizem **Hōseki wa nana-kai de gozaimasu.**

As lojas de departamento têm horário de funcionamento fixo. Antes de sair às compras, descubra o horário de uma loja de departamentos perguntando **Eigyō jikan wa nan-ji kara nan-ji made desu ka.** (*De que horas a que horas é o funcionamento?*) Se já está na loja e quer saber *A que horas a loja fecha?*, diga **Heiten wa nan-ji desu ka.**

Comprando Roupas

Quando você sai para comprar **yōfuku** (*roupas*), procura por itens de qualidade que pode usar por anos ou compra itens baratos que usará por apenas uma estação? Qualquer que seja sua abordagem, confira as seções a seguir para garantir que consiga exatamente o que deseja.

Considerando as roupas e acessórios de que precisa

Algumas peças de roupa são básicas. Por exemplo, você normalmente precisa de **shitagi** (*roupas íntimas*). Outros itens de vestuário e acessórios, como um **nekkuresu** (*colar*), são interessantes de se ter, mas não destruirão seu guarda-roupa se não os tiver. Confira a seguir a lista de roupas e acessórios:

- ベルト **beruto** (*cinto*)
- 帽子 **bōshi** (*boné, chapéu*)
- ブラジャー **burajā** (*sutiã*)
- ブリーフ **burīfu** (*cuecas*)
- ドレス **doresu** (*vestido*)
- ジャケット **jaketto** (*jaqueta*)
- ジーンズ **jīnzu** (*jeans*)
- コート **kōto** (*casaco*)
- 靴 **kutsu** (*sapatos*)
- 靴下 **kutsushita** (*meias*)
- ネクタイ **nekutai** (*gravata*)
- サングラス **sangurasu** (*óculos de sol*)
- セーター **sētā** (*suéter*)
- シャツ **shatsu** (*camisa*)
- スカート **sukāto** (*saia*)
- スーツ **sūtsu** (*terno*)
- スニーカー **sunīkā** (*tênis*)
- トランクス **torankusu** (*cuecas boxer*)
- ズボン **zubon** (*calças*)

Examinando a cor

Qual é sua **iro** (*cor*) favorita? Quando for comprar roupas, confira todas as cores e escolha aquela que ficar melhor em você.

- 赤 **aka** (*vermelho*)
- 青 **ao** (*azul*)
- 茶色 **chairo** (*marrom*)
- 黄色 **kiiro** (*amarelo*)
- 黒 **kuro** (*preto*)
- 緑 **midori** (*verde*)
- 紫 **murasaki** (*roxo*)
- オレンジ **orenji** (*laranja*)
- ピンク **pinku** (*rosa*)
- 白 **shiro** (*branco*)

FALANDO CORRETAMENTE

Você pode adicionar a partícula **no** depois dos substantivos e adjetivos para significar *uma da...* Por exemplo, **aka no** significa *uma da vermelha.*

茶色のはありますか。**Chairo no wa arimasu ka.** (*Você tem uma da marrom?*)

色がきれいなのを探しています。**Iro ga kirei na no o sagashite imasu.** (*Estou procurando algo com uma cor bonita.*)

Experimentando algo

Quando precisar de permissão para fazer alguma coisa, comece com **chotto**, uma palavra com muito mais usos do que o dicionário pode sugerir. A tradução em português é, normalmente, *um pouco*, mas você a escuta em situações em que nenhuma tradução literal funciona. Você pode pensar na frase **chotto kite mite mo ii desu ka** como tendo um significado próximo a *Posso experimentar por um minuto?* (Literalmente: *Posso experimentar um pouquinho?*) Nesse contexto, **chotto** faz parecer que você vai terminar o mais rápido possível.

FALANDO CORRETAMENTE

Quando quiser tentar fazer alguma coisa, use o verbo na forma -**te** e adicione **miru**. Por exemplo, **tabete miru** significa *tentar comer*. **Kite miru** significa *tentar vestir* ou *experimentar*.

FALANDO CORRETAMENTE

Peça permissão usando o verbo na forma -**te** (veja o Capítulo 3) com a frase **mo ii desu ka**. Por exemplo, **Kite mite mo ii desu ka** significa *Tudo bem se eu experimentar?*

Depois que tiver permissão para experimentar uma peça de roupa, vá ao **shichakushitsu** (*provador*). Use as frases a seguir para expressar o que acha da roupa:

- 丁度いいです。**Chōdo ii desu.** (*Está perfeito.*)
- ちょっと小さいです。**chotto chīsai desu** (*um pouco pequeno*)
- ちょっと大きいかな。**Chotto ōkii kana.** (*Ficou um pouco grande para mim?*)
- 長いです。**Nagai desu.** (*Está comprido.*)
- 少し短いです。**sukoshi mijikai desu** (*um pouco curto*)

Note que o verbo **kiru**, que significa *vestir*, é um verbo -**ru**. Eis como conjugá-lo:

Texto em Japonês	Rōmaji
着る	kiru
着ない	kinai
着(ます)	ki (masu)
着て	kite

CUIDADO

Embora **kiru** seja o verbo mais geral para *vestir*, você não pode usá-lo para tudo o que veste. Ele é adequado somente para itens que coloca acima da cintura, como suéteres e camisas, ou no corpo inteiro, como vestidos e casacos longos. Para itens que são vestidos abaixo da cintura (pense em saias, calças, meias e sapatos), use o verbo **haku**. Para itens que coloca sobre sua cabeça, como bonés e chapéus, use **kaburu**. Para óculos e óculos de sol, use o verbo **kakeru** ou **suru**, que significa *fazer*. Para outros acessórios, use **suru** ou **tsukeru** (*anexar*).

Falando sobre tamanhos

Experimentar roupas é importante, mas comprar uma camiseta é muito fácil. Você pode muitas vezes evitar ir ao provador se souber o seu **saizu** (*tamanho*).

- Sサイズ **S saizu** (*pequeno*)
- Mサイズ **M saizu** (*médio*)
- Lサイズ **L saizu** (*grande*)
- XLサイズ **XL saizu** (*extragrande*)

Comprar um vestido é mais complicado do que uma camiseta. Use o contador -**gō** para se referir ao tamanho de suas opções. (Para mais informações sobre como usar os contadores e os números japoneses, confira o Capítulo 5.)

Os tamanhos de vestidos de mulheres no Japão são, em média, 27 números menores que no Brasil. Aqui estão os equivalentes aproximados para os tamanhos de vestidos de mulheres:

Tamanho Brasileiro	Tamanho Japonês
PP	7
37	9
38	11
40	13
42	15
44	17
46	19

Os tamanhos dos ternos e casacos masculinos são expressos em letras no Japão. Compare os tamanhos brasileiros e os japoneses:

Tamanho Brasileiro	Tamanho Japonês
44	S
46	S
46	M
48	M
50	L
52	L
54	LL

CONHECENDO A CULTURA

No Japão, o comprimento é especificado em unidades métricas, como no Brasil. Se sua cintura tem 76,2 centímetros, ela tem **76,2 senchi**.

FALANDO CORRETAMENTE

A partícula **ga** (*mas*), como é usada no Tendo uma Conversa a seguir, conecta duas frases contrastantes ou conflitantes. Simplesmente adicione a partícula **ga** (*mas*) no final da primeira frase, como nos seguintes exemplos.

> ジャケットはありますが，ロングコートはありません。**Jaketto wa arimasu ga, rongu kōto wa arimasen.** (*Nós temos jaquetas, mas não temos casacos longos.*)
>
> 私はアメリカ人ですが，日本語を話します。**Watashi wa Amerikajin desu ga, Nihongo o hanashimasu.** (*Eu sou norte-americano, mas falo japonês.*)

Tendo uma Conversa

TOQUE AGORA

Lori encontrou uma bela jaqueta em uma loja, mas não gostou da cor. Ela está prestes a perguntar ao vendedor se a loja tem a mesma jaqueta em uma cor diferente. (Faixa 23)

Lori: **Chigau iro wa arimasu ka.**
Você tem em uma cor diferente?

Vendedor: **Aka wa arimasu ga, saizu wa S dake desu.**
Temos vermelha, mas apenas em tamanhos pequenos.

Lori: **Chotto kite mite mo ii desu ka.**
Posso experimentar?

Vendedor: **Dōzo.**
Vá em frente.

Lori experimenta a jaqueta vermelha.

Lori: **Yappari chotto chīsai desu.**
Como esperado, é um pouco pequena.

Vendedor: **Jā, midori wa. Midori wa M saizu to L saizu ga arimasu yo.**
Então que tal verde? Temos média e grande em verde.

Lori experimenta a jaqueta verde.

Lori: **Ā, kore wa chōdo ii. Kore o kudasai.**
Uau, essa serve perfeitamente! Vou levar essa, por favor.

Vendedor: **Hai**.
Certo.

Palavras a Saber

chigau	diferente, errado
Kite mite mo ii desu ka.	Posso experimentar?
yappari	como esperado
chīsai	pequeno
chōdo ii	ajuste exato

Decidindo o que Você Quer Comprar

Encontrar uma boa oferta é impossível sem comparar cuidadosamente a **shōhin** (*mercadoria*). Ao fazer compras, observe a qualidade e as funções do produto de perto e compare vários itens similares nos quais estiver interessado. Pergunte--se qual é o melhor.

Usando adjetivos demonstrativos

FALANDO CORRETAMENTE

Se vir um belo item em uma vitrine, peça ao vendedor para mostrá-lo para você. Como você especifica o item que quer ver? Na maioria das vezes, pode apontar para ele com seu dedo e usar o pronome demonstrativo **kore** (veja o Capítulo 3). Mas e se uma **yunomi** (*xícara*) e um **kyūsu** (*bule*) estiverem um ao lado do outro em uma vitrine e seu dedo não tem uma ponteira laser anexada a ele? Se disser **kore**, o vendedor dirá **dore** (*qual?*), e você terá que dizer **kore** novamente, e, novamente, o vendedor dirá **dore**. Para terminar essa conversa frustrante e repetitiva, mude **kore** para **kono** e adicione o substantivo comum ao qual estiver se referindo — nesse caso, **kono yunomi** (*esta xícara*) ou **kono kyūsu** (*este bule*).

De maneira similar, **sore** (*aquele próximo a você*) e **are** (*aquele lá*) se transformam em **sono** e **ano**, respectivamente, quando seguidos de um substantivo comum. (Se quiser saber mais sobre **sore** e **are**, confira o Capítulo 3.) Mesmo a palavra de pergunta **dore** (*qual*) deve tornar-se **dono** quando seguida de um substantivo comum. Uau, formas demais? Se pensar nisso, a mudança é bem sistemática: o final **re** torna-se **no**. **Kono**, **sono** e **ano** são todos adjetivos demonstrativos. **Dono** é seu correspondente interrogativo. É por isso que são usados com um substantivo comum. Confira a decomposição dos pronomes e adjetivos demonstrativos japoneses da Tabela 10-1, assim como os exemplos seguintes, para organizar todas essas ideias.

TABELA 10-1 Isso, Aquilo e Qual

Termo Usado de Forma Independente	Termo Seguido por um Substantivo Comum
これ **kore** *este*	この **kono** *este...*
それ **sore** *aquele perto de você*	その **sono** *aquele... perto de você*
あれ **are** *aquele lá*	あの **ano** *aquele... lá*
どれ **dore** *qual*	どの **dono** *qual...*

あのビルは何ですか。**Ano biru wa nan desu ka.** (*O que é aquele prédio?*)

あれはデパートです。**Are wa depāto desu.** (*Aquela é uma loja de departamentos.*)

そのネックレスは高いですか。**Sono nekkuresu wa takai desu ka.** (*Aquele colar é caro?*)

どれを買いますか。**Dore o kaimasu ka.** (*Qual você comprará?*)

静岡のお茶はどれですか。**Shizuoka no o-cha wa dore desu ka.** (*Qual é o chá produzido em Shizuoka?*)

LEMBRE-SE

A partícula **wa** marca o tópico sobre o qual o interlocutor quer falar, então o item na pergunta já deve ser familiar tanto para o interlocutor quanto para o ouvinte. Como resultado, uma palavra de pergunta como **dore** (*qual*) ou **dono o-cha** (*qual chá*) não pode ser marcada pela partícula de tópico **wa**.

Comparando dois itens

FALANDO CORRETAMENTE

Para fazer uma comparação entre dois itens em japonês, você só precisa do equivalente japonês de *do que*, que é a partícula **yori**. Coloque **yori** logo depois do segundo item na comparação. Observe alguns exemplos para ver esse conceito em ação:

古い家具は新しい家具よりいいです。**Furui kagu wa atarashii kagu yori ii desu.** (*Móveis velhos são melhores do que móveis novos.*)

私の車はあなたの車より高いです。**Watashi no kuruma wa anata no kuruma yori takai desu.** (*Meu carro é mais caro do que o seu carro.*)

この店はあの店よりサービスがいいです。**Kono mise wa ano mise yori sābisu ga ii desu.** (*Esta loja tem um serviço melhor do que a outra loja.*)

FALANDO CORRETAMENTE

Para perguntar a um amigo ou a um vendedor *Qual é melhor*, lembre-se de que *qual* em japonês é **dore** ou **dochira** e de que você só usa **dochira** quando a pergunta é sobre dois itens. (Mostro como fazer uma pergunta sobre três ou mais itens na próxima seção.) Aqui estão os passos para estruturar uma pergunta de comparação de dois itens:

1. **Liste os dois itens sendo comparados no início da frase.**
2. **Adicione a partícula to (*e*) depois de cada item, apenas para fazê-los parecer uma lista.**
3. **Insira a palavra interrogativa dochira, seguida pela partícula que marca o sujeito, ga.**

CUIDADO

Você não pode usar a partícula de tópico **wa** depois de **dochira**. Na verdade, não pode usar **wa** depois de nenhuma palavra interrogativa. Então nesse caso sua escolha é limitada à **ga**.

4. Adicione o adjetivo com a partícula de pergunta ka.

Você se perdeu? Se sim, esses exemplos, com sorte, esclarecerão as coisas:

> これと，あれと，どちらがいいですか。**Kore to, are to, dochira ga ii desu ka.** (*Qual é melhor, este ou aquele?*)
>
> ジェシカと，私と，どちらが好きですか。**Jeshika to, watashi to, dochira ga suki desu ka.** (*De quem você gosta, da Jéssica ou de mim?*)
>
> お金と，名声と，どちらが大事ですか。**O-kane to, meisei to, dochira ga daiji desu ka.** (*O que é mais importante, dinheiro ou reputação?*)

Você pode responder a essas perguntas de comparação de alguns jeitos diferentes, mas há o mais fácil: apenas diga o item de sua escolha com o verbo **desu** (*ser/estar*). Por exemplo, se alguém lhe pergunta **Piza to, sushi to, dochira ga suki desu ka** (*De qual você gosta mais, pizza ou sushi?*), você pode responder com **Piza desu** (*Pizza*) ou **Sushi desu** (*Sushi*), dependendo de qual gostar mais.

Comparando três ou mais itens

FALANDO CORRETAMENTE

Para expressar *o melhor* ou *o mais* em japonês, use o advérbio **ichiban** (*o mais/o melhor*), que literalmente significa *número um*. Simplesmente coloque **ichiban** logo antes do adjetivo. Observe os exemplos a seguir e veja como é fácil formar frases *melhor* e *mais* em japonês:

> この車は一番大きいです。**Kono kuruma wa ichiban ōkii desu.** (*Este carro é o maior.*)
>
> この車は一番高級です。**Kono kuruma wa ichiban kōkyū desu.** (*Este carro é o mais luxuoso.*)
>
> トムは一番やさしいです。**Tomu wa ichiban yasashii desu.** (*Tom é o mais bondoso.*)

Se quiser especificar o domínio no qual um item é *o mais* ou *o melhor*, tal como "da sala", "do Brasil" ou "do mundo", insira um substantivo que especifique o domínio, junto à partícula **de**, logo antes de **ichiban**.

> この車はアメリカで一番大きいです。**Kono kuruma wa Amerika de ichiban ōkii desu.** (*Este carro é o maior da América.*)
>
> この車は世界で一番高級です。**Kono kuruma wa sekai de ichiban kōkyū desu.** (*Este carro é o mais luxuoso do mundo.*)
>
> トムはクラスで一番優しいです。**Tomu wa kurasu de ichiban yasashii desu.** (*Tom é o mais bondoso da sala.*)

FALANDO CORRETAMENTE

Para perguntar qual item é o melhor entre três ou mais, liste-os usando a partícula **to**; adicione as partículas **de** e **wa**; e use as palavras interrogativas **dare**, **doko** ou **dore**. Use **dare** para pessoas, **doko** para lugares e **dore** para outros itens, incluindo alimentos, carros, animais, plantas, jogos e assuntos acadêmicos. Todas as três palavras significam *qual*. (Como explico na seção anterior, você não pode usar **dochira** para significar *qual* nesse contexto, porque usa **dochira** apenas para fazer uma pergunta sobre dois itens.) Depois adicione **ichiban**. Observe:

> ベスと，メアリーと，ケンと，ジョンでは，だれが一番優しいですか。**Besu to, Mearī to, Ken to, Jon de wa, dare ga ichiban yasashii desu ka.** (Entre *Beth, Mary, Ken e John, quem é o mais bondoso?*)
>
> ボストンと，東京と，シカゴでは，どこが一番寒いですか。**Bosuton to, Tōkyō to, Shikago de wa, doko ga ichiban samui desu ka.** (Entre *Boston, Tóquio e Chicago, qual é a mais fria?*)
>
> ハンバーガーと，ホットドッグと，ピザでは，どれが一番好きですか。**Hanbāgā to, hotto doggu to, piza de wa, dore ga ichiban suki desu ka.** (Entre *hambúrgueres, cachorros-quentes e pizza, de qual você gosta mais?*)

Às vezes você quer especificar a categoria de itens entre os quais a comparação é feita, como *entre alimentos*, *entre os alunos da sala* ou *entre as cidades do país*. Se for assim, especifique a categoria no começo da pergunta e coloque as partículas **de** e **wa** logo depois. Lembre-se de que você tem que usar **nani** (*o que*), em vez de **dore** (*qual*). Então, se estiver especificando uma categoria, em vez de dando uma lista, use **dare** (*quem*) para pessoas, **doko** (*onde*) para locais, e **nani** (*o que*) para outros itens. Trocar **dore** e **nani** é um pouco difícil, não é? Você merece uma tabela para ajudá-lo a entender as coisas, então confira a Tabela 10-2.

TABELA 10-2 **Palavras Interrogativas para Várias Comparações**

Categoria	Entre Dois Itens	Entre Três ou Mais Itens	Entre uma Categoria de Itens
Pessoas	どちら dochira	だれ dare	だれ dare
Locais	どちら dochira	どこ doko	どこ doko
Outros itens	どちら dochira	どれ dore	何 nani

Observe algumas perguntas com "qual" a respeito de uma categoria de itens:

> このクラスではだれが一番やさしいですか。**Kono kurasu de wa dare ga ichiban yasashii desu ka.** (*Quem é o mais bondoso nesta sala?*)

日本の町ではどこが一番きれいですか。**Nihon no machi de wa doko ga ichiban kirei desu ka.** (*Entre cidades japonesas, qual é a mais bonita?*)

食べ物では何が一番好きですか。**Tabemono de wa nani ga ichiban suki desu ka.** (*De qual comida você gosta mais?* [Literalmente: *Entre alimentos, de qual você gosta mais?*])

A maneira mais simples de responder a essas perguntas é usar **desu**. Se alguém lhe pergunta **Amerika de wa doko ga ichiban samui desu ka.** (*Qual é o lugar mais frio da América?*), você pode responder dizendo **Arasuka desu!** (*Alaska!*)

Você Precisa Pagar para Brincar: Comprando Sua Mercadoria

No final de uma aventura de compras bem-sucedida, você pode ir para casa com todos os tipos de coisas novas. Mas primeiro tem que pagar por essas coisas. As seções a seguir revelam como discutir preços, declarar sua intenção de comprar algo e pagar por sua mercadoria.

Identificando preços

No Japão, barganhar não é uma prática comum, exceto em alguns lugares, como **Akihabara**, a famosa Cidade Eletrônica. Mas você precisa ter uma ideia de como falar sobre preços. Aqui está uma lista do vocabulário básico relacionado a preços:

- ちょっと高いです。**Chotto takai desu.** (*É um pouco caro.*)
- いくらですか。**Ikura desu ka.** (*Quanto é?*)
- まあまあ安いですね。**Māmā yasui desu ne.** (*É relativamente barato.*)

Afirmando que deseja comprar algo

Quando você está pronto para fazer uma compra, precisa ser capaz de dizer **kau** (*comprar*). Eis como conjugar esse verbo -**u** (lembre-se de tomar cuidado com o som de **w** que aparece na forma negativa):

Texto em Japonês	Rōmaji
買う	kau
買わない	kawanai
買い(ます)	kai (masu)

買って	katte

Quando decidir comprar algo em uma loja, mencione o item e diga **o kudasai** ou **o onegai shimasu**. **Kudasai** significa, literalmente, *dê/venda para mim*, enquanto **onegai shimasu** significa, literalmente, algo como *imploro/peço para você fazê-lo*. Assim, **onegai shimasu** pode ser usado em uma variedade de contextos para pedir a alguém para fazer alguma coisa — não é limitado a dar ou vender. Por outro lado, **kudasai** é mais direto; use-o quando quiser comprar alguma coisa, em oposição a **onegai shimasu**.

これを下さい。**Kore o kudasai.** (*Por favor, dê isso para mim.*)

あれをお願いします。**Are o onegaishimasu.** (*Aquele, por favor.*)

あの人形を下さい。**Ano ningyō o kudasai.** (*Levarei aquela boneca.*)

Pagando por sua compra

Independente de preferir pagar com **genkin** (*dinheiro*) ou **kurejitto kādo** (*cartão de crédito*), há chances de que precise das seguintes palavras e frases quando for pagar por suas compras:

- 円 **en** (*iene*)
- 硬貨 **kōka** (*moeda*)
- お札 **o-satsu** (*nota*)
- お返し **o-kaeshi** (*retorno*)
- お釣り **o-tsuri** (*troco*)
- レシート **reshīto** (*recibo*)
- 財布 **saifu** (*carteira*)
- 消費税 **shōhizei** (*imposto sobre vendas*)
- 消費税込みで **shōhizei-komi de** (*incluindo o imposto sobre vendas*)

Claro, você também precisa saber como dizer *pagar*: **harau**. A seguir está a conjugação deste verbo -**u**. Tome cuidado com o som de **w** que aparece na forma negativa.

Texto em Japonês	Rōmaji
払う	harau
払わない	harawanai

払い(ます)	harai (masu)
払って	haratte

Tendo uma Conversa

TOQUE AGORA

Michiko está pagando por um par de tênis e uma raquete em uma loja de artigos esportivos. (Faixa 24)

Michiko: **Kore to kore o kudasai.**
Quero isso e isso, por favor.

Vendedor: **Hai. Shōhizei-komi de – 3,225-en de gozaimasu.**
Claro. Incluindo o imposto sobre as vendas — 3.225 ienes.

Michiko: **Jā, 4,000-en kara onegai shimasu.**
Então, por favor, pegue de 4.000 ienes.

Vendedor: **Hai. Dewa, 775-en no o-kaeshi de gozaimasu. Reshīto wa kochira de gozaimasu. Dōmo arigatō gozaimashita.**
Claro. Seu troco são 775 ienes. Aqui está o recibo. Muito obrigado.

Palavras a Saber

o kudasai	por favor, me dê
shōhizei-komi de	incluindo o imposto sobre as vendas
4,000-en kara	de 4.000 ienes
o-tsuri	troco
reshīto	recibo

Diversão & Jogos

Combine as seguintes ilustrações com as palavras para os respectivos itens. A solução está no Apêndice D.

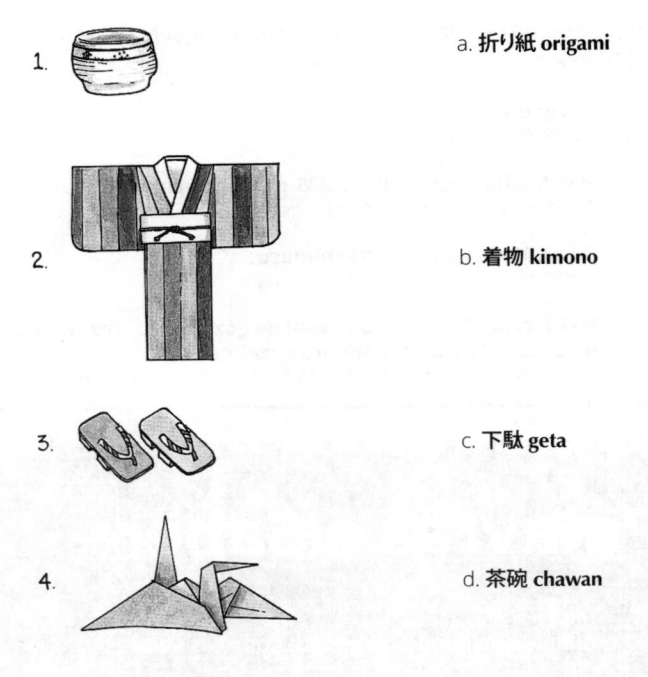

1. 

2. 

3. 

4. 

a. 折り紙 **origami**

b. 着物 **kimono**

c. 下駄 **geta**

d. 茶碗 **chawan**

Ilustração por Elizabeth Kurtzman

NESTE CAPÍTULO

» **Procurando opções de entretenimento**

» **Contando sua saída recente**

» **Fazendo planos com amigos**

Capítulo 11

Saindo na Cidade

Aposto que sua **machi** (*cidade*) é cheia de grandes oportunidades para diversão. Leia o **shinbun** (*jornal*), pegue algumas **zasshi** (*revistas*) ou navegue na **intānetto** (*internet*) para descobrir o que está acontecendo. Talvez o museu local esteja hospedando uma exposição, ou um filme novo que você está louco para ver esteja passando no cinema. Talvez queira ir a um clube ou testar suas habilidades no karaokê. Vamos lá; levante-se do sofá, convide seus amigos a juntar-se a você em suas aventuras e então vá se divertir!

Conferindo Atividades de Entretenimento

Escolha seu tipo preferido de entretenimento. Você quer dançar, cantar, jogar ou beber? Não precisa se limitar aqui. Pode fazer todos os quatro ao mesmo tempo! Você também pode visitar uma galeria ou ir a um show. As seções seguintes dão as palavras e frases que precisa saber quando for participar de uma variedade de atividades divertidas enquanto estiver saindo pela cidade.

Consumindo cultura em museus e galerias

Se seu cotidiano é cheio de problemas e dores de cabeça, seu coração merece ser purificado, nutrido e rejuvenescido com um pouco de cultura. Por que não conferir um desses lugares?

- 美術館 **bijutsukan** (*museus de arte*)
- 画廊 **garō** (*galerias de arte*)
- 博物館 **hakubutsukan** (*museus*)
- 図書館 **toshokan** (*bibliotecas*)

Claro, você precisa estar ciente de quando essas instituições abrem e fecham, se for visitá-las. Conjugue os verbos -**u aku** (*abrir*) e **shimaru** (*fechar*).

Texto em Japonês	Rōmaji
開く	aku
開かない	akanai
開き(ます)	aki (masu)
開いて	aite

Texto em Japonês	Rōmaji
閉まる	shimaru
閉まらない	shimaranai
閉まり(ます)	shimari (masu)
閉まって	shimatte

Agora que sabe como falar esses verbos em japonês, observe estes exemplos de perguntas úteis que talvez queira fazer:

博物館は何時に開きますか。**Hakubutsukan wa nan-ji ni akimasu ka.** (*A que horas o museu abre?*)

何時に閉まりますか。**Nan-ji ni shimarimasu ka.** (*A que horas fecha?*)

日曜日はお休みですか。**Nichiyōbi wa oyasumi desu ka.** (*Fica fechado aos domingos?*)

Indo ao teatro

Visitar teatros lhe faz realmente sentir a paixão dos artistas. E quase todo mundo gosta de ir ao cinema. As palavras e frases a seguir são úteis quando você for ao teatro ver uma performance ou assistir a um filme:

» バレー **barē** (*balé*)

» チケット **chiketto** (*ingresso*)

» 映画 **eiga** (*filme*)

» 映画館 **eigakan** (*cinema*)

» 劇場 **gekijō** (*teatro*)

» インターミッション **intāmisshon** (*intervalo*)

» コンサート **konsāto** (*show*)

» ミュージカル **myūjikaru** (*musical*)

» 芝居 **shibai** (*peça*)

Eis alguns exemplos de frases que o ajudam a pedir por vários tipos de ingressos em shows e cinemas:

シニア一人お願いします。**Shinia hitori onegaishimasu.** (*Um de idoso, por favor.*)

一万円の席をお願いします。**Ichiman-en no seki o onegaishimasu.** (*Um lugar de 10.000 ienes, por favor.*)

大人二人お願いします。**Otona futari onegaishimasu.** (*Dois adultos, por favor.*)

大人二人と子ども一人お願いします。**Otona futari to kodomo hitori onegaishimasu.** (*Dois adultos e uma criança, por favor.*)

CONHECENDO A CULTURA

KABUKI

歌舞伎 **Kabuki**, que começou no século XVII, é um dos tipos mais populares de teatro tradicional no Japão. Toda a ação acontece em um palco dinâmico que gira.

Os atores (todos homens, até em papéis femininos) usam maquiagem pesada e fantasias coloridas espetaculares. Observe como movem o pescoço e os dedos, e como andam e se sentam. É incrível.

O Teatro Kabukiza, em Tóquio, é mundialmente famoso. Tem grandes restaurantes, onde você pode jantar rapidamente durante o intervalo. Ele também aluga fones de ouvido para ouvir comentários e explicações em inglês sobre o enredo da peça, a música e os atores.

Outras artes do teatro tradicional japonês incluem 能 **Nō** (*Noh*), um teatro musical desenvolvido no século XIV em que os atores usam máscaras, e 文楽 **bunraku** (*bunraku*), um teatro de bonecos desenvolvido no século XVII.

LEMBRE-SE

Use o contador **-mai** para contar ingressos, porque ingressos normalmente são de papel. (Veja o Capítulo 3 para uma discussão sobre contadores.)

Bebendo e dançando em bares e clubes

Tomar um drink em casa é normalmente muito mais barato do que ir a um **bā** (*bar*), **izakaya** (*bar casual no estilo japonês*) ou **kurabu** (*clube noturno*), mas onde está a diversão nisso?

Todos os bares e clubes no Japão servem **o-sake**, que significa tanto *vinho de arroz japonês* quanto *bebidas alcoólicas* em geral. Se gosta de cerveja, experimente algumas marcas japonesas de cerveja, como **Asahi**, **Kirin** ou **Sapporo**. Essas cervejas são vendidas em muitos países por todo o mundo, incluindo Estados Unidos e Canadá. Agora caminhe até o bar e peça sua **o-sake** favorita:

- 熱燗 **atsukan** (*saquê quente*)
- ビール **bīru** (*cerveja*)
- ブランデー **burandē** (*conhaque*)
- チューハイ **chūhai** (*shōchū* e *tônica*)
- ジン **jin** (*gim*)
- カクテル **kakuteru** (*coquetel*)
- 水割り **mizuwari** (*uísque e água*)
- オンザロック **onzarokku** (*uísque com gelo*)

» ラム酒 **ramushu** (*rum*)
» 冷酒 **reishu** (*saquê gelado*)
» 焼酎 **shōchū** (*um licor japonês parecido com vodka*)
» ストレート **sutorēto** (*uísque puro*)
» ウイスキー **uisukī** (*uísque*)
» ウオッカ **uokka** (*vodka*)
» ワイン **wain** (*vinho*)

Os jovens no Japão amam dançar a noite inteira em um lugar referido como **kurabu**. A música popular no **kurabu** inclui **tekuno** (*techno*), **hippu-hoppu** (*hip-hop*), **hausu** (*house*) e **jēpoppu** (*J-pop [música pop japonesa]*).

As meninas se vestem de forma atraente, e os meninos tentam parecer descolados. Você pode encontrar muitos **kurabu** em cidades maiores, como Tóquio, Osaka e Nagoya. Cada vez mais jovens japoneses fazem street dance, mas a dança de salão também é popular, especialmente entre pessoas de meia-idade. (Você pode querer assistir ao famoso filme japonês de 1996 *Dança Comigo?*, estrelado por Koji Yakusho. O filme norte-americano de 2004, *Dança Comigo*, estrelado por Richard Gere, é um remake desse filme japonês.) Agora dance com entusiasmo e conjugue o verbo **-u odoru** (*dançar*)!

Texto em Japonês	Rōmaji
踊る	odoru
踊らない	odoranai
踊り(ます)	odori (masu)
踊って	odotte

Tendo uma Conversa

TOQUE AGORA

Makoto Tanaka entra em um **izakaya** — um bar casual com comida caseira — depois do trabalho. (Faixa 25)

Cozinheiro: **Irasshai! O-hitori?**
Bem-vindo! Só você?

Makoto: **Sō.**
Certo.

Cozinheiro: **Jā, koko dōzo. Nani nomu.**
Então, por favor, sente-se aqui. O que você vai beber?

Makoto: **Bīru.**
Cerveja.

Cozinheiro: **Hai yo.**
Certo.

Makoto olha para o menu na parede, pensando no que pedir.

Makoto: **Kyō wa nani ga oishii.**
O que está bom hoje?

Cozinheiro: **Kyō wa aji ga oishii yo.**
O carapau está delicioso hoje.

Makoto: **Jā, sore.**
Então vou querer isso.

Cozinheiro: **Hai yo.**
Claro.

Palavras a Saber

Irasshai!	Bem-vindo!
nomu	beber
bīru	cerveja
oishii	delicioso
aji	carapau

Cantando em karaokês

Karaokê é uma abreviação de **kara ōkesutora**, que significa *orquestra vazia*. Então, pense em um karaokê como uma orquestra procurando um cantor.

O karaokê começou no Japão há cerca de 30 anos como uma forma de entretenimento depois do trabalho para executivos japoneses. O karaokê era visto como uma ótima maneira de liberar o estresse diário relacionado ao trabalho. Hoje, o karaokê é popular entre todo mundo — homens e mulheres, jovens e velhos. É um entretenimento artístico, inteligente, acessível e saudável.

JANTANDO EM IZAKAYA

CONHECENDO A CULTURA

Beber é quase obrigatório para empresários japoneses. Parte de seu trabalho envolve entreter seus clientes em bares e clubes noturnos. Mas nem todo tráfego de bar é relacionado ao trabalho. Tanto homens quanto mulheres japonesas bebem com seus amigos e colegas em 居酒屋 **izakaya** (*bares casuais no estilo japonês*). É algo como o equivalente japonês ao pub inglês. No **izakaya**, você não ouve muitas frases honoríficas e prolixas. Os garçons e garçonetes o tratam como se fosse um membro da família. Sentar-se no balcão é definitivamente divertido. Você pode ver os chefes cozinhando e conversar com eles. Confie em mim — aprecie vários aperitivos. Você sempre pode dividir pratos com seus amigos na mesa. Coma algumas dessas comidas no **izakaya**:

- 冷やっこ **hiyayakko** (*tofu resfriado com molho e temperos*)
- 牡蠣フライ **kaki furai** (*ostras fritas*)
- 肉じゃが **nikujaga** (*carne com batatas*)
- おでん **oden** (*ensopado com bolinhos de peixe, rabanete daikon etc., em uma sopa dashi*)
- 酢のもの **sunomono** (*comida avinagrada*)
- 焼き魚 **yakizakana** (*peixe grelhado*)

Os bares de karaokê espalharam-se pelo mundo, mas atualmente as salas de karaokê são mais populares no Japão. Uma *sala de karaokê* é uma sala individual isolada com um sofá, uma mesinha de centro e um conjunto de karaokê. Você a aluga apenas por algumas horas com seus amigos. Não é cara e é aberta para todas as idades, incluindo menores. Se quiser aproveitar um karaokê, certifique-se de conhecer estas palavras e frases:

- 画面 **gamen** (*monitor*)
- 歌詞 **kashi** (*letras*)
- カラオケ **karaoke** (*karaokê*)
- 曲 **kyoku** (*peças musicais*)
- マイク **maiku** (*microfone*)
- 音痴 **onchi** (*desafinado*)
- 歌 **uta** (*música*)

Por último, mas certamente não menos importante, certifique-se de saber como dizer **utau** (*cantar*). Eis como conjugar esse verbo -**u**.

Texto em Japonês	Rōmaji
歌う	utau
歌わない	utawanai
歌い（ます）	utai (masu)
歌って	utatte

Falando sobre Entretenimento

Se seus amigos ou colegas de trabalho descobrirem que visitou a última exposição do museu ou foi ao novo bar da cidade, há chances de perguntarem o que você achou. A seguir estão algumas frases simples que pode usar para descrever o que pensou de sua experiência de entretenimento. Note que todas as frases estão no tempo passado e no estilo de discurso informal. (Para informações detalhadas sobre tempos e a diferença entre o estilo informal de discurso e o estilo polido/neutro, veja o Capítulo 3.)

- きれいだった。**Kirei datta.** (*Foi lindo.*)
- ひどかった。**Hidokatta.** (*Foi terrível.*)
- 感動した。**Kandō shita.** (*Fiquei emocionado.*)
- 混んでいた。**Konde ita.** (*Estava lotado.*)
- 美味しかった。**Oishikatta.** (*Foi delicioso.*)
- 面白かった。**Omoshirokatta.** (*Foi interessante.*)
- 素晴らしかった。**Subarashikatta.** (*Foi maravilhoso.*)
- 高かった。**Takakatta.** (*Foi caro.*)
- 楽しかった。**Tanoshikatta.** (*Foi divertido.*)
- 安かった。**Yasukatta.** (*Foi barato.*)
- よかった。**Yokatta.** (*Foi bom.*)

Para fazer as expressões anteriores soarem polidas, faça o seguinte:

- Para adjetivos tipo -**i** terminando em **katta**, apenas adicione **desu**. Então, em vez de dizer **Omoshirokatta**, diga **Omoshirokatta desu**.
- Para adjetivos tipo -**na** terminando em **datta**, simplesmente troque **datta** por **deshita**. Então, em vez de dizer **Kirei datta**, diga **Kirei deshita**.

- Para os verbos, você precisa trocar o final **ta** por **mashita**. Por exemplo, em vez de dizer **Kandō shita** e **Konde ita**, diga **Kandō shimashita** e **Konde imashita**, respectivamente.
- Para verbos -**u**, recorra à tabela de conjugação do Capítulo 3 para saber precisamente como fazer mudanças adicionais.

Fazendo Seus Amigos Saírem com Você

Como sair da cidade é muitas vezes mais divertido quando você está com outras pessoas, por que não convidar sua paixão, colega de sala ou de trabalho para juntar-se a você? Comece descobrindo como conjugar o verbo -**u sasou** (*convidar*).

Texto em Japonês	Rōmaji
誘う	sasou
誘わない	sasowanai
誘い(ます)	sasoi (masu)
誘って	sasotte

As seções seguintes o ajudam a ser ainda mais socialmente ativo com seu japonês.

Fazendo uma sugestão com "Por que nós não...?"

FALANDO CORRETAMENTE

Se quiser ir a algum lugar com um amigo, faça uma sugestão dizendo *Por que não vamos lá? Que tal irmos lá?* ou *Você gostaria de ir lá?* A maneira mais fácil, natural e menos agressiva de fazer uma sugestão em japonês é com uma pergunta que termina em **-masen ka**. **-masen ka** é o final polido negativo **-masen** mais a partícula interrogativa **ka**. Por que negativo? Em português, você diz coisas como *Por que não vamos ao bar hoje à noite?* Isso também é negativo, então é justo.

Certifique-se de que o verbo antes de **-masen ka** esteja na forma radical, como em **Ikimasen ka.** (*Por que não vamos lá?*) A parte **iki** é a forma radical do verbo **iku** (*ir*). Se quiser fazer alguma coisa, use outros verbos, como **suru** (*fazer*), **utau** (*cantar*) e **taberu** (*comer*). Confira estes exemplos:

映画館に行きませんか。**Eigakan ni ikimasen ka.** (*Por que não vamos a um cinema?*)

田中さんと山田さんを誘いませんか。**Tanaka-san to Yamada-san o sasoimasen ka.** (*Que tal convidar o Sr. Tanaka e o Sr. Yamada?*)

いつかいっしょにテニスをしませんか。**Itsuka isshoni tenisu o shimasen ka.** (*Por que não jogamos tênis juntos um dia?*)

今度いっしょに歌いませんか。**Kondo isshoni utaimasen ka.** (*Que tal cantarmos juntos da próxima vez?*)

今度いっしょにロブスターを食べませんか。**Kondo isshoni robusutā o tabemasen ka.** (*Que tal comermos lagosta juntos da próxima vez?*)

Dizendo "Vamos!" e "Vamos?"

Em português, você pode convidar entusiasmadamente seus amigos para uma atividade dizendo *Vamos lá* ou *Vamos*. Como se diz *Vamos* em japonês? É fácil: pegue um verbo na forma de radical e adicione o final **-mashō**, como em **ikimashō** (*vamos*), **shimashō** (*vamos fazer isso*), **utaimashō** (*vamos cantar*) e **tabemashō** (*vamos comer*). Confira os exemplos a seguir:

いっしょに歌いましょう。**Isshoni utaimashō.** (*Vamos cantar juntos.*)

今晩いっしょに飲みましょう。**Konban isshoni nomimashō.** (*Vamos beber juntos esta noite.*)

今度いっしょに映画を見ましょう。**Kondo isshoni eiga o mimashō.** (*Vamos ver um filme juntos da próxima vez.*)

Se fizer uma pergunta usando **-mashō**, ela significa *Vamos?* Por exemplo:

チェスをしましょうか。**Chesu o shimashō ka.** (*Vamos jogar xadrez?*)

カントリーガーデンに行きましょうか。**Kantorī Gāden ni ikimashō ka.** (*Vamos ao Country Garden?*)

DICA

-mashō ka também significa *Eu devo?*, então é útil quando quer dizer algo como *Eu deveria levar alguma coisa?* e *Eu deveria ajudá-lo?* Normalmente, o sujeito é oculto, mas o contexto esclarece se **-mashō ka** significa *Vamos?* ou *Eu devo?* No entanto, você pode adicionar **watashi ga** se quiser deixar claro que é a única pessoa realizando a ação:

手伝いましょうか。**Tetsudaimashō ka.** (*Devo ajudá-lo?*)

私が予約しましょうか。**Watashi ga yoyaku shimashō ka.** (*Devo fazer uma reserva?*)

Tendo uma Conversa

TOQUE AGORA

Allison pergunta à sua colega Yukiko se quer ir à sala de karaokê depois do trabalho. (Faixa 26)

Allison: **Konban hima desu ka.**
Você está livre hoje à noite?

Yukiko: **Ē.**
Sim.

Allison: **Karaoke bokkusu ni ikimasen ka.**
Que tal ir à sala de karaokê?

Yukiko: **Ii desu ne. Ikimashō.**
Parece bom. Vamos lá.

Allison: **Jēson to Ken mo sasoimasen ka.**
Que tal convidar Jason e Ken também?

Yukiko: **Ii desu yo.**
Por mim tudo bem.

Allison: **Jā, roku-ji ni Karaoke Sebun de.**
Então, às 6h no Karaoke Seven.

Yukiko: **Ē. Jā, mata.**
Claro. Até mais tarde.

Palavras a Saber

konban	hoje à noite
hima	livre (não ocupado)
Ii desu ne.	Parece bom.
sasou	convidar
sebun	Seven (palavra em inglês)
Ii desu yo.	Tudo bem (por mim).

Convidando Amigos para Sua Casa e Pedindo que Levem Algo

Às vezes você não está com vontade de sair, mas também não quer ficar sozinho. Nessas ocasiões, considere convidar seus amigos à sua casa. Use o verbo irregular **kuru** (*vir*) quando os chamar. Mas antes de convidar qualquer um, pratique conjugar **kuru**.

Texto em Japonês	Rōmaji
来る	kuru
来ない	konai
来(ます)	ki (masu)
来て	kite

Agora você está pronto para convidar seus amigos:

うちに来ませんか。**Uchi ni kimasen ka.** (*Você gostaria de vir à minha casa?*)

あした私のアパートに来ませんか。**Ashita watashi no apāto ni kimasen ka.** (*Você gostaria de vir ao meu apartamento amanhã?*)

Se você é quem for convidado, pergunte a seu amigo o que levar. Os anfitriões japoneses tendem a falar para seus convidados não levarem nada, mas vá em frente e leve alguma coisa de qualquer jeito.

FALANDO CORRETAMENTE

Para dizer *levar alguma coisa*, use **motte**, que é o verbo **motsu** (*segurar*) na forma **-te**, e adicione o verbo **iku** (*ir*) ou **kuru** (*vir*). Parece complexo, certo? Concordo com você. A ideia é que levar alguma coisa é equivalente a ir/vir a algum lugar enquanto segura essa coisa. Claro, você também pode entender isso como uma unidade, a saber, **mottekuru** e **motteiku**. Confira estes exemplos:

私はビールを持って行きました。**Watashi wa bīru o motte ikimashita.** (*Eu trouxe cerveja.*)

田中さんはビールを持って来ました。**Tanaka-san wa bīru o motte kimashita.** (*Sr. Tanaka trouxe cerveja.*)

Para falar sobre levar um animal de estimação ou um amigo a algum lugar, use **tsurete**, em vez de **motte**. **Tsurette** é a forma -**te** do verbo **tsureru** (*levar*); veja o Capítulo 3 para saber mais sobre a forma -**te**.

私は友達を連れて行きました。**Watashi wa tomodachi o tsurete ikimashita.** (*Eu trouxe meu amigo.*)

田中さんは友達を連れて来ました。**Tanaka-san wa tomodachi o tsurete kimashita.** (*Sr. Tanaka trouxe seu amigo.*)

FALANDO CORRETAMENTE

Para dizer *algo*, *alguém*, *algum lugar* e assim por diante, combine uma palavra interrogativa e a partícula **ka**. As partículas **ga** e **o** são normalmente retiradas depois dessas palavras, mas outros tipos de partículas podem aparecer depois delas. Por exemplo:

あそこに何かありますよ。**Asoko ni nanika arimasu yo.** (*Há algo ali.*)

何か持って行きましょうか。**Nanika motte ikimashō ka.** (*Devo levar alguma coisa?*)

誰か来ましたか。**Dareka kimashita ka.** (*Alguém veio?*)

どこかに行きませんか。**Dokoka ni ikimasen ka.** (*Vamos a algum lugar?*)

いつかいっしょに飲みましょう。**Itsuka isshoni nomimashō.** (*Vamos beber juntos algum dia.*)

Para dizer *nada*, *ninguém*, *lugar nenhum* e assim por diante, use uma palavra interrogativa e a partícula **mo**, mas certifique-se de estar com o verbo na forma negativa. As partículas **ga** e **o** não devem ocorrer neste contexto, mas outros tipos de partículas precisam ocorrer logo antes de **mo**. Por exemplo:

何も食べませんでした。**Nani mo tabemasen deshita.** (*Não comi nada.*)

何も持って来ないでください。**Nani mo motte konaide kudasai.** (*Por favor, não traga nada.*)

誰も来ません。**Dare mo kimasen.** (*Ninguém virá.*)

昨日はどこにも行きませんでした。**Kinō wa doko ni mo ikimasen deshita.** (*Não fui a lugar nenhum ontem.*)

Veja o Capítulo 3 para uma lista de palavras e partículas interrogativas, assim como as formas negativas dos verbos.

Tendo uma Conversa

TOQUE AGORA

A Sra. Mori convida George para sua casa. (Faixa 27)

Sra. Mori: **Kondo no nichiyōbi, uchi ni kimasen ka.**
Você gostaria de vir à minha casa neste domingo?

George: **Ā, dōmo. Yorokonde.**
Ah, obrigado. Eu ficaria encantado. (Literalmente: *Encantadamente.*)

Sra. Mori: **Isshoni bābekyū o shimashō.**
Vamos fazer um churrasco juntos.

George: **Ā, ii desu ne.**
Isso parece ótimo.

Nanika motteikimashō ka.
Devo levar alguma coisa?

Sra. Mori: **Īe, ii desu. Nani mo motte konaide kudasai.**
Não, obrigada. Por favor, não traga nada.

Palavras a Saber

kondo no nichiyōbi	neste domingo
yorokonde	encantadamente
isshoni	juntos
bābekyū	churrasco
nanika	alguma coisa

Diversão & Jogos

No caça-palavras a seguir, tente encontrar essas palavras em japonês: *galeria, museu de arte, cinema, biblioteca, museu, izakaya bar, teatro*. A solução está no Apêndice D.

ā	w	u	r	y	z	i	d	f	b	f	ō
g	e	k	i	j	ō	z	p	d	i	h	t
a	b	t	h	ī	e	a	a	k	j	p	r
r	h	o	k	o	s	k	z	k	u	r	h
ō	i	s	ī	ō	t	a	ā	h	t	k	e
ū	o	h	b	w	ā	y	ē	f	s	h	ō
k	ā	o	k	m	t	a	z	ē	u	t	u
h	a	k	u	b	u	t	s	u	k	a	n
ē	y	a	n	j	t	z	ā	u	a	u	ī
n	f	n	e	i	g	a	k	a	n	o	ō

NESTE CAPÍTULO

» Procurando um trabalho

» Lidando com o vocabulário do escritório

» Termos e etiqueta de chamadas no telefone

» Entendendo a linguagem dos computadores

» Fazendo uma reunião

Capítulo 12

Cuidando dos Negócios e das Telecomunicações

Esteja você procurando um emprego no Japão ou se simplesmente tiver colegas japoneses, saber a terminologia básica relacionada a escritórios é útil. Considere este capítulo seu guia de bolso para todas as coisas relacionadas ao estilo japonês de fazer negócios e de comunicação.

Embarcando na Grande Caça a um Emprego

Você já teve o sonho de trabalhar no Japão, talvez como professor de português, engenheiro, empresário, ilustrador ou cantor? Se sim, a primeira coisa que precisa fazer é enviar seu **rirekisho** (*currículo*) com seu **gakureki** (*histórico escolar*) e **shokureki** (*histórico de trabalho*) completos, na esperança de assegurar uma **mensetsu** (*entrevista*).

As seções a seguir oferecem vocabulário essencial para ajudá-lo a falar sobre os deveres e as condições de um **shigoto** (*trabalho*) específico durante uma **mensetsu.**

Esclarecendo seus deveres

Quando estiver procurando um emprego novo, falar sobre deveres, responsabilidades e obrigações associados à posição é sempre uma boa ideia. Você pode começar a descobrir seus deveres na função conjugando o verbo -**u hataraku** (*trabalhar*):

Texto em Japonês	Rōmaji
働く	hataraku
働かない	hatarakanai
働き (ます)	hataraki (masu)
働いて	hataraite

A seguir estão algumas perguntas que pode fazer para aprender mais sobre as responsabilidades do trabalho ao qual está se candidatando:

- 私の役割は何ですか。**Watashi no yakuwari wa nan desu ka.** (*Qual é a minha responsabilidade?*)
- 土曜日も働かなくてはいけませんか。**Doyōbi mo hatarakanakute wa ikemasen ka.** (*Tenho que trabalhar também aos sábados?*)

FALANDO CORRETAMENTE

Quando discutir obrigações e precisar usar a frase *Tenho que* ou *Devo*, retire o **i** final da forma negativa do verbo (veja o Capítulo 3) e adicione **-kute wa ikemasen**. Por exemplo, a forma negativa de **taberu** (*comer*) é **tabenai**. Retirando o **i** de **tabenai** e adicionando **-kute wa ikemasen**, você obtém **tabenakute wa ikemasen**, que significa *Tenho que comer*. É longo, admito, mas é a maneira mais fácil de expressar *ter que* ou *dever* em japonês. Em um contexto informal, você pode usar **-kute wa ikenai**, em vez de **-kute wa ikemasen**. Observe estes exemplos:

８時間働かなくてはいけません。**8-jikan hatarakanakute wa ikemasen**. (*Tenho que trabalhar por oito horas.*)

健康保険がなくてはいけません。**Kenkō hoken ga nakute wa ikemasen.** (*Tenho que ter seguro-saúde.*)

今日は残業をしなくてはいけないんです。**Kyōwa zangyō o shinakute wa ike-nai-n-desu.** (*Tenho que fazer hora extra hoje.*)

もう帰らなくてはいけませんか。**Mō kaeranakute wa ikemasen ka.** (*Você já tem que ir para casa?*)

LEMBRE-SE

Você pode expressar uma tonelada de atividades que precisa fazer no seu local de trabalho usando o verbo **suru** (*fazer*). (Vá ao Capítulo 13 para uma discussão detalhada sobre os usos do **suru**.) Aqui estão algumas frases **suru** que podem surgir no seu local de trabalho:

- チェックする **chekku suru** (*verificar*)
- ファックスする **fakkusu suru** (*enviar um fax*)
- 配達する **haitatsu suru** (*entregar*)
- 確認する **kakunin suru** (*confirmar*)
- 計算する **keisan suru** (*calcular*)
- コピーする **kopī suru** (*fazer cópias*)

INDO A FESTAS COMO PARTE DE SEU TRABALHO

CONHECENDO A CULTURA

Para ajudar os empregados a se enturmarem uns com os outros, os empregadores organizam algumas festas sazonais ou ocasionais. Os empregados não são formalmente obrigados a ir, mas são meio que obrigados a estar presentes. Os seguintes tipos de festas são muito comuns:

- 忘年会 **bōnenkai** (*festa de fim de ano, traduzido literalmente como "festa de esquecer o ano"*)
- 新年会 **shinnenkai** (*festa de Ano-novo*)
- 歓迎会 **kangeikai** (*festa de boas-vindas para novos colegas*)
- 送別会 **sōbetsukai** (*festa de despedida para colegas que estão se aposentando, se demitindo ou se mudando para outra seção*)

- メールする **mēru suru** (*enviar um e-mail*)
- 掃除する **sōji suru** (*limpar*)
- 添付する **tenpu suru** (*anexar*)
- 郵送する **yūsō suru** (*remeter*)

Discutindo os benefícios de um emprego

Uma entrevista é sua oportunidade de descobrir tudo sobre os benefícios oferecidos em um **shokuba** (*local de trabalho*). Certifique-se de conhecer as seguintes palavras e frases antes de sua entrevista, para que participe de forma inteligente de uma discussão de benefícios:

- 健康保険 **kenkō hoken** (*plano de saúde*)
- 交通費 **kōtsūhi** (*subsídio para viagens*)
- 給料 **kyūryō** (*salário*)
- 有給休暇 **yūkyūkyūka** (*férias pagas*)
- 残業手当 **zangyō teate** (*pagamento de horas extras*)

Negocie com o empregador para que trabalhe confortavelmente no novo local de trabalho. Se alguma coisa for difícil para você, explique as razões, para que entendam sua situação.

FALANDO CORRETAMENTE

Para declarar uma razão, diga-a em uma frase e adicione **kara** (*porque*) em seguida. Você também pode adicionar **desu** depois de **kara** para significar *É porque tal e tal*. Aqui estão alguns exemplos:

大学で経済学を専攻したからです。**Daigaku de keizaigaku o senkō shita kara desu.** (*É porque me formei em economia na faculdade.*)

英語を使う仕事に興味があるからです。**Eigo o tsukau shigoto ni kyōmi ga aru kara desu.** (*É porque estou interessado em trabalhos em que eu possa usar o inglês.*)

Tendo uma Conversa

TOQUE AGORA

Takeshi Sakai está procurando desesperadamente por um emprego. Ele está no meio de sua 19ª entrevista este mês. (Faixa 28)

Entrevistador: **Kyūryō wa amari takaku arimasen yo.**
Não podemos pagar-lhe bem, tudo bem?

Takeshi: **Ii desu.**
Tudo bem.

Entrevistador: **Zangyō mo tokidoki arimasu yo.**
Você terá que fazer hora extra às vezes.

Takeshi: **Daijōbu desu.**
Tudo bem.

Entrevistador: **Kenkō hoken wa arimasen yo.**
E você não terá plano de saúde.

Takeshi: **Kodomo ga 3-nin imasu kara, sore wa chotto komarimasu.**
Isso é um problema, porque tenho três filhos.

Entrevistador: **Ā, sō desu ka. Sore wa komarimasu ne.**
Ah, é mesmo. Isso será um problema.

Palavras a Saber

kyūryō	salário
zangyō	fazer hora extra
tokidoki	às vezes
daijōbu (na)	certo, tudo bem
kenkō hoken	plano de saúde
kodomo	filho
komaru	ser um problema

DIRIGINDO-SE A SUPERIORES E SUBORDINADOS

O Japão é muito moderno, mas uma sombra de feudalismo ainda cai sobre os locais de trabalho. O caso em questão: os subordinados nunca se dirigem a seus superiores por seus nomes. Se você trabalha no Japão, dirija-se a seus superiores usando seus títulos e sobrenomes. Assim, se seu superior for o presidente da empresa e seu sobrenome, Smith, chame-o de スミス社長 **Sumisu-shachō**, ou simplesmente de 社長 **shāchō**.

Alguns títulos que as empresas japonesas usam são os seguintes:

- 部長 **buchō** *(chefe de departamento)*
- 副社長 **fukushachō** *(vice-presidente da empresa)*
- 課長 **kachō** *(chefe de seção)*
- 係長 **kakarichō** *(chefe de subseção)*
- 社長 **shachō** *(presidente da empresa)*

Dirija-se a seus subordinados por seus sobrenomes mais **-san** ou **-kun**. Em um contexto de negócios, tanto **-san** quanto **-kun** são usados para mulheres e homens. Então, se o Sr. Smith é seu assistente, chame-o de **Sumisu-san** ou **Sumisu-kun**.

Fazendo Seu Ambiente de Trabalho Funcionar

Se você é um empregado de horário integral, provavelmente passa cerca de um terço do seu tempo toda semana no escritório. Se passará tanto tempo no trabalho, é melhor conhecer os termos básicos de equipamentos, móveis e materiais de escritório, bem como a forma de circular pelo prédio.

Conferindo os materiais

Muitos locais de trabalho alojam vários equipamentos e móveis de escritório. Confira se vê esses itens em seu local de trabalho:

» 電話 **denwa** (*telefone*)

» デスクライト **desuku raito** ou デスクランプ **desuku ranpu** (*lâmpada de mesa*)

» ゴミ箱 **gomibako** (*lixeira*)

- 本棚 **hondana** (*prateleira*)
- 椅子 **isu** (*cadeira*)
- カレンダー **karendā** (*calendário*)
- コピー機 **kopīki** (*copiadora*)
- ノートＰＣ **nōto PC** (*computador portátil*)
- パソコン **pasokon** (*computador pessoal*)
- プリンター **purintā** (*impressora*)
- タブレット **taburetto** (*tablet*)
- 机 **tsukue** (*mesa*)

Olhe dentro das gavetas de sua mesa para ver se tem esses suprimentos de escritório:

- ボールペン **bōrupen** (*caneta esferográfica*)
- 鉛筆 **enpitsu** (*lápis*)
- 封筒 **fūtō** (*envelope*)
- ホッチキス **hotchikisu** (*grampeador*)
- 消しゴム **keshigomu** (*borracha*)
- 糊 **nori** (*cola*)
- ノート **nōto** (*caderno*)
- シャーペン **shāpen** (*lapiseira*)
- 手帳 **techō** (*agenda*)
- セロテープ **serotēpu** (*fita adesiva*)

LEMBRE-SE

Se não encontrar uma caneta, borracha ou grampeador, peça a um colega. Ele provavelmente terá um para você usar. Comece mencionando o item que precisa pedir emprestado e inclua a partícula de tópico **wa**. Então use o verbo **aru** (*existir*) para perguntar *Você tem?* (Usar o verbo *existir* parece estranho nesse caso, não parece? Para ver mais exemplos desse uso incomum do verbo **aru**, vá ao Capítulo 7.) Adicione o sufixo polido **-masu** à forma de radical de **aru**, como em **arimasu**, e transforme a frase em uma pergunta com a partícula interrogativa **ka**, como em **arimasu ka**. Agora já pode começar a importunar seus colegas:

ホッチキスはありますか。**Hotchikisu wa arimasu ka.** (*Você tem um grampeador?*)

消しゴムはありますか。**Keshigomu wa arimasu ka.** (*Você tem uma borracha?*)

Passeando pelo resto do prédio

Embora talvez esteja na mesma sala todos os dias, conhecer o restante das áreas no prédio é uma boa ideia caso precise ajudar outras pessoas na empresa. Aqui estão palavras úteis para identificar uma variedade de partes do prédio de seu escritório:

- 出口 **deguchi** (*saída*)
- エレベーター **erebētā** (*elevador*)
- 入り口 **iriguchi** (*entrada*)
- 階段 **kaidan** (*escadaria*)
- 会議室 **kaigishitsu** (*sala de reuniões*)
- 警備室 **keibishitsu** (*sala de segurança*)
- 工場 **kōjō** (*fábrica*)
- ロビー **robī** (*lobby*)
- 廊下 **rōka** (*hall*)
- 倉庫 **sōko** (*despensa*)
- トイレ **toire** (*banheiro*)

DICA

Para dicas sobre como se referir a andares específicos em seu prédio, confira o Capítulo 10. Você lê sobre o uso geral dos números ordinais no Capítulo 5.

Simplificando os Telefonemas

Os telefonemas são uma parte indispensável do cotidiano, particularmente em ambientes corporativos. E-mails também são ótimos, mas não substituem o sentido de conexão que se tem ao ouvir a voz de outra pessoa. As próximas seções dão palavras e frases essenciais para conversas pelo telefone.

Revisando o vocabulário relacionado aos telefonemas

Antes que se prepare para fazer uma ligação em japonês, acostume-se com as palavras e termos relacionados ao equipamento, sistema e acessórios de telefone:

- 電話 **denwa** (*telefone*)

- 電話番号 **denwa-bangō** (*número de telefone*)
- 電話帳 **denwachō** (*agenda de telefone*)
- (# 携帯(電話)) **keitai(-denwa)** (*celular*)
- 留守番電話 **rusuban-denwa** (*secretária eletrônica*)
- (#) **voisu-mēru** (*mensagem de voz*)

Depois que dominar o vocabulário necessário, estará pronto para **denwa o kakeru** (*fazer uma ligação*). Eis como conjugar o verbo -**ru kareru** (*fazer [uma ligação]*):

Texto em Japonês	Rōmaji
かける	kakeru
かけない	kakenai
かけ(ます)	kake (masu)
かけて	kakete

DICA

Antes de começar a falar, diga **moshimoshi**. Em japonês, **moshimoshi** é um tipo de frase de teste de linha, como *Olá, você está aí?* ou *Consegue me escutar?* Se a outra pessoa ao telefone não falar nada, diga **moshimoshi** novamente. Se ainda não ouvir nada, repita mais alto — **MOSHIMOSHI!** Se nem assim ouvir algo, desligue!

Pedindo para falar com alguém

Por que você faz uma ligação? Porque *quer* falar com alguém, certo? Ah, você quer falar com o Sr. Mori? Eis algumas maneiras diferentes de contatá-lo.

- 森さんをお願いします。**Mori-san o onegaishimasu.** (*O Sr. Mori, por favor.*)
- 森さんはいらっしゃいますか。**Mori-san wa irasshaimasu ka.** (*O Sr. Mori está disponível?*)

FALANDO CORRETAMENTE

Suponha que queira formular seu pedido como *Eu gostaria de falar com o Sr. Mori*. Tenho duas confissões a fazer em relação a expressar *querer* em japonês. Primeiro, o japonês normalmente usa um adjetivo, não um verbo, para expressar *querer*. Segundo, usa adjetivos diferentes para expressar *querer* dependendo se querem alguma coisa (como tempo, um amigo ou objeto físico) ou fazer alguma coisa.

Para dizer que deseja *alguma coisa*, use o adjetivo **hoshii** ou seu correspondente polido/neutro **hoshii desu**. Coloque-o no final da frase e coloque a partícula de sujeito **ga** depois do item que você quer, como nos exemplos a seguir:

私は車がほしいです。**Watashi wa kuruma ga hoshii desu.** (*Eu quero um carro.*)

私はお金がほしいです。**Watashi wa o-kane ga hoshii desu.** (*Eu quero dinheiro.*)

何が一番ほしいですか。**Nani ga ichiban hoshii desu ka.** (*O que você mais quer?*)

時間が一番ほしいです。**Jikan ga ichiban hoshii desu.** (*O que eu mais quero é tempo.*)

いい仕事がほしいです。**Ii shigoto ga hoshii desu.** (*Eu quero um emprego bom.*)

Para dizer que quer *fazer* alguma coisa, simplesmente adicione o sufixo -**tai** ao final da forma de radical de um verbo. Por exemplo, se quer **neru** (*dormir*), diga **ne-tai** (*querer dormir*). Confira estes exemplos:

私は休みたいです。**Watashi wa yasumi-tai desu.** (*Quero tirar um dia de folga.*)

今日はクラスに行きたくありません。**Kyō wa kurasu ni ikitaku arimasen.** (*Não quero ir para a aula hoje.*)

将来, 何をしたいですか。**Shōrai, nani o shi-tai desu ka.** (*O que você quer fazer no futuro?*)

うちに帰りたいです。**Uchi ni kaeri-tai desu.** (*Eu quero ir para casa.*)

Você pode marcar o objeto do verbo com **o** ou com **ga** quando o verbo se combinar com -**tai**. Por exemplo, **Kyō wa sutēki o tabe-tai desu** (*Quero comer um bife hoje*) pode ser **Kyō wa sutēki ga tabe-tai desu.**

DICA

Ao dizer a alguém o que quer, termine sua afirmação com **-n-desu ga**. Fazer isso injeta uma atitude boa, amigável e cooperativa em sua afirmação. A função de **-n-desu** é mostrar sua boa vontade de ouvir a resposta da outra pessoa ao que está dizendo. (Veja o Capítulo 5 para saber mais sobre o uso de **-n-desu**.) O último **ga** é, na verdade, a partícula de final de frase que significa *mas*. Então você está literalmente dizendo *Quero fazer isso e isso, mas*. O que você realmente quer dizer é algo como *Quero fazer isso e isso, tudo bem para você?*

Suponha que ligue para um hotel para fazer uma reserva. Se disser **yoyaku o shitai desu**, isso só significa *Quero fazer uma reserva.* Mas formular sua afirmação dessa maneira soa muito brusco em japonês, e parece quase como se fizesse um protesto ou exigência. Em contrapartida, se disser **yoyaku o shitai-n-desu ga**, significa algo como *Eu gostaria de fazer uma reserva, você poderia me ajudar com isso?* Agora sua declaração soa suave, e você está gentilmente pedindo a resposta do atendente do hotel.

Esse é o tipo de tom que deve usar ao pedir para falar com seu contato de negócios, o Sr. Mori (lembra-se dele?), então você expressa esse pedido dizendo **Mori-san o onegai shi-tai-n-desu ga.** (*Eu gostaria de falar com o Sr. Mori, ele está disponível?*)

Confira estes exemplos com traduções mais contextuais de três afirmações que usam **-n-desu ga**:

> 予約を確認したいんですが。**Yoyaku o kakunin shi-tai-n-desu ga.** (*Eu gostaria de confirmar a reserva, está tudo bem para você?*)
>
> 営業時間を知りたいんですが。**Eigyō jikan o shiri-tai-n-desu ga.** (*Eu gostaria de saber seu horário de trabalho, você poderia me ajudar com isso?*)
>
> ちょっとお尋ねしたいんですが。**Chotto otazune shi-tai-n-desu ga.** (*Eu gostaria de perguntar uma coisa a você, tudo bem?*)

Ligando para seu cliente

Quando ligar para seus clientes, lembre-se de que está representando sua empresa. Essa é a maneira japonesa de fazer uma ligação de negócios. Não se esqueça de mencionar o nome de sua empresa primeiro, antes do próprio nome. Em vez de dizer *Aqui é o Sr. White*, por exemplo, diga *Aqui é a ABC Technology, Sr. White.*

Cumprimente seu cliente ou sua secretária com **O-sewa ni natte orimasu.** (*Obrigado por fazer negócios conosco.*) Essa é uma das frases prontas essenciais em negócios japoneses.

DICA

Ao pedir que sua ligação seja transferida para uma pessoa específica, não se esqueça de especificar seu título e departamento. Essa pequena dica é importante, especialmente quando mais de uma pessoa na empresa têm o mesmo sobrenome.

Tendo uma Conversa

TOQUE AGORA

Patrick White, da ABC Technology, acabou de preparar uma estimativa para seu cliente, Sr. Tanaka, da Yamada Denki, Inc. Patrick está telefonando para o Sr. Tanaka para contar-lhe sobre a cotação. (Faixa 29)

Secretária:	**Yamada Denki de gozaimasu.** *Aqui é a Yamada Denki, Inc.*
Patrick:	**ABC Tekunorojī no Howaito desu. Itsumo o-sewa ni natte orimasu.** *Aqui é a ABC Technology, Sr. White. Obrigado por fazer negócios conosco.*
Secretária:	**Kochira koso o-sewa ni natte orimasu.** *Obrigada também.*
Patrick:	**Anō, eigyō-bu no Tanaka buchō-sama wa irasshaimasu ka.** *Hmm, o Sr. Tanaka, chefe da divisão de vendas, está disponível?*
Secretária:	**Hai, shōshō o-machi kudasai.** *Sim. Você pode aguardar, por favor?*
Patrick:	**Hai.** *Claro.*
Tanaka:	**Moshimoshi, omatase shimashita. Tanaka desu.** *Olá, desculpe-me por fazê-lo esperar. Aqui é o Sr. Tanaka falando.*
Patrick:	**Ā, Tanaka-buchō. Howaito desu. Itsumo o-sewa ni natte orimasu.** *Ah, chefe de divisão Tanaka. Aqui é o Sr. White. Agradeço pelo senhor fazer negócios conosco a essa hora.*
Tanaka:	**Īe, kochira koso.** *Não, não. Nós é quem deveríamos dizer isso.*
Patrick:	**Anō, mitsumorisho ga dekimashita.** *Bem, a cotação está pronta.*

Palavras a Saber

Itsumo o-sewa ni natte orimasu.	Obrigado por fazer negócios conosco.
Shōshō o-machi kudasai.	Você poderia aguardar, por favor?
Moshimoshi.	Olá.
Omatase shimashita.	Desculpe-me por fazê-lo esperar.
mitsumorisho	cotação
dekiru	estar completa

Deixando uma mensagem

Os dias de trabalho de muitas pessoas são cheios de reuniões, prazos e compromissos imperdíveis que os impedem de atender a seus telefones — o que significa que você provavelmente terá que deixar uma mensagem para alguém em algum momento de sua carreira. Você pode deixar uma mensagem de voz ou com uma pessoa (como um secretário ou assistente).

Para falar sobre deixar mensagens, conjugue o verbo -**u nokosu**, que significa *deixar*, no sentido de deixar uma mensagem ou deixar alguma coisa para trás, mas não *deixar* no sentido de ir embora ou partir.

Texto em Japonês	Rōmaji
残す	nokosu
残さない	nokosanai
残し(ます)	nokoshi (masu)
残して	nokoshite

Na caixa de mensagens de alguém

Quando deixa uma mensagem em uma secretária eletrônica, você precisa dar à pessoa todas as informações necessárias para entender sua ligação. Especificamente, certifique-se de deixar claro quem ligará de volta para quem. Aqui estão algumas frases para ajudá-lo a fazer exatamente isso:

- 後ほどお電話を下さい。**Nochihodo o-denwa o kudasai.** (*Por favor, ligue-me mais tarde.*)
- またお電話を致します。**Mata o-denwa o itashimasu.** (*Ligarei novamente.*)

Com uma pessoa

Ao deixar uma mensagem com uma pessoa, seja claro sobre o que deseja e sempre use frases polidas, como as seguintes:

- 電話があったことをお伝えください。**Denwa ga atta koto o o-tsutae kudasai.** (*Por favor, diga a ele/ela que liguei.*)
- またこちらからお電話を致します。**Mata kochira kara o-denwa o itashimasu.** (*Ligarei para ele/ela de novo.*)
- お電話を頂きたいんですが。**O-denwa o itadakitai-n-desu ga.** (*Você poderia pedir a ele/ela para me ligar de volta?*)

- また<ruby>お電話致しますとお伝え下さい。</ruby>**Mata o-denwa itashimasu to o-tsutae kudasai.** (*Por favor, diga a ele/ela que ligarei de volta.*)
- 少し遅れると伝えてください。**Sukoshi okureru to tsutaete kudasai.** (*Por favor, diga a ele/ela que chegarei atrasado.*)

FALANDO CORRETAMENTE

A partícula **to**, como em **to tsutaete kudasai**, na última frase de exemplo na lista anterior, é uma partícula de citação. Coloque-a logo depois de sua mensagem para indicar qual é a mensagem. Use-a com os verbos **iu** (*dizer*), **kaku** (*escrever*) e **tsutaeru** (*relatar/contar*), como nos exemplos a seguir:

一万円借りたと書きました。**10,000-en karita to kakimashita.** (*Escrevi que emprestei 10 mil ienes.*)

田中さんは来ると言いました。**Tanaka-san wa kuru to iimashita.** (*O Sr. Tanaka disse que virá.*)

また来ますと伝えてください。**Mata kimasu to tsutaete kudasai.** (*Você poderia dizer a ele/ela que voltarei?*)

Você também pode usar a partícula de citação **to** com o verbo **omou** (*pensar*) para marcar o conteúdo do que uma pessoa pensa.

翻訳は来週までにできると思います。**Hon'yaku wa raishū made ni dekiru to omoimasu.** (*Acho que a tradução pode ser finalizada na semana que vem.*)

田中さんは来ないと思います。**Tanaka-san wa konai to omoimasu.** (*Acho que o Sr. Tanaka não virá.*)

FALANDO CORRETAMENTE

Go- é outro prefixo polido, assim como **o-**, do qual falo no Capítulo 4. Você pode adicionar **go-** ao começo de um substantivo para se referir respeitosamente aos itens de outra pessoa. Normalmente, você usa **go-** com palavras de origem chinesa e **o-** com as japonesas nativas; no entanto, existem muitas exceções, então você só tem que memorizar qual prefixo vai com qual substantivo. Confira alguns exemplos relacionados a negócios:

- 御注文 **go-chūmon** (*pedido*)
- 御伝言 **go-dengon** (*mensagem*)
- 御住所 **go-jūsho** (*endereço*)
- 御職業 **go-shokugyō** (*ocupação*)
- 御招待 **go-shōtai** (*convite*)
- お電話 **o-denwa** (*telefone*)
- お電話番号 **o-denwa-bangō** (*número de telefone*)
- お客様 **o-kyaku-sama** (*cliente*)
- お名前 **o-namae** (*nome*)

FALANDO CORRETAMENTE

Como observo no Capítulo 10, a partícula **ga** significa *mas* quando colocada depois de uma frase. Ela normalmente mostra contraste, conflito ou contradição, assim como o *mas* faz em português, mas **ga** também significa quase nada, simplesmente marcando uma transição de uma declaração para outra. A situação típica em que usa **ga** como um indicativo de transição é quando uma pessoa liga para outra. No Japão, você precisa dizer seu próprio nome primeiro antes de perguntar por alguém no telefone, então a partícula **ga** é essencial para o começo natural de uma conversa ao telefone. Por exemplo, se o Sr. Smith quer falar com o Sr. Tanaka, primeiro diz seu nome e pergunta pelo Sr. Tanaka, como em **Sumisu desu ga, Tanaka-san wa irasshaimasu ka.** (*Sou o Sr. Smith. O Sr. Tanaka está?*)

Tendo uma Conversa

TOQUE AGORA

Jake Brown é professor particular de inglês. Ele tenta ligar para seu aluno, Makoto Isobe. (Faixa 30)

Sra. Isobe: **Hai, Isobe desu.**
Sim, essa é a residência Isobe.

Jake: **Buraun desu ga, Makoto-san wa irasshaimasu ka.**
Aqui é o Sr. Brown. Makoto está disponível?

Sra. Isobe: **Sumimasen. Chotto dekakete imasu. Nanika go-dengon wa.**
Sinto muito, mas ele saiu. Posso anotar o recado?

Jake: **Jā, ashita mata denwa o shimasu to tsutaete kudasai.**
Certo, você poderia dizer a ele que ligo novamente amanhã?

Sra. Isobe: **Hai, wakarimashita.**
Claro, certamente.

Jake: **Jā, yoroshiku onegai shimasu.**
Obrigado. (Literalmente: *Obrigado por me fazer um favor.*)

Palavras a Saber

dekakete iru	estar fora, ter saído
nanika	alguma coisa
ashita	amanhã
wakaru	entender

Atualizando-se sobre Computação Básica

Computadores são uma ferramenta de comunicação indispensável no mundo dos negócios, o que significa que você precisa saber como falar sobre eles em japonês. Nas próximas seções forneço a você os termos básicos sobre computadores, seus programas e e-mails.

Familiarizando-se com termos sobre computadores

A maioria dos japoneses chama seus computadores de **pasokon** (pah-soh-kohn), abreviação para *computadores pessoais*. A maioria das palavras relacionadas a computadores vem do inglês, mas certifique-se de pronunciá-las com sotaque japonês. Tente algumas delas:

- ＣＤ **CD** (*CD*)
- デスクトップパソコン **desukutoppu-pasokon** (*computador de mesa*)
- ディスプレイ・モニター **disupurei-monitā** (*monitor de vídeo*)
- ＤＶＤ **DVD** (*DVD*)
- ハードディスク **hādodisuku** (*disco rígido*)
- キーボード **kībōdo** (*teclado*)
- マウス **mausu** (*mouse*)
- ＵＳＢメモリー **USB memorī** (*pendrive*)
- モデム **modemu** (*modem*)
- ノートパソコン **nōto-pasokon** (*notebook*)
- パソコン **pasokon** (*computador pessoal*)
- プリンター **purintā** (*impressora*)
- スキャナー **sukyanā** (*scanner*)
- スピーカー **supīkā** (*caixas de som*)
- ウェブカメラ **webu-kamera** (*webcam*)

As palavras a seguir o ajudam a falar sobre as ações que realiza e os programas que usa em seu computador, incluindo Microsoft Word, Excel e PowerPoint:

- ブラウザ **burauza** (*navegador*)
- ブログ **burogu** (*blog*)
- エクセル **ekuseru** (*Excel*)
- ホームページ **hōmupēji** (*página inicial*)
- インターネット **intānetto** (*internet*)
- メール **mēru** (*e-mails*)
- パワーポイント **pawāpointo** (*PowerPoint*)
- ウェブサイト **webusaito** (*site*)
- ワード **wādo** (*Word*)

Enviando um e-mail

Amo e-mails **(mēru)** porque posso enviá-los ou lê-los sempre que quiser. Aqui estão os termos básicos que precisa conhecer para usar essa ferramenta funcional, tanto no local de trabalho quanto no conforto de sua casa:

- 返信する **henshin suru** (*responder um e-mail*)
- 受信する **jushin suru** (*receber um e-mail*)
- 迷惑メール **meiwaku-mēru** (*spam*)
- メールアドレス **mēru-adoresu** (*endereço de e-mail*)
- パスワード **pasuwādo** (*senha*)
- ログアウト **roguauto** (*sair/deslogar*)
- ログイン **roguin** (*entrar/logar*)
- 送信する **sōshin suru** (*enviar um e-mail*)
- 添付する **tenpu suru** (*anexar*)

MÍDIA SOCIAL NO ESTILO JAPONÊS

Os métodos de comunicação mudaram enormemente por causa dos avanços da tecnologia. Atualmente, os jovens mantêm contato uns com os outros, trocam ideias e fazem planos por meio de uma variedade de sites de redes sociais. Aqui estão alguns termos japoneses para aproveitar as ferramentas de mídia social:

- ブログ **burogu** *(blog)*
- チャット **chatto** *(chat, conversando)*
- フェイスブック **feisubukku** *(Facebook)*
- フォローする **forō suru** *(seguir)*
- ポストする **posuto suru** *(postar)*
- ツイートする **tsuīto suru** *(tuitar)*
- ツイッター **tsuittā** *(Twitter)*

Fazendo Reuniões no Trabalho

Enquanto estiver envolvido em negócios, será exposto a reuniões (independente de seu tamanho e frequência). Aqui estão algumas palavras e frases de que precisa para falar sobre reuniões:

- 議題 **gidai** (*agenda*)
- 議事録 **gijiroku** (*minutos*)
- ホワイトボード **howaito bōdo** (*lousa*)
- 会議 **kaigi** (*reunião, conferência*)
- 会議で話し合う **kaigi de hanashi-au** (*discutir na reunião*)
- 会議で決める **kaigi de kimeru** (*decidir na reunião*)
- 会議に出る **kaigi ni deru** (*comparecer à reunião*)
- 会議をする **kaigi o suru** (*organizar uma reunião*)
- コンファレンス **konfarensu** (*conferência*)
- コンファレンスコール **konfarensu kōru** (*chamada de conferência*)
- プロジェクター **purojekutā** (*projetor*)

Diversão & Jogos

Combine cada termo com o item de escritório correto marcado na ilustração. A solução está no Apêndice D.

Ilustração por Elizabeth Kurtzman

1. 電話 **denwa**
2. カレンダー **karendā**
3. ホッチキス **hotchikisu**
4. 机 **tsukue**
5. 椅子 **isu**
6. デスクランプ **desuku ranpu**
7. パソコン **pasokon**
8. ペン **pen**
9. 本棚 **hondana**
10. ゴミ箱 **gomibako**
11. 鉛筆削り **enpitsukezuri**

a. cadeira
b. lâmpada de mesa
c. calendário
d. computador
e. telefone
f. apontador
g. caneta
h. prateleiras
i. lixeira
j. mesa
k. grampeador

NESTE CAPÍTULO

» Expressando *fazer* com suru e mostrando o que você consegue fazer

» Encontrando um hobby

» Voltando à natureza em todas as estações

» Praticando esportes e jogos

» Vivendo a arte

Capítulo 13

Recreação e Vida ao Ar Livre

Não importa o quanto ame seu trabalho, sua vida não pode ser totalmente saudável se consistir apenas de trabalho, então tenha o objetivo de reservar algum tempo para **rekuriēshon** (*recreação*). Este capítulo explica como falar sobre rekuriēshon em japonês, desde envolver-se em hobbies e aproveitar a natureza até praticar esportes e jogos e explorar seus talentos musicais e artísticos.

Usando o Verbo Suru (Fazer)

O verbo **suru** (*fazer*) é o mais frequentemente usado em japonês. Você pode usar **suru** para falar sobre fazer muitos tipos diferentes de atividades recreativas discutidas neste capítulo. Para começar, conjugue o verbo irregular **suru** como a seguir:

Texto em Japonês	Rōmaji
する	suru
しない	shinai
し(ます)	shi (masu)
して	shite

Você pode usar **suru** para expressar muitas atividades recreativas, de esportes a passeios turísticos:

- 電話をする **denwa o suru** (*ligar para alguém*)
- 買い物をする **kaimono o suru** (*fazer as compras*)
- 観光をする **kankō o suru** (*ir a um passeio turístico*)
- 空手をする **karate o suru** (*lutar karatê*)
- 料理をする **ryōri o suru** (*cozinhar*)
- テニスをする **tenisu o suru** (*jogar tênis*)
- トランプをする **toranpu o suru** (*jogar baralho*)
- 釣りをする **tsuri o suru** (*pescar*)
- 山登りをする **yamanobori o suru** (*escalar montanhas*)

O verbo **suru** também acompanha algumas palavras emprestadas do inglês. Se entende um pouco de inglês, essas palavras são bem fáceis de compreender mesmo sem a tradução.

- チェックする **chekku suru** (*verificar*)
- キャンセルする **kyanseru suru** (*cancelar*)
- リラックスする **rirakkusu suru** (*relaxar*)

Dizendo "Eu Consigo"

FALANDO CORRETAMENTE

Desculpe, mas o japonês não tem uma palavra versátil como *conseguir*. Para dizer que *consegue fazer* alguma coisa, em vez de *faz*, adicione um sufixo (**-eru** ou **-rareru**) ao verbo. Você precisa fazer uma pequena cirurgia no verbo para anexar o sufixo. (Não se preocupe; os verbos não sangram.) O sufixo específico e a quantidade de cirurgia necessária para o verbo dependem de sua classe.

- Se o verbo é um verbo **-u**, remova o **u** do final do verbo na forma do dicionário e adicione **-eru**. Por exemplo, **aruku** (*andar*) é um verbo **-u**. Remover o final **u** e adicionar **-eru** lhe dá **arukeru**. **Aruku** significa *Eu ando*, mas **arukeru** significa *Eu consigo andar*.
- Se o verbo é um verbo **-ru**, remova o **ru** do final do verbo na forma do dicionário e adicione **-rareru**. Por exemplo, o verbo **okiru** (*sentar-se*) é um verbo **-ru**. Remover o **ru** e adicionar **-rareru** lhe dá **okirareru**. **Okirareru** significa *Eu consigo me sentar*.

O único ajuste de som necessário nesse processo todo é mudar **ts** para **t** antes de adicionar **-eru**. Então a forma *conseguir* do verbo **motsu** (*segurar*) é **moteru** (*conseguir segurar*), não **motseru**. Isso não significa que **motsu** seja um verbo irregular; ele é, na verdade, regular. **Tse** só não é um som japonês autêntico, então é simplificado para **te**. Esse é um ajuste fonético pequeno e razoável, certo?

Dois dos principais verbos irregulares, **suru** (veja a seção anterior) e **kuru** (*vir*), passam por grandes mudanças no contexto de *conseguir*. A forma *conseguir* do verbo **suru** é, na verdade, uma substituição do verbo **dekiru** (*conseguir fazer*). A forma *conseguir* de **kuru** é **korareru** (*conseguir vir*).

LEMBRE-SE

Ao usar a forma *conseguir* de um verbo em uma frase, substitua a partícula de objeto **o** pela partícula **ga**. (Veja o Capítulo 3 para saber mais sobre as partículas **o** e **ga**.) Eu sei — não é um sujeito, mas você o marca com a partícula **ga** de qualquer forma. Estranho, não é? Então **Sushi o tsukuru** significa *Você faz sushi*, mas **Sushi ga tsukureru**, *Você consegue fazer sushi*. Depois de criar uma forma conseguir, como **tsukureru**, trate-a como um verbo independente e conjugue-a como um verbo **-ru**. Certo, **tsukureru**, **tsukurenai**, **tsukure(masu)** e **tsukurete**! (Para uma revisão sobre como conjugar verbos **-ru**, confira o Capítulo 3.) Esses exemplos o ajudam a expressar quem consegue e quem não consegue fazer o que:

アダムは空手ができます。**Adamu wa karate ga dekimasu.** (*Adam consegue lutar karatê.*)

私は箸が使えません。**Watashi wa hashi ga tsukaemasen.** (*Não consigo usar hashi.*)

父は日本語が話せません。 でも，中国語が話せます。**Chichi wa Nihongo ga hanasemasen. Demo, Chūgokugo ga hanasemasu.** (*Meu pai não consegue falar japonês. No entanto, consegue falar chinês.*)

FALANDO CORRETAMENTE

O quê? Você só consegue falar português? Para dizer *só* em japonês, você adiciona a partícula **shika** ao final do substantivo e torna o verbo negativo. (Não se esqueça de torná-lo negativo, porque **shika** e o verbo negativo juntos é que significam *só*.) Além disso, se **shika** acompanhar a partícula de sujeito, **ga**, ou a de objeto, **o**, você retira a partícula; outras partículas ficam, como os exemplos a seguir mostram:

私は英語しか話せません。**Watashi wa eigo shika hanasemasen.** (*Só consigo falar inglês.*)

田中さんしか来られませんでした。**Tanaka-san shika koraremasendeshita.** (*Só o Sr. Tanaka conseguiria vir.*)

明子さんは野菜しか食べられません。**Akiko-san wa yasai shika taberaremasen.** (*Akiko só pode comer vegetais.*)

ふぐはレストランでしか食べません。**Fugu wa resutoran de shika tabemasen.** (*Só como baiacu em um restaurante.*)

テニスは父としかしません。**Tenisu wa chichi to shika shimasen.** (*Só jogo tênis com o meu pai.*)

Discutindo Seus Hobbies

Se você conhecer um japonês socialmente, pode perguntar-lhe **Shumi wa** (*Qual é seu hobby?*) Ter pelo menos um **shumi** (*hobby*) sobre o qual possa falar orgulhosamente é bom. Seu **shumi** é de natureza esportiva, artística ou acadêmica? Ou é só divertido? Talvez você faça uma das atividades a seguir — todas são substantivos, aliás:

» 盆栽 **bonsai** (*bonsai [criar árvores miniaturas]*)

» 読書 **dokusho** (*leitura*)

» 絵 **e** (*desenho e pintura*)

» ゴルフ **gorufu** (*golfe*)

» 切手のコレクション **kitte no korekushon** (*colecionar selos*)

» 料理 **ryōri** (*culinária*)

» 水泳 **suiei** (*natação*)

» 釣り **tsuri** (*pesca*)

FALANDO CORRETAMENTE

Se quiser usar um verbo para especificar seu hobby (ou seja, você quer usar o verbo *nadar*, em vez do substantivo *natação*), apenas diga-o e adicione **koto** ao final. **Koto** significa algo como *fato* ou *assunto*, mas não tem nenhum significado próprio específico. Só torna o verbo anterior semelhante a um substantivo. Então, para dizer *Meu hobby é nadar*, use qualquer uma das frases a seguir:

趣味は水泳です。**Shumi wa suiei desu.**

趣味は泳ぐことです。**Shumi wa oyogu koto desu.**

O hobby do meu amigo é leitura. Ele lê livros, revistas, dicionários e qualquer coisa em que coloque as mãos, incluindo informações nutricionais em caixas de cereal, listas de produtos químicos em cosméticos e até mesmo manuais de software inteiros. Use a tabela a seguir para conjugar o verbo -**u yomu** (*ler*).

Texto em Japonês	Rōmaji
読む	yomu
読まない	yomanai
読み(ます)	yomi (masu)
読んで	yonde

Tendo uma Conversa

TOQUE AGORA

Michio está conhecendo Joanna em uma festa informal na casa de um amigo em comum. (Faixa 31)

Michio: **Joana-san. Shumi wa nan desu ka.**
Joanna, qual é seu hobby?

Joanna: **Shumi wa dokusho desu.**
Meu hobby é leitura.

Michio: ***Hē*. Sugoi desu ne.**
Uau, isso é ótimo.

Joanna: **Sō desu ka. Michio-san no shumi wa.**
Mesmo? E o seu, Michio?

Michio: **Boku no shumi wa taberu koto desu!**
Meu hobby é comer!

Palavras a Saber

shumi	hobby
dokusho	ler
sugoi	ótimo
taberu	comer

Explorando a Natureza

Se estiver cansado de trabalhar em frente ao computador, dê a seus olhos um descanso e faça uma viagem às montanhas ou à praia. Você descobre as palavras e frases que lhe permitem explorar a **shizen** (*natureza*) nas seções seguintes.

Absorvendo a paisagem

Ao sair para um pouco de descanso e relaxamento, talvez queira aproveitar alguns dos seguintes lugares:

» ビーチ **bīchi** (*praia*)
» 海岸 **kaigan** (*costa*)
» 川 **kawa** (*rio*)
» 火山 **kazan** (*vulcão*)
» 湖 **mizuumi** (*lago*)
» 山脈 **sanmyaku** (*cadeia de montanhas*)
» 滝 **taki** (*cachoeira*)
» 海 **umi** (*mar/oceano*)
» 山 **yama** (*montanha*)

Além de admirar o cenário, você talvez queira fazer uma das seguintes atividades:

» ハイキング **haikingu** (*caminhada*)

- キャンプ **kyanpu** (*acampar*)
- サイクリング **saikuringu** (*ciclismo*)

Mudando com as estações

Quando quer explorar a natureza, a estação é o fator mais importante a ser levado em consideração. A parte do mundo em que vive tem **shiki** (*quatro estações*)? São elas:

- 春 **haru** (*primavera*)
- 夏 **natsu** (*verão*)
- 秋 **aki** (*outono*)
- 冬 **fuyu** (*inverno*)

LEMBRE-SE

Se quiser fazer uma sugestão (por exemplo, nadar, cantar, dirigir e viajar), pegue a forma de radical de um verbo e adicione um desses sufixos verbais:

- **-masen ka** (*Por que nós não*), como em **Gorufu o shimasen ka.** (*Por que não jogamos golfe?*)
- **-mashō** (*vamos*), como em **Gorufu o shimashō!** (*Vamos jogar golfe!*)

Exemplos desses dois finais estão no próximo Tendo uma Conversa.

CONHECENDO A CULTURA

APROVEITANDO AS QUATRO ESTAÇÕES NO JAPÃO

Como no Brasil, o Japão tem quatro estações. Para aproveitar o melhor que o Japão tem a oferecer, siga essa miniexcursão sazonal de coisas a se fazer nas ilhas japonesas.

- Na primavera, não perca o 花見 **hanami** (*contemplar as flores*).
- No verão, vá ao campo e experiencie o 盆祭り **Bon matsuri** (festival *Bon*) e a 盆踊り **Bon odori** (dança *Bon*), onde você pode dançar com a multidão. (*Bon* é o festival budista dos mortos.)
- No outono, dirija pelas montanhas e aprecie a 紅葉 **kōyō** (*mudança das cores das folhas*).
- No inverno, vá ao 雪祭り **yukimatsuri** (festival da neve) em 北海道 **Hokkaidō** (*Hokkaido*) e veja as enormes e magníficas esculturas de neve.

FALANDO CORRETAMENTE

Você pode pedir permissão usando um verbo na forma -**te** e adicionando **mo ii desu ka** a ele. Se estiver dando permissão, adicionar a partícula de final de frase **yo** depois de **mo ii desu** é fácil; isso mostra sua boa vontade. (Vá ao Capítulo 3 para saber mais sobre a partícula **yo**.) Por exemplo:

泳いでもいいですか。**Oyoide mo ii desu ka.** (*Há algum problema em nadar?*)

泳いでもいいですよ。**Oyoide mo ii desu yo.** (*Você pode nadar.*)

ピアノを弾いてもいいですよ。**Piano o hiite mo ii desu yo.** (*Tudo bem tocar o piano.*)

Para expressar proibição, dizer *não deve*, adicione **wa ikemasen**, em vez de **mo ii desu**, como nos exemplos a seguir:

泳いではいけません。**Oyoide wa ikemasen.** (*Você não deve nadar.*)

レスリングをしてはいけません。**Resuringu o shite wa ikemasen.** (*Você não deve lutar.*)

Tendo uma Conversa

TOQUE AGORA

Yoshiko trabalha para uma pequena empresa em Tóquio. As cerejeiras acabaram de começar a florescer, e Yoshiko pede ao presidente da empresa para realizar uma festa de contemplação das flores em um parque local para todos os funcionários da empresa. (Faixa 32)

Yoshiko: **Shachō, sakura ga sakimashita yo.**
Presidente, as cerejeiras começaram a florir.

Presidente: **Ā, sō.**
Mesmo?

Yoshiko: **Minna de Ueno Kōen de hanami o shimasen ka.**
Por que não vamos com todo mundo contemplar as flores no Parque Ueno?

Presidente: **Ii desu ne. Shimashō**!
Isso é ótimo. Vamos fazer isso!

Yoshiko: **Jā, kyō wa shigoto o 3-ji ni owatte mo ii desu ka.**
Então tudo bem ser dispensada do trabalho às 15h hoje?

Presidente: **Anō...**
Bem...

Palavras a Saber

sakura	cerejeira (árvore)
saku	florescer
minna de	com todo mundo, juntos
hanami	contemplar as flores
shigoto	trabalho
owaru	terminar

Vivendo a Vida Esportiva

Você gosta de participar ou sentar e assistir a **supōtsu** (*esportes*)? **Yakyū** (*beisebol*) e **sakkā** (*futebol*) são os esportes mais populares no Japão. Mas os japoneses também gostam dos seguintes:

» バレーボール **barēbōru** (*voleibol*)

» バスケットボール **basukettobōru** (*basquetebol*)

» フットボール **futtobōru** (*futebol americano*)

» ゴルフ **gorufu** (*golfe*)

» 空手 **karate** (*karatê*)

PARE E CHEIRE AS FLORES

CONHECENDO A CULTURA

Os japoneses celebram a chegada da primavera realizando o 花見 **hanami**, uma festa informal debaixo das cerejeiras quando as árvores estão florescendo. Eles espalham cobertores, comem, tocam música, cantam, dançam e se embebedam. Os parques com cerejeiras ficam lotados na primavera, e os grupos competem por lugares para fazer uma festa. Como no provérbio japonês 花より団子 **hana yori dango** (*bolinhos, em vez de flores*), muitas pessoas gostam de comer e beber mais do que apreciar as lindas flores sobre suas cabeças!

- 剣道 **kendō** (*kendô, manejo de espada*)
- 弓道 **kyūdō** (*tiro com arco*)
- サーフィン **sāfin** (*surfe*)
- スケート **sukēto** (*patinação*)
- スキー **sukī** (*esqui*)
- 体操 **taisō** (*ginástica*)
- テニス **tenisu** (*tênis*)

CONHECENDO A CULTURA

Sumō (*luta sumô*) é o esporte nacional no Japão. O objetivo do **sumō** é empurrar seu oponente para fora de um ringue ou forçar qualquer parte de seu corpo, exceto as solas dos pés, a tocar o chão. Lutadores de **sumō** bem-sucedidos na primeira divisão normalmente pesam cerca de 147,5 kg. E, acredite se quiser, muitos lutadores fortes de **sumō** são de fora do Japão.

Até mesmo se não praticar esportes, você ainda pode gostar de assisti-los como um espectador. Nesse caso, deve saber como conjugar o verbo -**ru miru** (*assistir*):

Texto em Japonês	Rōmaji
見る	miru
見ない	minai
見(ます)	mi (masu)
見て	mite

Usando Seu Talento Artístico

Não tenha medo de expressar seus sentimentos e ideias artisticamente. Use sua criatividade. Qual das seguintes formas de arte lhe interessa?

- 油絵 **aburae** (*pintura a óleo*)
- 彫刻 **chōkoku** (*escultura/gravura*)
- 生け花 **ikebana** (*floricultura*)
- キルティング **kirutingu** (*quilting*)
- クラフト **kurafuto** (*artesanato*)
- 折り紙 **origami** (*origami*)
- 茶道 **sadō** *ou* **chadō** (*cerimônia do chá*)

- 書道 **shodō** (*caligrafia*)
- 水彩画 **suisaiga** (*pintura à aquarela*)
- 墨絵 **sumie** (*pintura à tinta*)
- 陶芸 **tōgei** (*cerâmica*)

Tocando Instrumentos

Muitas crianças japonesas fazem aulas de piano e violino porque suas mães querem. Mas quando se tornam adolescentes, tocam guitarras em bandas de rock. Você toca algum desses instrumentos?

- バイオリン **baiorin** (*violino*)
- チェロ **chero** (*violoncelo*)
- ドラム **doramu** (*bateria*)
- エレキギター **erekigitā** (*guitarra*)
- フルート **furūto** (*flauta*)
- ギター **gitā** (*violão*)
- ピアノ **piano** (*piano*)
- サクソフォン **sakusofon** (*saxofone*)
- トランペット **toranpetto** (*trompete*)

Se já viu filmes japoneses antigos ou visitou alguma cidade japonesa tradicional, provavelmente ouviu algum destes instrumentos:

- 琴 **koto** (*cítara japonesa longa*)
- 尺八 **shakuhachi** (*flauta de bambu japonesa*)
- 三味線 **shamisen** (*banjo japonês de três cordas*)
- 太鼓 **taiko** (*bateria japonesa*)
- 横笛 **yokobue** (*flauta transversal japonesa*)

CUIDADO

Dizer a alguém que você toca um instrumento específico em japonês não é tão simples quanto em português. Tipos diferentes de instrumentos musicais usam verbos diferentes para significar *tocar*. Para instrumentos de sopro, você usa o verbo **fuku**. Então, para dizer *Toco flauta*, diria **furūto o fuku**. Para um instrumento de cordas ou de teclas, você usa o verbo **hiku**. Então, para dizer *Toco* *piano e violino*, diria **piano o hiku** e **baiorin o hiku**, respectivamente. Para bateria, use o verbo **tataku**.

DICA

Se não tiver certeza ou não se lembrar de qual verbo usar para um instrumento musical, pode usar o verbo **suru**. Não é perfeito, mas os outros entenderão o que quer dizer.

FALANDO CORRETAMENTE

Sua mãe o fez praticar violino ou piano quando era mais novo, como muitas mães japonesas fazem? Se sim, ela provavelmente lhe ordenou. Expresse um comando ou dê uma ordem usando um verbo em sua forma de radical mais **-nasai**. Por exemplo, a forma radical do verbo **suru** é **shi**. Então, **Shinasai!** significa *Faça.* É uma ordem. Agora você é o chefe e pode mandar seu filho fazer o seguinte:

- バイオリンを練習しなさい。**Baiorin o renshū shinasai!** (*Pratique violino!*)
- 勉強しなさい。**Benkyō shinasai!** (*Estude!*)
- 聞きなさい。**Kikinasai.** (*Escute!*)
- 掃除しなさい。**Sōji shinasai!** (*Limpe!*)

Só não use tais comandos com seu cônjuge se quiser continuar casado e feliz.

Tendo uma Conversa

TOQUE AGORA

Midori é uma aluna do ensino médio. Ela está assistindo à TV na sala, e sua mãe quer que ela pratique violino. (Faixa 33)

Mãe: **Baiorin o renshū shinasai.**
Pratique violino.

Midori: **Atode.**
Depois.

Mãe: **Dame. Saki ni renshū shinasai.**
Isso não é bom. Pratique primeiro.

Midori: **Dōshite.**
Por quê?

Mãe: **Raishū wa risaitaru desu yo.**
Seu recital é na semana que vem.

Midori: **Daijōbu.**
Eu ficarei bem.

Mãe: **Daijōbu ja arimasen. Renshū shinasai!**
Você não ficará bem. Pratique!

Palavras a Saber

renshū suru	praticar
ato de	depois
dame	não é bom
daijōbu (na)	certo; tudo bem
saki ni	primeiro
raishū	semana que vem
risaitaru	recital

Jogando

Você sempre pode jogar um jogo quando tiver algum tempo livre. Esses jogos não são artísticos, acadêmicos ou esportivos, mas podem fazê-lo se esquecer do mundo real por um tempo:

- » ボードゲーム **bōdo gēmu** (*jogo de tabuleiro*)
- » チェス **chesu** (*xadrez*)
- » 碁 **go** (*go [um tipo de xadrez japonês]*)
- » マージャン **mājan** (*mahjong*)
- » パチンコ **pachinko** (*um pinball japonês*)
- » トランプ **toranpu** (baralho)

Quando quiser dizer *jogar um jogo*, use o verbo **suru**, como em **chesu o suru** (*jogar xadrez*), e só conjugue **suru**. (Mostro essa conjugação anteriormente no capítulo.)

Diversão & Jogos

As imagens a seguir representam esportes diferentes. Escreva a letra de cada um próximo ao nome. A solução está no Apêndice D.

Ilustração por Elizabeth Kurtzman

1. バレーボール **barēbōru**: ____________________
2. テニス **tenisu**: ____________________
3. サッカー **sakkā**: ____________________
4. フットボール **futtobōru**: ____________________
5. 体操 **taisō**: ____________________

3
Japonês para Viagem

NESTA PARTE . . .

Na Parte 3 você pode escapar de sua vida das nove às cinco ou do marasmo da sala de aula e viajar pelo mundo. Você está pronto para planejar uma viagem, reservar um hotel, encontrar transporte, passar pela alfândega, trocar o dinheiro e lidar com emergências? Você está pronto para fazer isso tudo em japonês? Com as informações desta parte, estará. Ela apresenta as palavras e frases-chave que precisa saber para estar pronto para a diversão e os aspectos logísticos da viagem. **Yoi tabi o!** (*Tenha uma boa viagem!*)

NESTE CAPÍTULO

» Decidindo um destino

» Fazendo as malas

» Visitando uma agência de viagens

Capítulo 14

Planejando a Viagem

A vida é como uma jornada, mas viajar de verdade de vez em quando para escapar das pressões do cotidiano é bom. Afinal de contas, quem não precisa de um pouco de descanso e relaxamento? Este capítulo o ajuda a planejar aonde ir e o que levar, tudo em japonês. Também explica como lidar com a logística da viagem (ou seja, passaportes e vistos) e com agências.

Escolhendo o Lugar para Sua Viagem

Depois de garantir o dinheiro e o tempo para sua **ryokō** (*viagem*), escolha o local. Você quer visitar um **gaikoku** (*país estrangeiro*)? Que tal um dos **kuni** (*países*) a seguir?

- » アイスランド **Aisurando** (*Islândia*)
- » 中国 **Chūgoku** (*China*)
- » フランス **Furansu** (*França*)
- » ギリシャ **Girisha** (*Grécia*)
- » イギリス **Igirisu** (*Inglaterra* ou *Grã-Bretanha*)
- » インド **Indo** (*Índia*)
- » イタリア **Italia** (*Itália*)
- » カナダ **Kanada** (*Canadá*)
- » 韓国 **Kankoku** (*Coreia do Sul*)
- » オーストラリア **Ōsutoraria** (*Austrália*)
- » ロシア **Roshia** (*Rússia*)
- » タイ **Tai** (*Tailândia*)

SUA PASSAGEM PARA VIAJAR: O PASSE DE TREM DO JAPÃO

Muitos turistas que vão ao Japão ficam chocados ao descobrir o alto custo das passagens de trem. Uma viagem de duas horas no 新幹線 **Shinkansen** (*trem-bala*) pode custar mais de 100 dólares. Para ajudar os turistas no Japão, o Japan Railway Group tem oferecido o ジャパンレールパス **japan rēru pasu** (*Japan rail pass*), que pode ser usado por visitantes de curto prazo ao Japão por um tempo limitado para propósitos de turismo. Tudo o que precisa fazer é comprar um cupom através de uma agência de viagens antes de entrar no Japão. Então, no Japão, você troca o cupom pelo passe em uma estação de trem quando quiser usá-lo. O passe é bom para viajar em todas as principais formas de transporte fornecidas pelo Japan Railway Group, com algumas exceções. ***Nota:*** o passe se destina principalmente a possuidores de passaporte não japonês, mas alguns cidadãos japoneses que moram no exterior também são elegíveis; confira o critério de qualificação com cuidado.

A seguir estão alguns prédios históricos interessantes que encontra em muitos países:

» 教会 **kyōkai** (*igrejas*)

» お城 **o-shiro** (*castelos*)

» お寺 **o-tera** (*templos*)

Você pode notar que a partícula de fim de frase **yo** é usada para dar ênfase no próximo Tendo uma Conversa. Dependendo da entonação e do contexto, você pode soar muito intrometido, prestativo ou entusiasmado ao usar **yo**. Então é melhor não usar **yo** quando falar com seu professor ou chefe até que entenda exatamente quando e como usá-lo. Muitas vezes o final feminino **wa** ocorre logo antes da partícula de ênfase **yo**.

FALANDO CORRETAMENTE

O diálogo também apresenta a palavra de conjunção **demo** (*entretanto*). Use palavras de conjunção como **demo** para esclarecer a natureza de sua declaração em relação à declaração anterior feita por você ou outra pessoa. Note que embora **demo** seja similar à partícula **ga**, colocada no final de uma cláusula (veja o Capítulo 10), **demo** é, na verdade, uma palavra, então coloque-a no começo da frase.

旅行をしたいです。 でも，お金がありません。**Ryokō o shitai desu. Demo, okane ga arimasen.** (*Quero viajar. Entretanto, não tenho dinheiro.*)

サンフランシスコは行きました。 でも，ロサンゼルスは行きませんでした。**Sanfuranshisuko wa ikimashita. Demo, rosanzerusu wa ikimasen deshita.** (*Fui para San Francisco. No entanto, não fui para Los Angeles.*)

お金はありません。 でも，よく旅行をします。**O-kane wa arimasen. Demo, yoku ryokō o shimasu.** (*Não tenho dinheiro, mas viajo com frequência.*)

Outras palavras de conjunção incluem **desukara** (*portanto*), **sorekara** (*e então*), **soreni** (*além disso*) e **sōsuruto** (*então*). Para ver exemplos de **sorekara** e **sōsuruto** em ação, vá ao Capítulo 8; para exemplos de **desukara**, confira os seguintes exemplos de frases:

お金がありません。 ですから，旅行ができません。**O-kane ga arimasen. Desukara, ryokō ga dekimasen.** (*Não tenho dinheiro algum. Portanto, não posso viajar.*)

日本に２週間います。 ですから，ジャパンレールパスを買いました。**Nihon ni nishūkan imasu. Desukara, japan rēru pasu o kaimashita.** (*Ficarei no Japão por duas semanas. Então, comprei um passe de trem do Japão.*)

LEMBRE-SE

Tenha em mente que **aru** (*existir*) é levemente irregular — sua forma negativa é **nai**. Quando falar se tem ou não alguma coisa, diga **aru** e **nai**, respectivamente. (Para mais informações sobre o verbo **aru**, veja o Capítulo 7.)

JAPÃO: CORRENTE QUENTE E FRIA

Se estiver planejando uma viagem ao Japão, deve saber que, embora o país tenha quatro estações (incluindo uma breve estação de chuvas), o clima varia tremendamente dependendo de onde você está no país. Por quê? Porque o Japão é um país longo e estreito. O final do norte do Japão está na mesma latitude que Montreal, e sua ponta mais ao sul, na mesma que Florida Keys. Então neva muito ao norte, em Hokkaido, mas é bem quente mais ao sul, em Kyushu. Além disso, saiba que no Japão também se usa a escala Celsius (°C) para indicar a temperatura.

Tendo uma Conversa

TOQUE AGORA

Junko e Hiroko são colegas de trabalho em uma empresa que ficará fechada por uma semana no final do ano. Elas decidiram viajar juntas e estão debatendo sobre aonde ir. (Faixa 34)

Junko: **Yōroppa wa.**
Que tal a Europa?

Hiroko: **Amerika ga ii yo.**
A América é melhor.

Junko: **Demo, Amerika wa furui tatemono ga nai kara...**
Mas não há nenhum prédio antigo na América, então...

Hiroko: **Demo, Amerika wa omoshiroi yo.**
Mas a América é divertida.

Palavras a Saber

Yōroppa	Europa
Amerika	América
demo	mas
furui	antigo
kara	porque
tatemono	prédios
omoshiroi	divertido

Lidando com Passaportes e Vistos

Para viajar ao Japão você precisa de um passaporte e de um visto. Meu conselho? Não espere até o último minuto para obter um passaporte ou renová-lo e tirar seu visto. A seguir estão algumas palavras e frases que certamente serão úteis quando estiver lidando com passaportes e vistos:

- ビザ **biza** *ou* 査証 **sashō** (*visto*)
- 長期滞在 **chōki taizai** (*visita de longo prazo*)
- 入国目的 **nyūkoku mokuteki** (*propósito de visita*)
- 入国審査 **nyūkoku shinsa** (*imigração*)
- パスポート **pasupōto** *ou* 旅券 **ryoken** (*passaporte*)
- 写真 **shashin** (*foto*)
- 申請書 **shinseisho** (*formulário de inscrição*)
- 総領事館 **sōryōjikan** (*consulado geral*)
- 大使館 **taishikan** (*embaixada*)
- 滞在期間 **taizai kikan** (*duração da estadia*)
- 短期滞在 **tanki taizai** (*visita de curto prazo*)
- 税関 **zeikan** (*alfândega*)

Conseguindo Ajuda de uma Agência de Viagens

Se conseguir transporte e acomodação para sua viagem for demais para você, consiga ajuda de uma **ryokō gaisha** (*agência de viagens*) e escolha o plano que satisfaça suas necessidades. Para explorar excursões e pacotes da agência, você precisará destas palavras e frases:

- ホテル **hoteru** (*hotel*)
- 観光 **kank** (*excursão*)
- キャンセル **kyanseru** (*cancelar*)
- キャンセル料 **kyanseruryō** (*taxa de cancelamento*)
- 申込書 **mōshikomisho** (*formulário de inscrição*)

- パッケージツアー **pakkēji tsuā** (*pacote de excursão*)
- 添乗員 **tenjōin** (*guia da excursão*)
- ツアー **tsuā** (*excursão*)
- 予約 **yoyaku** (*reserva*)

Informe à agência aonde quer ir e quantos dias e noites quer passar lá. Em japonês, diga o número de noites primeiro, e então, o de dias. Para especificar o número de noites, use o contador **-haku**. Dependendo do número anterior, **-haku** alterna com **-paku**. Aqui está o padrão geral (se precisar de ajuda para especificar o número de dias, vá ao Capítulo 5).

- 一泊二日 **ip-paku futsuka** (*uma noite, dois dias*)
- 二泊三日 **ni-haku mikka** (*duas noites, três dias*)
- 七泊八日 **nana-haku yōka** (*sete noites, oito dias*)

Também verifique o que os pacotes da agência de viagens incluem. **Tsukimasu** significa *estar incluído*. Sua forma de dicionário é **tsuku**. Eis como conjugar este verbo **-u**.

Texto em Japonês	Rōmaji
付く	tsuku
付かない	tsukanai
付き(ます)	tsuki (masu)
付いて	tsuite

Você pode ouvir frases como estas depois de perguntar sobre o que está incluído em um pacote de viagens específico:

- 朝食と夕食が付きます。**Chōshoku to yūshoku ga tsukimasu.** (*Café da manhã e jantar estão inclusos.*)
- ホテル付きで３万円です。**Hoteru tsuki de 3-man-en desu.** (*Custa 30 mil ienes, incluindo a taxa do hotel.*)
- 添乗員が同行します。**Tenjōin ga dōkō shimasu.** (*Um guia turístico o acompanhará.*)
- 東京ディズニーランド一日観光です。**Tōkyō dizunīrando ichi-nichi kankō desu.** (*É uma viagem de excursão de um dia para a Disneylândia de Tóquio.*)

Declarando Suas Opiniões

Se estiver planejando sua viagem com outras pessoas, pode precisar argumentar sobre um certo hotel em que deseja ficar ou um lugar que queira ver. Para declarar o que você pensa, use o verbo -**u omou** (*pensar*). Pratique conjugar o verbo **omou**. Não se esqueça do som de **w** na forma negativa.

Texto em Japonês	Rōmaji
思う	omou
思わない	omowanai
思い(ます)	omoi (masu)
思って	omotte

Como explico no Capítulo 12, você usa a partícula de citação **to** para marcar uma frase que expressa o que você pensa. Apenas certifique-se de que a frase antes da partícula **to** termine em um verbo ou em um adjetivo na forma simples/informal.

田中さんも行くと思います。**Tanaka-san mo iku to omoimasu.** (*Acho que o Sr. Tanaka também vai para lá.*)

あの人は添乗員だと思います。**Ano hito wa tenjōin da to omoimasu.** (*Acho que aquela pessoa é um guia de excursões.*)

あのホテルはよくないと思います。**Ano hoteru wa yokunai to omoimasu.** (*Acho que aquele hotel não é bom.*)

そう思います。**Sō omoimasu.** (*Acho que sim.*)

DICA

Tanto **omou** quanto **kangaeru** significam *pensar*, mas não são intercambiáveis. **Omou** é *pensar* no sentido de ter uma opinião, e **kangaeru** expressa mais um sentido de reflexão.

これはいいと思います。**Kore wa ii to omoimasu.** (*Acho que isso é bom.*)

それをよく考えてください。**Sore o yoku kangaete kudasai.** (*Por favor, pense cuidadosamente nisso.*)

FALANDO CORRETAMENTE

Para indicar que o que você pensa é só uma suposição, use **deshō** no final da frase. A frase antes de **deshō** está no estilo simples/informal, mas lembre-se de retirar o **da** que aparece na forma presente afirmativa simples de **desu** ou do adjetivo tipo -**na**. Aqui estão alguns exemplos:

あのホテルは高いでしょう。**Ano hoteru wa takai deshō.** (*Aquele hotel provavelmente é caro.*)

COMENDO UMA MARMITA DA ESTAÇÃO DE TREM

CONHECENDO A CULTURA

駅弁 **Ekiben** é uma marmita vendida nas 駅 **eki** (*estações de trem*) ou nos trens. **Eki** distintos vendem diferentes **ekiben** com nomes únicos. O nome da minha **ekiben** favorita é 峠の釜飯 **Tōge no kamameshi** (*Passe da Montanha Arroz com Frango e Vegetais em uma Panela*), de Nagano.

Algumas **ekiben** são famosas, e as pessoas visitam a **eki** ou pegam o trem só para comprar um desses almoços. Se viajar de trem no Japão, compre uma **ekiben** e uma garrafa de chá verde quente na plataforma. Que experiência divertida!

あの人は添乗員でしょう。**Ano hito wa tenjōin deshō.** (*Acho que aquela pessoa é nosso guia da excursão.*)

Você pode usar **kamoshiremasen** para dizer *É possível que...* (veja o Capítulo 6 para informações sobre como usar **kamoshiremasen**).

Fazendo as Malas para Sua Viagem

O primeiro passo para fazer suas malas para a viagem é decidir sobre a bagagem. Você levará uma **sūtsukēsu** (*mala*) grande ou uma **ryokō kaban** (*bolsa de viagem*) pequena?

Qualquer que seja a mala que escolher, certifique-se de levar roupas básicas, como um **sētā** (*suéter*), プルオーバーパーカー **puruōbā pākā** (*moletom parca*), **sunīkā** (*tênis*) e **jīnzu** (*jeans*); veja o Capítulo 10 para palavras adicionais sobre roupas. E se estiver viajando para um destino quente, não se esqueça de levar alguns acessórios adequados ao clima, incluindo os seguintes:

- バイザー **baizā** (*visor*)
- 帽子 **bōshi** (*chapéu/boné*)
- サンダル **sandaru** (*sandálias*)
- サングラス **sangurasu** (*óculos de sol*)

Do que mais você precisa? Primeiro, conjugue o verbo -**u iru** (*precisar*) — não o confunda com o verbo **iru** (*existir*), que é um verbo -**ru**.

Texto em Japonês	Rōmaji
要る	iru
要らない	iranai
要り(ます)	iri (masu)
要って	itte

Quando pensa em necessidades básicas de viagem, realmente espero que artigos de higiene estejam em sua mente. Eis como falar sobre alguns itens comuns de toalete em japonês:

» 歯ブラシ **haburashi** (*escova de dentes*)

» 歯磨き粉 **hamigakiko** (*pasta de dentes*)

» 剃刀 **kamisori** (*lâmina de barbear*)

» 化粧品 **keshōhin** (*cosméticos*)

» くし **kushi** (*pente*)

» 石鹸 **sekken** (*sabonete*)

» タオル **taoru** (*toalha*)

» 地図 **chizu** (*mapa*)

» 日焼け止め **hiyakedome** (*protetor solar*)

» 懐中電灯 **kaichūdentō** (*lanterna*)

» カメラ **kamera** (*câmera*)

» カーナビ **kānabi** (*sistema de navegação de automóvel*)

» 傘 **kasa** (*guarda-chuva*)

» 薬 **kusuri** (*remédio*)

Diversão & Jogos

Nomeie os itens marcados em japonês. A solução está no Apêndice D.

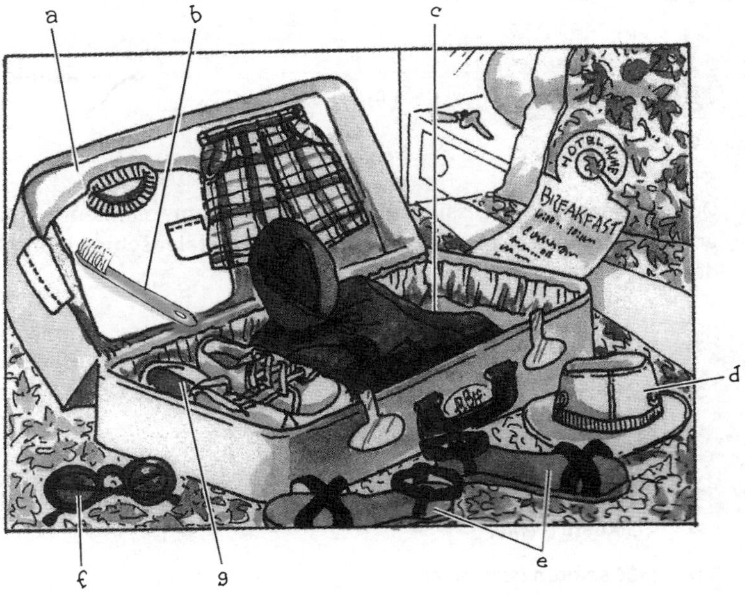

Ilustração por Elizabeth Kurtzman

a. ________________

b. ________________

c. ________________

d. ________________

e. ________________

f. ________________

g. ________________

NESTE CAPÍTULO

- » Obtendo ienes japoneses
- » Visitando o banco
- » Sacando dinheiro de um caixa eletrônico
- » Pagando com dinheiro vivo
- » Queimando os cartões

Capítulo **15**

Lidando com Dinheiro em uma Terra Estrangeira

Kane wa tenka no mawari mono. (*O dinheiro viaja o mundo.*) Esse provérbio japonês significa que o **o-kane** (*dinheiro*) que gasta hoje voltará para você no futuro. Você compra produtos de outras pessoas, mas elas também compram os seus. Use seu dinheiro para fazer você mesmo, sua família e seus amigos felizes.

Neste capítulo apresento palavras e frases importantes para lidar com dinheiro. Explico também como falar sobre adquirir e gastar dinheiro em japonês.

Conseguindo Dinheiro

Você tem que trabalhar se quiser fazer dinheiro, a não ser que seus pais ou avós sejam extremamente ricos. Mas não estou preocupada sobre de onde vem sua renda; nesta seção só estou interessada em como acessá-la. Você pode conseguir dinheiro de um caixa eletrônico, de um balcão de câmbio de moeda estrangeira ou de um banco. Sei que você tem um pouco debaixo do colchão também. Ah, não está debaixo do seu colchão? Então onde está? Consegue me dizer em japonês?

Trocando dinheiro

Se você está no Japão, o **en** (*iene*) é a única moeda aceitável. Não diga *iene*; diga **en**. Como você pode ver, o símbolo do iene, ¥, se parece como um *Y* maiúsculo com duas linhas horizontais. (Note que ¥ é o símbolo da moeda, não um **kanji**. O **kanji** para **iene** é 円, que é lido como **en**.) Você troca seu dinheiro por **en** no aeroporto ou em grandes bancos. Confira a Tabela 15-1 e encontre a moeda estrangeira que tem no seu bolso.

TABELA 15-1 Moedas

Moeda	Português
アメリカドル **Amerika doru**	Dólar norte-americano
中国元 **Chūgoku gen**	Yuan chinês
イギリスポンド **Igirisu pondo**	Libra britânica
カナダドル **Kanada doru**	Dólar canadense
メキシコペソ **Mekishiko peso**	Peso mexicano
オーストラリアドル **Ōsutoraria doru**	Dólar australiano
ユーロ **Yūro**	Euro da União Europeia

As palavras a seguir são essenciais para o câmbio de moeda:

- 円 **en** (*iene*)
- 外貨 **gaika** (*moeda estrangeira*)
- 銀行 **ginkō** (*banco*)
- 為替レート **kawase rēto** (*taxa de câmbio*)
- 両替 **ryōgae** (*câmbio*)

Peça pela taxa de câmbio atual e troque seu dinheiro por iene. As frases a seguir podem ser úteis:

- 外貨の両替はできますか。**Gaika no ryōgae wa dekimasu ka.** (*Você troca moeda estrangeira?*)
- 今１ドル何円ですか。**Ima ichi-doru nan-en desu ka.** (*Quanto por um dólar agora?*)
- 今日の為替レートを教えてください。**Kyō no kawase rēto o oshiete kudasai.** (*Por favor, fale-me qual é a taxa de câmbio de hoje.*)
- アメリカドルを円に両替したいんですが。**Amerika doru o en ni ryōgae shi-tai-n-desu ga.** (*Eu gostaria de trocar alguns dólares norte-americanos por ienes [você poderia me ajudar?].*)
- ５００ドルを円に両替してください。**500-doru o en ni ryōgae shite kudasai.** (*Por favor, troque $500 por ienes.*)

Algumas das respostas que pode obter ao trocar moedas são como as seguintes:

- 買いは１ドル８０円，売りは１ドル８１円です。**Kai wa ichi-doru 80-en, uri wa ichi-doru 81-en desu.** (*A taxa para trocar dólares por ienes é agora 80 ienes por dólar; a taxa para trocar ienes por dólares é 81 ienes por dólar.*)
- 手数料は含まれています。**Tesūryō wa fukumarete imasu.** (*A taxa já está inclusa.*)
- 今日の為替レートは昨日と同じです。**Kyō no kawase rēto wa kinō to onaji desu.** (*A taxa de câmbio de hoje é a mesma que a de ontem.*)

Tendo uma Conversa

TOQUE AGORA

Natalie acabou de chegar ao Aeroporto de Narita, em Tóquio, e está prestes a trocar seus dólares norte-americanos por ienes japoneses no balcão de câmbio. (Faixa 35)

Natalie: **Sumimasen. Amerika doru kara en no ryōgae wa dekimasu ka.**
Com licença. Posso trocar dólares norte-americanos por ienes?

Atendente: **Hai.**
Claro.

Natalie: **Kyō no kawase rēto wa ikura desu ka.**
Qual é a taxa de câmbio de hoje?

Atendente: **Ichi-doru 81-en desu.**
81 por $1.

Natalie: **Jā, 200-doru onegaishimasu.**
Então eu gostaria de trocar $200, por favor.

Atendente: **Pasupōto wa gozaimasu ka.**
Você está com seu passaporte?

Natalie: **Hai. Dōzo.**
Sim. Aqui está.

Palavras a Saber

ryōgae suru	trocar
wa dekimasu ka	Você pode...?
amerika doru	dólar norte-americano
kawase rēto	taxa de câmbio
pasupōto	passaporte

Abrindo uma conta bancária

Banco é **ginkō** em japonês. Soa como o suplemento dietético popular *ginko biloba*, que, supõe-se, aumenta sua capacidade intelectual, mas não tem nada a ver com isso. Sei de muitas pessoas que não usam o cérebro de maneira nenhuma quando sacam dinheiro de um **ginkō**.

CONHECENDO A CULTURA

Quando entrar em um banco no Japão, ouvirá isso imediatamente: **Irasshaimase.** (*Bem-vindo.*) Os caixas de banco usam uniformes e o tratam quase como um deus. Depois que entrar no banco, pegue uma senha e espere até que seu número seja chamado. A maioria dos bancos japoneses tem sofás confortáveis, revistas atuais e TVs, que fazem sua espera quase agradável. Quando seu número for chamado, vá ao **madoguchi** (*guichê*) designado. Os bancos japoneses têm guichês baixos, para que os clientes possam sentar-se enquanto fazem suas transações.

CONHECENDO A CULTURA

Quando abrir uma conta bancária no Japão, o atendente do banco lhe pedirá para preencher um formulário e apresentar sua identificação. Ao abrir a conta, leve seu **inkan** (*selo*) junto com sua identificação. **Inkan** é um selo com seu nome; é usado no lugar de assinaturas no Japão. Você pode conseguir um **inkan** personalizado bem barato, embora alguns **inkan** sejam bem caros, dependendo do material usado. Alguns bancos deixam que estrangeiros abram uma conta com suas assinaturas sem requerer um **inkan**, mas certifique-se de confirmar a política do banco antes de abrir uma conta.

Para abrir uma conta bancária, você precisa da sua identificação, assim como de um pouco de dinheiro para seu **yokin** (*depósito*) inicial. Você também precisa do verbo -**u hiraku** (*abrir*). Confira suas formas conjugadas e note o **k** em todas elas, exceto na forma **-te**.

Texto em Japonês	Rōmaji
開く	hiraku
開かない	hirakanai
開き(ます)	hiraki (masu)
開いて	hiraite

Aqui estão alguns termos dos quais precisa nos bancos no Japão:

- 電信送金する **denshin sōkin suru** (*transferir dinheiro*)
- 普通預金口座 **futsū yokin kōza** (*poupança*)
- 現金 **genkin** (*dinheiro*)
- 口座 **kōza** (*conta*)
- 身分証明書 **mibun shōmeisho** (*identificação*)
- 利息 **risoku** (*juros*)
- 定期預金口座 **teiki yokin kōza** (*conta de depósito de prazos fixos/CDB*)
- 預金する **yokin suru** (*fazer um depósito*)
- 用紙 **yōshi** (*formulário*)

CONHECENDO A CULTURA

Cheques pessoais não são conhecidos no Japão. A maioria das empresas e instituições tem **tōza yokin kōza** (*contas-correntes*), mas indivíduos normalmente não têm. Pessoas costumam pagar contas online, por meio de um serviço postal especial ou em uma loja de conveniência.

FALANDO CORRETAMENTE

Atendentes de banco falam com clientes usando palavras e frases superpolidas. Para tornar seus pedidos educados, os atendentes usam um verbo na forma de radical e o colocam entre **o** e **kudasai**, como em **O-kaki kudasai** (*Por favor, escreva isto*) e **O-mise kudasai.** (*Por favor, mostre para mim.*) Além disso, muitas palavras que os caixas de banco usam começam com o prefixo polido **go** ou **o**. **Go** deve ser usado para palavras do chinês, e **o**, para japonesas nativas, mas essa orientação tem tantas exceções que você deve somente considerar cada palavra, uma por uma. (Veja os Capítulos 4 e 12 para mais informações sobre esses prefixos polidos.) Esteja preparado para os seguintes pedidos supereducados de pessoas no banco:

- ご住所とお電話番号をお願いします。**Go-jūsho to o-denwa-bangō o onegaishimasu.** (*Seu endereço e número de telefone, por favor.*)
- 身分証明書をお見せください。**Mibun shōmeisho o o-mise kudasai.** (*Por favor, mostre-me sua identificação.*)
- お名前をお書きください。**O-namae o o-kaki kudasai.** (*Por favor, escreva seu nome.*)
- こちらにご捺印をお願いいたします。**Kochira ni go-natsuin o onegai itashimasu.** (*Por favor, coloque o selo do seu nome aqui.*)

Fazendo saques de sua conta

A maneira mais conveniente de sacar dinheiro de seu banco é encontrar um caixa eletrônico próximo. Se usa o caixa em seu próprio banco, pode inserir sua caderneta bancária, além do seu cartão, para que os detalhes das transações sejam impressos em sua caderneta bancária na hora (assim você não precisa ficar com o comprovante). Se quiser sacar seu dinheiro na boca do caixa, terá que levar sua caderneta bancária e seu **inkan** e preencher um comprovante de saque. (Conto tudo sobre o **inkan** na seção anterior.) Na verdade, leve também sua identificação junto quando for sacar seu dinheiro manualmente.

Independente de como escolher sacar seu dinheiro, aqui estão as palavras de que precisa:

- 引き出す **hikidasu** (*sacar*)
- 自動引き落とし **jidō hikiotoshi** (*pagamento automático*)
- 口座番号 **kōza bangō** (*número da conta*)

Note que, se sacar seu dinheiro na boca do caixa, precisará declarar seu pedido, como a seguir:

- » １０万円引き出したいんですが。**Jū-man-en hikidashi-tai-n-desu ga.** (*Eu gostaria de sacar 100 mil ienes [é possível?].*)
- » 残高を調べてくださいませんか。**Zandaka o shirabete kudasai masen ka.** (*Você poderia, por favor, conferir o saldo?*)

Usando um caixa eletrônico

Um **ATM** (*caixa eletrônico*) facilita sacar dinheiro: tudo que precisa é do seu **kyasshu kādo** (*cartão de débito*). Você pode selecionar as seguintes funções exibidas no caixa eletrônico:

- » お預け入れ **o-azukeire** (*depósito*)
- » お振込み **o-furikomi** (*transferência*)
- » お引き出し **o-hikidashi** (*saque*)
- » 残高照会 **zandaka shōkai** (*consulta de saldo*)

Os caixas eletrônicos no Japão normalmente dão as instruções verbalmente, mas alguns as exibem como texto em japonês em suas telas. Preste atenção ao **kana** e ao **rōmaji** na lista a seguir para instruções comuns relativas a caixas eletrônicos, e você estará pronto:

- » カードをお入れください。**Kādo o o-ire kudasai.** (*Insira seu cartão, por favor.*)
- » 暗証番号をどうぞ。**Anshō bangō o dōzo.** (*Insira seu PIN.*)
- » しばらくお待ちください。**Shibaraku o-machi kudasai.** (*Por favor, aguarde.*)
- » 金額をどうぞ。**Kingaku o dōzo.** (*Insira a quantia, por favor.*)
- » 確認してください。**Kakunin shite kudasai.** (*Confirme a quantia.*)
- » 現金をお受け取りください。**Genkin o o-uketori kudasai.** (*Pegue o dinheiro.*)
- » カードをお取りください。**Kādo o o-tori kudasai.** (*Remova seu cartão.*)
- » ありがとうございました。**Arigatō gozaimashita.** (*Muito obrigado.*)

Conjugue o importante verbo **-u toru** (*pegar*). Note que o **r** aparece em todas as formas, exceto na forma **-te**. Apenas engula o **r** na forma **-te**. Qual foi o sabor? Nada mal, não é?

Texto em Japonês	Rōmaji
取る	toru
取らない	toranai
取り(ます)	tori (masu)
取って	totte

Gastando Dinheiro

Gastar dinheiro nem sempre deve ser um problema; deve também ser uma experiência compensadora. Qual é o objetivo de economizar todo seu dinheiro até que não possa mais usá-lo? Como diz o ditado: "Você não vai levá-lo com você." Se gosta de gastar apenas dinheiro ou é um adorador do **kurejitto kādo** (*cartão de crédito*), as próximas seções têm as informações de que precisa para gastar esse dinheiro.

Ca-tchim! Gastando dinheiro

Dinheiro é conveniente para comprar coisas pequenas, como uma xícara de café, uma revista ou um lanche de uma máquina automática. A maioria das moedas dos países inclui tanto **shihei** (*notas*) quanto **kōka** (*moedas*).

LEMBRE-SE

Satsu (sah-tsoo) também é usado no lugar de **shihei** quando acompanha uma quantia, como em **sen-en satsu** (*nota de ¥1.000*). De maneira similar, **dama** é também usado no lugar de **kōka** quando acompanha uma quantia, como em **jū-en dama** (*moeda de ¥10*).

A seguir estão todas as notas e moedas usadas no Japão:

- 一万円紙幣 **ichi-man-en shihei** (*nota de ¥10 mil*)
- 五千円紙幣 **go-sen-en shihei** (*nota de ¥5 mil*)
- 二千円紙幣 **ni-sen-en shihei** (*nota de ¥2 mil*)
- 千円紙幣 **sen-en shihei** (*nota de ¥1.000*)
- 五百円硬貨 **go-hyaku-en kōka** (*moeda de ¥500*)
- 百円硬貨 **hyaku-en kōka** (*moeda de ¥100*)
- 五十円硬貨 **go-jū-en kōka** (*moeda de ¥50*)
- 十円硬貨 **jū-en kōka** (*moeda de ¥10*)
- 五円硬貨 **go-en kōka** (*moeda de ¥5*)
- 一円硬貨 **ichi-en kōka** (*moeda de ¥1*)

CONHECENDO A CULTURA

A nota de ¥2 mil foi emitida no ano 2000 em quantidade limitada. Se a tem, recomendo ficar com ela, em vez de usá-la! Há também uma unidade de moeda suplementar antiga chamada **sen**, que é 1/100 de ¥1, e 厘 **rin**, que é 1/1.000 de ¥1. As moedas baseadas em **sen** e **rin** foram tiradas de circulação em 1953, mas essas unidades ainda são usadas em alguns contextos, incluindo mercados de ações.

Para contar moedas e notas, use o contador **-mai**, como em **ichi-mai**, **ni-mai**, **san-mai** e assim por diante. (Veja o Capítulo 5 para saber mais sobre **-mai** e outros contadores.) Agora você está pronto para contar, gastar e emprestar seu **genkin**. Conjugue o verbo **-ru kariru** (*pegar emprestado*) e o verbo **-u kasu** (*emprestar*).

Texto em Japonês	Rōmaji
借りる	kariru
借りない	karinai
借り（ます）	kari (masu)
借りて	karite

Texto em Japonês	Rōmaji
貸す	kasu
貸さない	kasanai
貸し（ます）	kashi (masu)
貸して	kashite

A seguir temos algumas frases que pode usar para falar sobre **genkin**:

父から５万円借りました。**Chichi kara go-man-en karimashita.** (*Peguei ¥50 mil emprestados do meu pai.*)

５００円貸してください。**Go-hyaku-en kashite kudasai.** (*Por favor, empreste-me ¥500.*)

千円札３枚ありますか。**Sen-en-satsu san-mai arimasu ka.** (*Você tem três notas de ¥1.000?*)

一万円札しかありません。**Ichi-man-en-satsu shika arimasen.** (*Só tenho notas de ¥10 mil.*)

LEMBRE-SE

Para dizer *só*, coloque a partícula **shika** no final do substantivo e torne o verbo negativo, como no último exemplo. Você lê mais sobre **shika** no Capítulo 13.

Crédito! Pagando com plástico

O cartão de crédito é quase uma necessidade no mundo atual, particularmente quando se está viajando, porque você precisa de um para alugar carros e reservar quartos de hotel. No Japão, os cartões de crédito são aceitos em muitas lojas, hotéis e restaurantes; mas, só para garantir, confira primeiro se pode usá-los em um dado estabelecimento. Por exemplo, a aceitação do cartão de crédito ainda é limitada nas áreas rurais do Japão.

Conjugue o verbo **-u tsukau** (*usar*). Só tome cuidado com o som de **w**, que aparece apenas no negativo.

Texto em Japonês	Rōmaji
使う	tsukau
使わない	tsukawanai
使い(ます)	tsukai (masu)
使って	tsukatte

LEMBRE-SE

Para perguntar se pode usar seu cartão de crédito, é preciso saber primeiro como dizer *poder*. Por exemplo, **tsukau** significa *usar*, mas **tsukaeru**, *ser capaz de usar* ou *poder usar*. Então você pega esse verbo, **tsukaeru**, e o conjuga — por exemplo **Kurejitto kādo wa tsukaemasu ka.** (*Posso usar um cartão de crédito?*) Vá ao Capítulo 13 para descobrir exatamente como construir a forma *conseguir* de vários verbos.

FALANDO CORRETAMENTE

Se tem múltiplos cartões de crédito e quer saber qual é aceito em uma loja ou restaurante específicos, use a partícula **ka**, que significa *ou*. Você pode usar **ka** para listar duas ou mais escolhas. Quando listar mais de duas escolhas, simplesmente coloque **ka** depois de cada substantivo, exceto o último. Alguns exemplos podem ser úteis:

> ビザかマスターカードは使えますか。**Biza ka Masutā kādo wa tsukaemasu ka.** (*Vocês aceitam Visa ou MasterCard?*)
>
> アメリカンエキスプレスかディスカバーかＪＣＢは使えます。**Amerikan Ekisupuresu ka Disukabā ka JCB wa tsukaemasu.** (*Aceitamos American Express, Discover ou JCB.*)
>
> 空港か銀行で両替をします。**Kūkō ka ginkō de ryōgae o shimasu.** (*Trocarei o dinheiro no aeroporto ou no banco.*)

Talvez você queira usar seu **debitto kādo** (*cartão de débito*) para pagar pelas despesas do dia a dia. O **debitto kādo** tem uma vantagem sobre o **kurejitto kādo**: como o dinheiro é deduzido direto de sua conta bancária, você não gasta mais do que tem.

FALANDO CORRETAMENTE

Para explicar que você usa seu cartão de débito para pagar por compras, diga **Debitto kādo de haraimasu.** (*Pago com o cartão de débito.*) Lembre-se de que a partícula **de** marca o local da atividade. Ela também especifica as ferramentas e os meios para a ação, como nos exemplos a seguir:

箸で食べます。**Hashi de tabemasu.** (*Como com hashi.*)

鉛筆で書きます。**Enpitsu de kakimasu.** (*Escrevo com um lápis.*)

Diversão & Jogos

Identifique a quantia total de notas e moedas em cada um dos conjuntos a seguir. A solução está no Apêndice D.

1. 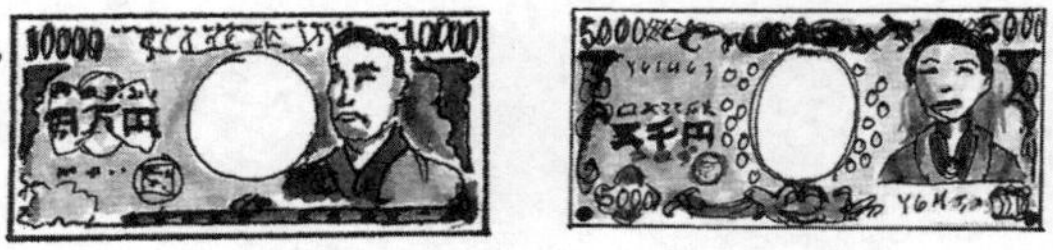 ____________________

2.  ____________________

3.  ____________________

4.  ____________________

5.  ____________________

Ilustração por Elizabeth Kurtzman

NESTE CAPÍTULO

» **Embarcando e desembarcando com noru e oriru**

» **Voando pelo aeroporto com a maior facilidade**

» **Decidindo sobre o melhor meio de transporte**

» **Viajando de trem e barco**

» **Experimentando o transporte público e dirigindo na estrada**

Capítulo **16**

Fazendo Seu Caminho: Aviões, Trens, Táxis e Mais

O **kōtsū kikan** (*transporte*) é uma parte indispensável da vida. Escolha o meio que satisfaça suas necessidades. O que custa menos, dirigir um carro ou pegar um trem? O que é menos agitado, pegar metrô ou táxi? O que o faz sentir-se mais seguro, voar ou dirigir? Este capítulo lhe fornece as frases essenciais de que precisa para circular pela cidade usando vários tipos de **kōtsū kikan**.

Entrando e Saindo com os Verbos Noru e Oriru

O verbo **noru** é usado para todos os meios de transporte, incluindo bicicleta, ônibus, trem, navio e avião. Então sua tradução pode ser *andar*, *subir* ou *entrar* em qualquer meio de transporte, dependendo do contexto. Conjugue esse verbo -**u** como a seguir, prestando muita atenção às sílabas **r** enquanto conjuga:

Texto em Japonês	Rōmaji
乗る	noru
乗らない	noranai
乗り(ます)	nori (masu)
乗って	notte

Quando usar **noru** em uma frase, lembre-se de marcar o meio de transporte sobre o qual está falando com a partícula **ni**, como nos exemplos a seguir:

電車に乗る **densha ni noru** (*entrar em um trem*)

飛行機に乗る **hikōki ni noru** (*entrar em um avião*)

自転車に乗る **jitensha ni noru** (*andar de bicicleta*)

タクシーに乗る **takushī ni noru** (*pegar um táxi*)

Se conhece o verbo **noru**, precisa conhecer o verbo **oriru** (*descer/sair*), a não ser que queira morar em um avião. Conjugue esse verbo **-ru** como a seguir:

Texto em Japonês	Rōmaji
降りる	oriru
降りない	orinai
降り(ます)	ori (masu)
降りて	orite

Como **noru**, você pode usar **oriru** para qualquer meio de transporte. Marque o lugar do qual está saindo com a partícula **kara** (*de*) ou com a de objeto direto, **o**. Aqui estão alguns exemplos:

飛行機から降りました。**Hikōki kara orimashita.** (*Desci do avião.*)

後ろの出口から降りてください。**Ushiro no deguchi kara orite kudasai.** (*Por favor, desça [do avião] pela saída traseira.*)

新宿で電車を降りてバスに乗ります。**Shinjuku de densha o orite basu ni norimasu.** (*Descerei do trem em Shinjuku e pegarei o ônibus.*)

FALANDO CORRETAMENTE

Em japonês, dizer que está pegando um meio de transporte não é a mesma coisa que dizer que está indo para algum lugar com algum meio de transporte. Para especificar qual meio de transporte você usa para ir a algum lugar, use a partícula **de**. Coloque **de** no final da palavra para o meio de transporte e coloque ambos em algum lugar antes do verbo. Por exemplo, **Hikōki de Hokkaidō ni ikimasu** significa *Irei para Hokkaido de avião.*

A função geral de **de** é especificar como você realiza uma dada ação. Especificar o meio de transporte é apenas uma ocasião na qual você usa **de**. Para outros exemplos, vá para o Capítulo 3.

Perguntando sobre o Melhor Meio de Transporte

Embora você possa acessar todos os tipos de informações sobre transportes — de horários a taxas — online atualmente, ainda precisa ser capaz de fazer as perguntas certas quando estiver pensando sobre o melhor meio de transporte para seu objetivo.

FALANDO CORRETAMENTE

Para fazer perguntas como *Qual meio de transporte é conveniente?* ou *Qual podemos pegar para chegar lá?*, use as palavras interrogativas **dono** (*qual*) e **dore** (*qual*). Então, como você sabe qual é *qual*? Se perguntar sobre *qual* coisa específica, use **dono** e adicione em seguida a coisa sobre a qual pergunta, como nos exemplos a seguir:

どのバスに乗れますか。**Dono basu ni noremasu ka.** (*Em qual ônibus posso subir?*)

どの電車で行けますか。**Dono densha de ikemasu ka.** (*Com que trem posso chegar lá?*)

Note que **noremasu** e **ikemasu** nas frases anteriores são as formas potenciais de **norimasu** e **ikimasu**, respectivamente. Por *formas potenciais* quero dizer formas verbais que carregam o significado de *conseguir*. Falo mais sobre essas formas no Capítulo 13.

Se o nome da coisa sobre a qual pergunta for depreendido do contexto ou declarado separadamente, você não precisa repetir a palavra. Só use **dore**, em vez de **dono**.

どれに乗れますか。**Dore ni noremasu ka.** (*Em qual posso entrar?*)

どれで行けますか。**Dore de ikemasu ka.** (*Com qual eu consigo chegar lá?*)

LEMBRE-SE

Talvez você esteja imaginando como perguntar qual meio de transporte é mais rápido, conveniente ou barato. Para isso você só tem que usar o advérbio **ichiban** (*o mais*). (Se reconhece **ichiban** como a palavra em japonês para *primeiro*, você está certo. Ela significa literalmente *número um*.) Confira os exemplos a seguir e veja o Capítulo 10 para mais detalhes sobre usar **ichiban** para expressar *o mais*:

> どのバスが一番はやいですか。**Dono basu ga ichiban hayai desu ka.** (*Qual ônibus é o mais rápido?*)
>
> どの電車が一番便利ですか。**Dono densha ga ichiban benri desu ka.** (*Qual trem é o mais conveniente?*)
>
> どれが一番安いですか。**Dore ga ichiban yasui desu ka.** (*Qual é o mais barato?*)

Se quiser fazer uma comparação para que os ouvintes escolham de uma lista que você fornece, pode enumerar os itens no começo de uma pergunta. O Capítulo 10 informa em detalhes como fazer isso. Por agora, aqui estão alguns exemplos:

> タクシーと, 電車と, バスでは, どれが一番はやいですか。**Takushī to, densha to, basu de wa, dore ga ichiban hayai desu ka.** (*Quais são os mais rápidos: táxis, trens ou ônibus?*)
>
> 飛行機と, 車と, 電車と, バスでは, どれが一番安全ですか。**Hikōki to, kuruma to, densha to, basu de wa, dore ga ichiban anzen desu ka.** (*Quais são os mais seguros: aviões, carros, trens ou ônibus?*)

LEMBRE-SE

Se estiver comparando pessoas, use **dare** (*quem*), em vez de **dore**. E, ao comparar locais, substitua **doko** (*onde*) *por* **dore**. Para fazer uma pergunta que compara apenas dois itens, use a palavra interrogativa **dochira** (*qual dentre os dois*), independente de que dois itens sejam. Veja o Capítulo 10 para mais informações sobre **dochira** e uma discussão completa sobre comparações.

Navegando pelo Aeroporto

Um **hikōki** (*avião*) é muitas vezes necessário para uma viagem rápida de férias, mesmo se tiver medo de altura. E entrar em um avião comercial significa ultrapassar todos os obstáculos relativos a ir ao **kūkō** (*aeroporto*). Confira as seções seguintes para obter o vocabulário que o ajudará a passar pelo processo de embarque, imigração e alfândega, e sair do aeroporto para explorar seu destino.

Agora, embarcando: Chegando ao avião

Chegue cedo ao aeroporto para conferir sua bagagem e passar pela segurança, para que possa aproveitar o tempo no aeroporto antes de embarcar, em vez de fazer uma corrida maluca até o avião enquanto a porta se fecha. Você precisará destas palavras para isso:

- 便 **bin** (*voo*)
- チケット **chiketto** (*passagem*)
- ゲート **gēto** (*portão*)
- 保安検査場 **hoan kensajō** (*segurança*)
- 窓 **mado** (*janela*)
- 窓側の席 **mado gawa no seki** (*assento na janela*)
- 免税店 **menzeiten** (*lojas duty-free*)
- 席 **seki** (*assento*)
- シートベルト **shītoberuto** (*cinto de segurança*)
- 出国手続き **shukkoku tetsuzuki** (*processo de embarque [preencher a papelada ao sair do Japão]*)
- 搭乗券 **tōjōken** (*cartão de embarque*)
- 搭乗手続き **tōjō tetsuzuki** (*check-in*)
- 通路側の席 **tsūro gawa no seki** (*assento no corredor*)

LEMBRE-SE

Bin é uma palavra que significa *voo*, e também funciona como um contador que especifica qual voo. Se precisa especificar um voo com seu número, adicione **-bin** logo depois do número. Por exemplo, **18-bin** significa *Voo 18*.

Depois que entrar no avião, apenas relaxe. Faça qualquer pergunta que tiver aos **kyabin atendanto** (*comissários de bordo*), como as seguintes:

- どのターミナルに着きますか。**Dono tāminaru ni tsukimasu ka.** (*Em qual terminal vamos chegar?*)
- 映画は何時からですか。**Eiga wa nan-ji kara desu ka.** (*A que horas começa o filme?*)
- 何番ゲートに着きますか。**Nan-ban gēto ni tsukimasu ka.** (*Em qual portal vamos chegar?*)
- 何時に着きますか。**Nan-ji ni tsukimasu ka.** (*A que horas vamos chegar?*)

Você pode se perguntar como se diz *voar* em japonês, porque diz coisas como *Voei de Nova York para San Francisco na semana passada* ou *Ele voará para Las Vegas na semana que vem* o tempo todo. Bem, em tais contextos, os japoneses normalmente falam *ir*, e dizem *voar* apenas figurativamente, porque é o avião que voa, não as pessoas. Mas, se quiser falar figurativamente, aqui está como conjugar o verbo **-u tobu** (*voar*).

Texto em Japonês	Rōmaji
飛ぶ	tobu
飛ばない	tobanai
飛び(ます)	tobi (masu)
飛んで	tonde

Passando pela imigração

Antes de entrar em um país estrangeiro, você tem que encontrar várias pessoas sérias na área de **nyūkoku shinsa** (*imigração*). Aqui todo mundo tem que ficar na fila, que pode ser bem longa se vários aviões jumbo chegarem ao mesmo tempo. Certifique-se de ter seu passaporte em mãos e estar pronto para estas perguntas e pedidos:

» ビザは。**Biza wa.** (*E o seu visto?*)

» どこに泊まりますか。**Doko ni tomarimasu ka.** (*Onde você vai ficar?*)

» 住所は。**Jūsho wa.** (*Seu endereço?*)

» 住所を書いてください。**Jūsho o kaite kudasai.** (*Por favor, escreva seu endereço.*)

» 観光ですか。**Kankō desu ka.** (*Você está aqui a passeio?*)

» お名前は。**O-namae wa.** (*Seu nome?*)

» パスポートを見せてください。**Pasupōto o misete kudasai.** (*Por favor, mostre-me seu passaporte.*)

» 仕事ですか。**Shigoto desu ka.** (*Você está aqui a negócios?*)

O Capítulo 14 mostra mais detalhes e a terminologia relacionada a passaportes e vistos.

Passando pela alfândega

Depois de passar pela imigração, vá para a **tenimotsu hikiwatashijō** (*esteira de bagagens*) e pegue suas malas, bolsas, caixas ou o que quer que seja. Vá direto para a **zeikan** (*alfândega*) depois que tiver com todos os seus pertences. As filas na alfândega normalmente não são tão longas quanto as da imigração, porque poucas pessoas têm itens a declarar. No entanto, você deve se certificar de pagar o **zeikin** (*imposto*), se necessário. Certos itens são **menzei** (*duty-free*) apenas se levar até uma certa quantidade com você. Esteja familiarizado com as seguintes perguntas e frases para passar pela alfândega:

» あそこで税金を払ってください。**Asoko de zeikin o haratte kudasai.** (*Pague o imposto ali, por favor.*)

» 身の回りのものです。**Minomawari no mono desu.** (*São meus pertences pessoais.*)

» 申告するものはありませんか。**Shinkoku suru mono wa arimasen ka.** (*Há alguma coisa que queira declarar?*)

Talvez lhe peçam que **Sūtsukēsu o akete kudasai** (*Abra sua mala, por favor*), então, você deve ser capaz de conjugar o verbo **-ru akeru** (*abrir*):

Texto em Japonês	Rōmaji
開ける	akeru
開けない	akenai
開け(ます)	ake (masu)
開けて	akete

Saindo do aeroporto

Quando tiver terminado com a alfândega, pegue suas malas, passe pela saída e vá ao **tōchaku robī** (*portão de chegada*). Você talvez veja centenas de rostos olhando para você, o que pode fazê-lo sentir-se como se fosse uma estrela de cinema ou um criminoso terrível. A maioria dessas pessoas está apenas procurando seus amigos e parentes, não você, então não fique muito animado.

Se ninguém vai esperá-lo, você encontra informações sobre transportes terrestres no **chiketto kauntā** (*balcão de passagens*) ou no **annaijo** (*balcão de informações*). Você pode usar perguntas como as seguintes para conseguir seu transporte do aeroporto até qualquer outro local:

» モノレールはどこで乗れますか。**Monorēru wa doko de noremasu ka.** (*Onde posso pegar o monotrilho?*)

» 東京まで成田エクスプレスでいくらかかりますか。**Tōkyō made Narita Ekusupuresu de ikura kakarimasu ka.** (*Quanto custa ir para Tóquio de Narita Express?*)

- 品川行きのリムジンバスはありますか。**Shinagawa yuki no rimujin basu wa arimasu ka.** (*Você tem um ônibus limusine para Shinagawa?*)
- 次の東京駅行きのリムジンバスは何時ですか。**Tsugi no Tōkyō eki yuki no rimujin basu wa nan-ji desu ka.** (*A que horas sai o próximo ônibus limusine para a Estação de Tóquio?*)

Todos a Bordo: Entrando em um Trem ou Barco

Trens e barcos são alguns dos mais antigos meios de transporte — pelo menos desde que as pessoas pararam de usar carruagens —, mas ainda são populares no mundo moderno. As seções seguintes apresentam a terminologia de que precisa para falar sobre esses transportes em japonês. (Desculpe, fiquei sem espaço para adicionar uma seção sobre carruagens.)

Entrando na estação: Indo de trem

Viajar de **densha** (*trem*) é especial porque você passa por muitas **eki** (*estações de trem*), cada uma representando as pessoas que moram ou trabalham naquela cidade. Em algumas **eki** você vê muitos empresários; mas, em outras, principalmente crianças e suas mães.

Confira a direção do seu trem:

- 下り電車 **kudari densha** (*trem para baixo*)
- 上り電車 **nobori densha** (*trem para cima*)
- 大阪行き **Ōsaka yuki** (*com destino a Osaka*)

CONHECENDO A CULTURA

Você pode estar se perguntando: "O que raios é um trem para cima e um trem para baixo?" Você está com sorte, eu tenho a resposta. **Nobori densha** (*trem para cima*) refere-se a qualquer trem no Japão viajando em direção a Tóquio, e **kidari densha** (*trem para baixo*), a qualquer um viajando para longe de Tóquio. Tóquio é realmente o centro do Japão, como uma olhada no mapa demonstra. ***Nota:*** esses termos estranhos podem dar a impressão de que Tóquio é o ponto mais alto no Japão e que o local mais longe de Tóquio deve, portanto, estar abaixo do nível do mar. Mas a alusão à altitude é apenas figurativa, mesmo que meio elitista por parte de Tóquio. O motivo de usar esses dois termos é apenas distinguir as direções de cada linha férrea, não a altitude.

Quando pegar um trem, certifique-se de saber a que horas ele sai e chega. Conjugue o verbo **deru** (*partir*) e **tsuku** (*chegar*). **Deru** é um verbo -**ru**, mas **tsuku** é um verbo -**u**.

Texto em Japonês	Rōmaji
出る	deru
出ない	denai
出(ます)	de (masu)
出て	dete

Texto em Japonês	Rōmaji
着く	tsuku
着かない	tsukanai
着き(ます)	tsuki (masu)
着いて	tsuite

LEMBRE-SE

Lembre-se de verificar a **jikokuhyō** (*tabela de horário*) na estação. Esteja preparado para o sistema de 24 horas se for viajar ao Japão. **Jūgo-ji** (*15h [quinze horas]*) significa **gogo 3-ji**. Cuidado com duas palavras-chave importantes sobre o horário: **hatsu** (*partida*) e **chaku** (*chegada*). São formas encurtadas de **hassha suru** (*partir*) e **tōchaku suru** (*chegar*). Dê uma olhada em alguns exemplos (para cobertura completa sobre como falar as horas, confira o Capítulo 5):

１６時１５分発 **16-ji 15-fun hatsu** (*partida 16h15*)

２０時５７分着 **20-ji 57-fun chaku** (*chegada 20h57*)

７時５分東京発１０時７分大阪着 **7-ji 5-fun Tōkyō hatsu 10-ji 7-fun Ōsaka chaku** (*partida 7h05 da manhã, Tóquio; chegada 10h07 da manhã, Osaka*)

Dependendo de com quanto pressa esteja, escolha um destes tipos de trens, listados em ordem descendente de velocidade e distância:

- 新幹線 **shinkansen** (*trem-bala*)
- 特急 **tokkyū** (*superexpresso*)
- 快速 **kaisoku** (*rápido*)
- 急行 **kyūkō** (*expresso*)
- 普通 **futsū** (*regular* ou *local*)

CONHECENDO A CULTURA

Shinkansen virou *trem-bala* em português por causa do formato de bala do primeiro carro na série 0, ou primeira geração, do trem. Esses trens andam por trilhos especiais a altas velocidades, de cerca de 300 quilômetros por hora, e conectam todas as principais cidades de **Honshū**, a principal ilha do Japão. O serviço de **Shinkansen** também está disponível para várias cidades em Kyushu. Linhas conectando partes de Hokkaido estão em construção.

Em todos os trens, a **unchin** (*tarifa*) é diferente para adultos e crianças. Certifique-se de especificar o número de adultos e o de crianças quando comprar suas passagens. E pergunte se existem descontos e assistência especial disponíveis para idosos e pessoas com necessidades especiais.

Use o contador **-mai** para expressar o número de passagens que deseja comprar. (Veja o Capítulo 5 para informações sobre contadores.) Também especifique se precisa de passagens de ida e volta ou só de ida. Se estiver pegando o **shinkansen** ou outro trem superexpresso no Japão, você precisa comprar duas passagens: uma superexpressa, mais a passagem de passageiro regular. Aqui estão alguns termos comuns relativos a passagens:

- » 乗車券 **jōshaken** (*bilhete do passageiro*)
- » 片道 **katamichi** (*passagem só de ida*)
- » 切符 **kippu** (*passagens*)
- » 往復 **ōfuku** (*passagem de ida e volta*)
- » 特急券 **tokkyūken** (*passagem superexpressa*)

Você pode fazer um pedido como os seguintes ao comprar sua passagem:

- » 名古屋まで大人３枚往復お願いします。**Nagoya made otona san-mai Ōfuku onegaishimasu.** (*Três passagens de ida e volta para Nagoya para adultos, por favor.*)
- » 大阪まで大人１枚と子ども２枚お願いします。**Ōsaka made otona ichi-mai to kodomo ni-mai onegaishimasu.** (*Uma passagem para Osaka para adulto e duas para crianças, por favor.*)
- » 東京まで片道１枚。**Tōkyō made katamichi ichi-mai.** (*Uma passagem só de ida para Tóquio, por favor.*)
- » 東京までの乗車券と特急券を下さい。**Tōkyō made no jōshaken to tokkyūken o kudasai.** (*Um bilhete de passageiro e uma passagem superexpressa para Tóquio, por favor.*)

Descubra de qual **hōmu** (*plataforma*) você partirá, diga o número com o contador **-ban** (bahn) e adicione **hōmu**, como em **ichi-ban hōmu** (*plataforma um*), **ni-ban hōmu** (*plataforma dois*) e **san-ban hōmu** (*plataforma três*).

Navegando: Fazendo um cruzeiro

Você pode ter várias chances de ir a ilhas próximas ou a cidades do outro lado do lago, baía ou enseada perto de sua casa. Algumas pessoas até vão para o trabalho de balsa. Que maneira romântica de começar o dia de trabalho! Use alguns dos termos a seguir para viajar pela água ou apenas se divertir:

» ボート **bōto** (*barco*)

» フェリー **ferī** (*balsa*)

» 船 **fune** (*navio*)

» ヨット **yotto** (*iate*)

Se não sabe nadar, encontre coletes salva-vidas logo depois de embarcar. Estou brincando! Relaxe e aproveite a brisa agradável. Se passar algum tempo na água, chegará em terra firme sentindo-se revigorado!

Conquistando o Transporte Público

Às vezes a melhor maneira de circular pelas cidades maiores é usar o transporte público. Quer pretenda viajar de **basu** (*ônibus*), **chikatetsu** (*metrô*) ou **takushī** (*táxi*), as próximas seções tratam disso.

DICA

Quando se decidir sobre qual forma de transporte público usar, diga **ni suru** (*decidir sobre*). O verbo **suru** é irregular, e seu correspondente polido é **shimasu**. Agora você pode entender as decisões a seguir:

» 地下鉄にします。**Chikatetsu ni shimasu.** (*Escolherei o metrô.*)

» タクシーにします。**Takushī ni shimasu.** (*Pegarei um táxi.*)

Indo de ônibus

Basu (*ônibus*) são baratos e convenientes, e podem levá-lo ao outro lado da cidade ou do país. Pegando um ônibus de longa distância, em vez de um avião ou trem, você pode economizar bastante dinheiro.

Vá a um terminal rodoviário ou ponto de ônibus e descubra qual **basu** deve pegar. A **unchin** (*tarifa*) pode ser fixa ou variável, dependendo de até onde você vai. De qualquer maneira, coloque a **unchin** na caixa designada. Aqui está como conjugar o verbo **-ru ireru** (*colocar*).

Texto em Japonês	Rōmaji
入れる	ireru
入れない	irenai
入れ(ます)	ire (masu)
入れて	irete

Recomendo memorizar também as seguintes palavras:

» バスターミナル **basu tāminaru** (*terminal de ônibus*)

» バス停 **basu-tei** (*ponto de ônibus*)

» 乗り換え **norikae** (*baldeação*)

DICA

Não se esqueça de perguntar ao motorista sobre uma baldeação, caso precise trocar de ônibus.

Pegando o metrô

O **chikatetsu** (*metrô*) é barato, especialmente se comparado a pegar um táxi. Ele também o leva a seu destino muito mais rápido do que um ônibus. Considerando todos esses fatores, o **chikatetsu** lhe oferece o maior custo benefício.

Quando pegar um metrô, tenha cuidado para não perder sua estação. Para dizer qual é sua estação — **hito-tsu-me** (*a primeira*), **futatsu- me** (*a segunda*) e assim por diante —, leia a discussão sobre números ordinais no Capítulo 5 e use o contador ordinal **-me**.

Chamando um táxi

Takushī (*táxis*) são muito convenientes — vão até onde estiver, então não é preciso andar para lugar nenhum. Diferente dos metrôs, você não precisa descobrir qual pegar. E, diferente dos ônibus, não precisa esperar por eles. Apenas chame um táxi para buscá-lo onde quer que esteja. Se tem três ou quatro pessoas no seu grupo, pegar um **takushī** pode ser mais barato do que um trem ou ônibus!

Aqui estão algumas frases que se diz e ouve em um táxi:

» 美術館までお願いします。**Bijutsukan made onegai shimasu.** (*Por favor, vá ao museu de arte.*)

» どちらまで。**Dochira made.** (*Para onde?*)

» 空港までいくらぐらいかかりますか。**Kūkō made ikura gurai kakarimasu ka.** (*Quanto custa ir para o aeroporto?*)

» 着きましたよ。**Tsukimashita yo.** (*Chegamos.*)

DICA

Quando o motorista do **takushī** estiver prestes a dar-lhe o **otsuri** (*troco*), você pode recusar dizendo **Otsuri wa kekkō desu.** (*Por favor, fique com o troco.*) **Kekkō desu** significa *bom* ou *bem* em alguns contextos, mas significa *não, obrigado* em outros. Pode parecer contraditório, mas em português você às vezes diz *Estou bem* depois de lhe perguntarem *Você gostaria de um café?*, quando o que quer dizer é *não, obrigado*, certo? É esse o espírito de **kekkō desu** como *não, obrigado*.

Tendo uma Conversa

TOQUE AGORA

Kent está tentando chamar um táxi. Um táxi finalmente para em sua frente e a porta se abre. (Faixa 36)

Kent: **Akagi Eigo Gakkō made onegaishimasu.**
Para a Escola de Inglês Akagi, por favor.

Motorista: **Yokohama Eki no mae desu ne.**
Fica em frente à Estação Yokohama, certo?

Kent: **Hai.**
Sim.

Motorista: **O-kyaku-san wa eigo no sensei desu ka.**
Você é professor de inglês?

Kent: **Hai.**
Sim.

O táxi chega em frente à Escola de Inglês Akagi.

Motorista: **Hai, tsukimashita yo.**
Certo, chegamos.

Kent: **Ikura desu ka.**
Quanto?

Motorista: **750-en desu.**
750 ienes.

Kent: **Jā, dōzo. Otsuri wa kekkō desu.**
Aqui está. Fique com o troco.

Motorista: **Ā, arigatō gozaimasu.**
Ah, muito obrigado.

Palavras a Saber

eigo gakkō	escola de inglês
made	até
no mae	em frente a
Tsukimashita.	chegamos.
otsuri	troco

Dirigindo por Aí

Em comunidades menores, dirigir um **kuruma** (*carro*) pode ser sua única opção para circular. (E até em comunidades maiores você pode preferir dirigir.) Para falar sobre dirigir, use **unten suru** (*dirigir*). Conjugar esse verbo é muito fácil se souber como conjugar o verbo irregular **suru** (*fazer*).

Texto em Japonês	Rōmaji
運転する	unten suru
運転しない	unten shinai
運転し(ます)	unten shi (masu)
運転して	unten shite

Se estiver em uma viagem e não tiver dirigido até o seu destino, precisará alugar um carro. E, se estiver dirigindo no Japão, precisará de um curso intensivo de placas de trânsito japonesas. As seções a seguir mostram o vocabulário necessário para alugar um veículo e fornecem uma visão geral das principais placas de trânsito.

CONHECENDO A CULTURA

Dirigir um carro no Japão é um pouco complicado. Você tem que dirigir do lado esquerdo, e seu volante fica do lado direito. As ruas são limpas e boas, mas muito estreitas. As bicicletas e os pedestres sempre têm o lado direito nas ruas vizinhas. E as estradas estão sempre em ótimas condições, mas os pedágios são ultrajantes.

Alugando um carro

Para alugar um **kuruma**, vá a uma **rentakā shoppu** (*loja de aluguel de carros*). Certifique-se de perguntar sobre as características do carro alugado:

- エアコン **eakon** (*ar-condicionado*)
- カーナビ **kānabi** (*navegação do carro, GPS*)
- マニュアル **manyuaru** (*câmbio*)
- オートマチック **ōtomachikku** (*transmissão automática*)
- ステレオ **sutereo** (*som*)

Mostre sua **unten menkyoshō** (*carteira de motorista*) ao atendente da agência de aluguel de carros. Note que você precisa de uma **kokusai unten menkyoshō** (*licença internacional para dirigir*), além de sua carteira de motorista de seu país de origem, quando dirigir no Japão, a não ser que tenha uma habilitação local. Depois que isso estiver resolvido, você pode pensar nos detalhes. A seguir estão algumas frases comuns que pode achar úteis quando alugar um carro:

- 保険をかけます。**Hoken o kakemasu.** (*Vou pegar a apólice de seguro.*)
- 小型の車を借りたいんですが。**Kogata no kuruma o karitai-n-desu ga.** (*Eu gostaria de alugar um carro pequeno [você tem um?].*)
- 今日から金曜日まで使いたいんです。**Kyō kara kinyōbi made tsukai-tai-n-desu.** (*Quero de hoje até sexta-feira.*)
- 木曜日に返します。**Mokuyōbi ni kaeshimasu.** (*Eu o devolverei na quinta-feira.*)

Conjugue os verbos **kariru** (*alugar*) e **kaesu** (*devolver*) — duas palavras essenciais ao visitar uma agência de aluguel de carros. **Kariru** é um verbo **-ru**, e **kaesu**, um verbo **-u**. A tabela de conjugação para **kariru** está no Capítulo 15. Aqui está a conjugação de **kaesu**:

Texto em Japonês	Rōmaji
返す	kaesu
返さない	kaesanai
返し(ます)	kaeshi (masu)
返して	kaeshite

A LICENÇA INTERNACIONAL PARA DIRIGIR

A 国際運転免許証 **Kokusai Unten Menkyoshō** (*licença internacional para dirigir*) é um documento reconhecido por mais de 100 países, incluindo Japão e Brasil. É suplementar à licença emitida por seu governo oficial e serve aos propósitos de tradução e identificação, então você deve também carregar a carteira de motorista do seu país natal quando usá-la.

Note que **Kokusai Unten Menkyoshō** é apenas para turistas de curto prazo. Se quiser ficar no Japão por um longo período, precisa converter a licença do seu país de origem para uma licença local.

Decifrando as sinalizações da estrada

Aposto que você consegue entender a maioria das **dōro hyōshiki** (*sinalizações de estrada*) no Japão; mas, só para garantir, a Tabela 16-1 mostra-lhe as essenciais.

TABELA 16-1 Sinalizações de Estradas Japonesas

Placa	Japonês	Significado
	止まれ **tomare**	Pare
	進入禁止 **shinnyū kinshi**	Não entre
	一方通行 **ippō tsūkō**	Mão única
	駐車可 **chūshaka**	Permitido estacionar
	駐車禁止 **chūsha kinshi**	Proibido estacionar

Você está pronto para dirigir no Japão? Aqui estão alguns lembretes finais: no Japão, as curvas à esquerda em um sinal vermelho não são permitidas. Além disso, lembre-se de que as cores dos semáforos no Japão não são as mesmas que no Brasil, mas vermelho, amarelo e azul (em vez de vermelho, amarelo e verde).

Diversão & Jogos

Escreva na linha correspondente a palavra em japonês para os seguintes meios de transporte. A solução está no Apêndice D.

1.  ____________________

2. 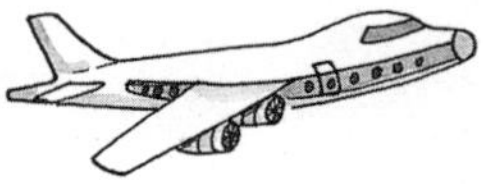 ____________________

3. 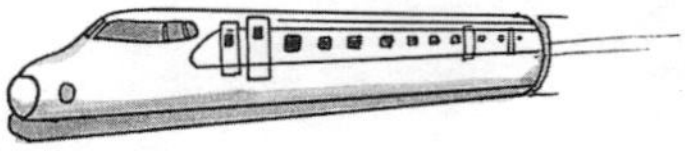 ____________________

4.  ____________________

5.  ____________________

Ilustração por Elizabeth Kurtzman

NESTE CAPÍTULO

» Encontrando acomodações

» Reservando o quarto

» Fazendo check-in

» Sabendo como reivindicar suas coisas

» Fazendo check-out

Capítulo 17

Encontrando um Lugar para Ficar

Selecionar as **shukuhaku shisetsu** (*acomodações*) corretas torna qualquer viagem que fizer mais agradável. Afinal de contas, cada dia de sua aventura começa e termina lá. Este capítulo o guia pelo processo de encontrar sua **shukuhaku shisetsu:** escolher o lugar certo, fazer reservas, check-in e check-out. Aproveite sua visita!

Escolhendo as Acomodações Certas para Suas Necessidades

Selecione suas acomodações de acordo com suas necessidades e orçamento. Por exemplo, se estiver planejando uma viagem de família para um resort em uma área perto da costa, vá a um bom **hoteru** (*hotel*) que tenha fácil acesso à praia. Aqui estão as muitas opções disponíveis para você:

- ビジネスホテル **bijinesu hoteru** (*hotel empresarial*)
- ホテル **hoteru** (*hotel*)
- 観光ホテル **kankō hoteru** (*hotel de turismo*)
- カプセルホテル **kapuseru hoteru** (*hotel-cápsula*)
- 民宿 **minshuku** (*uma casa particular que oferece alojamento e refeições a turistas*)
- モーテル **mōteru** (*motel*)
- 旅館 **ryokan** (*pousada no estilo japonês*)
- ユースホステル **yūsu hosuteru** (*albergue da juventude*)

CONHECENDO A CULTURA

Um **hoteru** é um hotel no estilo ocidental. Você pode falar inglês na maioria dos **hoteru** no Japão. Também pode tomar um café da manhã no estilo ocidental, dormir em uma cama, em vez de em um **futon** (*colchão fino e acolchoado*), e usar um banheiro no estilo ocidental. (Vá ao Capítulo 6 para saber mais sobre a experiência tradicional japonesa de dormir em um **futon**.) Essas comodidades podem parecer familiares para você e deixá-lo tranquilo. Se preferir ficar ainda mais em sua zona de conforto, talvez queira ficar em alguma rede de hotéis conhecida.

Para acomodações no estilo japonês mais autêntico, vá para um **ryokan**. Na entrada da pousada, uma **nakai-san** (*empregada*) em um kimono o recebe. Aproveite um grande banho com outros hóspedes, se não for envergonhado (veja o próximo box sobre o banho no estilo japonês). Quando voltar a seu quarto à noite, o **futon** já estará estendido no chão de **tatami** (*tatame*), e o jantar é levado diretamente à área de estar/jantar do seu quarto. Vista um roupão de algodão especial parecido com um kimono, um **yukata**, enquanto aprecia seu jantar. Pela manhã, tome um café da manhã no estilo japonês (vá ao Capítulo 6 para exemplos desses pratos).

Um **minshuku** é parecido com um *bed and breakfast* (também conhecido como cama e café) nos países ocidentais, mas frequentemente fornece jantar, além do café da manhã. Todos os hóspedes do **minshuku** fazem suas refeições juntos em uma grande sala de jantar com um chão de **tatami**. Cada hóspede tem que desenrolar o próprio **futon** quando dorme e dobrá-lo novamente pela manhã. É como visitar a casa do seu tio ou tia no interior.

TOMANDO BANHO NO ESTILO JAPONÊS

CONHECENDO A CULTURA

Um banho japonês é bem diferente de um no estilo ocidental. Uma banheira japonesa é muito funda, e a água, bem quente. O banho é apenas de imersão e relaxamento; lavar seu corpo, rosto ou cabelo no banho são tabus. Você se lava fora da banheira, em um espaço com torneiras, chuveiros e espelhos na parede, onde pode sentar-se em um banquinho baixo enquanto se lava. Entrar na banheira antes de lavar ou enxaguar seu corpo é considerado uma gafe grave.

Banhos públicos estão por toda parte no Japão, embora sejam separados por gêneros. Em um banho público japonês, você tem que ficar completamente nu. Sem trajes de banho. Tirar a roupa perto de estranhos pode ser um pouco vergonhoso, mas você não conhece nenhuma das outras pessoas, então qual é o problema? Vá em frente! A banheira em um banho público é enorme — é como uma hidromassagem gigante (mas não é uma piscina aquecida, então não planeje dar algumas braçadas). Saia da banheira a cada 15 minutos mais ou menos; caso contrário, se tornará um polvo tonto devido ao calor.

Se você é jovem e seu orçamento é bem pequeno (ou isso nem precisa ser dito?), pode ficar em um **yūsu hosuteru**. Você tem que dividir um quarto e/ou um banheiro com outros viajantes e seguir as regras rigorosas do hostel, mas economiza seu dinheiro para outra parte de sua viagem.

Se só precisa ficar em algum lugar para sua viagem de negócios, opte por um **bijinesu hoteru**. Seus quartos são simples, mas arrumados, relativamente confortáveis, muito funcionais e convenientes para executivos. Se precisa de um hotel muito mais barato que hotéis empresariais em grandes cidades comerciais do Japão, você pode ficar em um hotel supersimples, interessante e único chamado **kapuseru hoteru**. Cada quarto tem apenas uma única cama; uma pessoa mal fica em pé nele. Pense nesses hotéis como colmeias de abelhas. Cada quarto tem uma TV e um rádio. O hotel tem uma sauna em algum andar do prédio, que pode ser dividida pelos hóspedes. Os hotéis cápsulas cobram muito pouco; são normalmente usados por executivos do sexo masculino que tendem a trabalhar até tarde e normalmente perdem o último trem do dia. Na verdade, muitos hotéis-cápsula são apenas para homens.

Claro, todas essas opções de acomodação satisfarão sua necessidade mais básica: um lugar para dormir! Eis como conjugar o verbo -**ru neru** (*dormir*).

Texto em Japonês	Rōmaji
寝る	neru
寝ない	nenai
寝(ます)	ne (masu)
寝て	nete

Restringindo Ainda Mais Suas Opções

Depois que souber o tipo de acomodação que lhe interessa, comece a procurar lugares específicos. Considere o tamanho dos quartos, as várias comodidades oferecidas e o custo geral para tomar sua decisão. As seções seguintes o ajudam a fazer exatamente isso, além de lhe mostrar como expressar cenários possíveis com *se*.

Observando os tamanhos dos quartos e as comodidades

Pergunte às pessoas da recepção os tipos de **heya** (*quartos*) que o hotel tem. Suponha que esteja viajando com sua mãe, cônjuge e dois filhos adolescentes. Você preferiria pegar um quarto grande onde todos pudessem ficar juntos ou gostaria de um quarto separado para seus filhos e sua mãe? (Eu sei qual seria a minha resposta.) Alguém em sua família ronca muito? Você precisa de uma boa noite de sono para ter energia para sua viagem, então talvez deva considerar vários quartos menores (ou apenas levar protetores auriculares). Aqui está o vocabulário de que precisa para falar sobre tamanho de quartos:

- ダブル **daburu** (*duplo/um quarto com uma cama grande para duas pessoas*)
- シングル **shinguru** (*solteiro/um quarto com uma cama de solteiro para uma pessoa*)
- ツイン **tsuin** (*duplo solteiro/um quarto com duas camas de solteiro para duas pessoas*)

Se não tem certeza se um quarto duplo de solteiro é maior que um duplo, apenas pergunte **Dochira no heya ga hiroi desu ka.** (*Qual quarto é maior?*) Espere ouvir isto como resposta: **Tsuin no heya ga hiroi desu.** (*Um quarto duplo de solteiro é maior.*) (Para mais informações sobre usar **dochira** [*qual*] e fazer outras comparações, veja o Capítulo 10.)

DICA

Pergunte se o lugar no qual está interessado em ficar tem as seguintes comodidades:

- 売店 **baiten** (*loja*)
- ビジネスセンター **bijinesu sentā** (*centro de negócios*)
- 駐車場 **chūshajō** (*estacionamento*)
- ジム **gimu** (*academia*)
- インターネット **intānetto** (*internet*)

» 自動販売機 **jidōhanbaiki** (*máquina automática de vendas*)

» 金庫 **kinko** (*cofre*)

» 無線ＬＡＮ **musen LAN** (*wireless LAN [uma rede local]*)

» プール **pūru** (*piscina*)

» 冷蔵庫 **reizōko** (*geladeira*)

» レストラン **resutoran** (*restaurante*)

Pergunte sobre qualquer serviço de que possa precisar durante sua estadia. Serviços populares incluem:

» マッサージ **massāji** (*massagem*)

» モーニングコール **mōningu kōru** (*serviço de despertador*)

» ランドリーサービス **randorī sābisu** (*serviço de lavanderia*)

» ルームサービス **rūmu sābisu** (*serviço de quarto*)

Se tem um pedido especial, pergunte por ele ao fazer uma reserva. Por exemplo:

» 広い部屋はありますか。**Hiroi heya wa arimasu ka.** (*Você tem um quarto espaçoso?*)

» 喫煙ルームですか。**Kitsuen rūmu desu ka.** (*É um quarto para fumantes?*)

» 禁煙の部屋ですか。**Kin'ẹn no heya desu ka.** (*É um quarto para não fumantes?*)

» 静かな部屋をお願いします。**Shizuka na heya o onegai shimasu.** (*Um quarto silencioso, por favor.*)

» 冷蔵庫のある部屋がいいんですが。**Reizōko no aru heya ga ii n desu ga.** (*Prefiro um quarto com geladeira.*)

» スイートをお願いします。**Suīto o onegai shimasu.** (*Suíte, por favor.*)

Comparando custos

O custo é o critério principal quando você escolhe um hotel. Imagine um hotel que cobre $150 por dia e outro que cobre $200. Essa diferença de $50 parece pequena, mas se você ficar por dez dias a diferença se torna de $500. Essa é uma boa soma de dinheiro. (Note que a maioria dos hotéis japoneses cobra por pessoa, mesmo se várias pessoas dividirem um quarto, então cuidado!) Descobrir o custo total nem sempre é simples, mas falar sobre isso em japonês pode ser feito com as informações desta seção. Mostro como comparar preços, expressar conceitos como *dobro* e *três vezes mais caro* e porcentagens.

O Capítulo 10 mostra em detalhes como usar a partícula **yori** (*do que*). Você usa essa mesma partícula para comparar suas opções de acomodação. Por exemplo, **Yūsu hosuteru wa yasui desu** significa *Albergues são baratos*. Se quiser dizer *Albergues são mais baratos do que hotéis*, só coloque **hoteru yori** (*do que hotéis*) logo antes do adjetivo **yasui desu**. Assim, **Yūsu hosuteru wa hoteru yori yasui desu** significa *Albergues são mais baratos do que hotéis*.

DICA

Para fazer uma comparação dizendo que algo é um número de vezes mais (ou menos) do que alguma outra coisa, use o contador **-bai**. Por exemplo, para dizer que *Pousadas no estilo japonês são três vezes mais caras do que albergues*, diga **Ryokan wa yūsu hosuteru yori san-bai takai desu.** A seguir estão os possíveis contadores para comparar custos de hotéis:

» 2倍 **ni-bai** (*dobro*)

» 3倍 **san-bai** (*triplo*)

» 3.5倍 **san-ten-go-bai** (*três vezes e meia*)

» 4倍 **yon-bai** (*quatro vezes*)

» 5倍 **go-bai** (*cinco vezes*)

E eis mais uma frase conveniente para comparar preços. Para expressar porcentagens, use o contador **-pāsento** (*por cento*). Por exemplo, para dizer *Hotéis canadenses são 25 por cento mais baratos do que os norte-americanos, diga* ***Kanada no hoteru wa Amerika no hoteru yori*** **25-pāsento yasui desu.** Você também pode usar o mesmo símbolo de porcentagem (%) em japonês, como faz em português, como vê na seguinte lista de porçentagens, que pode achar útil em suas comparações de diferentes custos de acomodações.

» 10% **jūp-pāsento** (*10%*)

» 15% **jū-go-pāsento** (*15%*)

» 20% **ni-jūp-pāsento** (*20%*)

» 100% **hyaku-pāsento** (*100%*)

Considerando cada cenário possível com nara

Você tem que pensar sobre muitas possibilidades diferentes quando está planejando suas acomodações de viagem, como: "Se Bob e Sue vierem, precisarão pegar um quarto extra" ou "Podemos economizar $100 se formos em maio, em vez de em junho". Uma maneira de expressar esses cenários hipotéticos em japonês é usar **nara**, que significa *se*.

FALANDO CORRETAMENTE

Você pode adicionar **nara** no fim de um verbo ou adjetivo na forma simples/informal, exceto pelo fato de que a ligação **da** (a forma presente afirmativa simples de **desu**) que segue diretamente um substantivo ou adjetivo tipo **-na** deve ser retirada. Confira os exemplos seguintes.

日本に行くなら旅館に泊まりましょう。**Nihon ni iku nara ryokan ni tomarimashō.** (*Vamos ficar em uma pousada no estilo japonês se formos ao Japão.*)

安いなら泊まります。**Yasui nara tomarimasu.** (*Se for barato, ficarei lá.*)

観光なら京都がいいですよ。**Kankō nara Kyōto ga ii desu yo.** (*Se estivermos interessados em fazer turismo, Kyoto é bom.* [Literalmente: *Se for para fazer turismo, Kyoto é bom.*])

買い物が好きなら新宿がいいですよ。**Kaimono ga suki nara Shinjuku ga ii desu yo.** (*Se gosta de fazer compras, Shinjuku é um ótimo lugar para você.*)

朝食が付くならこのホテルにしましょう。**Chōshoku ga tsuku nara kono hoteru ni shimashō.** (*Se o café da manhã estiver incluso, vamos ficar neste hotel.*)

お金がないならカプセルホテルに泊まった方がいいですよ。**O-kane ga nai nara kapuseru hoteru ni tomatta hō ga ii desu yo.** (*Se não tiver dinheiro, você deve ficar em hotéis-cápsula.*)

DICA

O exemplo final da lista anterior dá um conselho usando o tempo passado e a frase **hō ga ii desu**. Vá ao Capítulo 18 para mais detalhes sobre **hō ga ii desu**.

Fazendo a Reserva de um Quarto

LEMBRE-SE

O japonês não tem verbos simples que signifiquem *planejar* ou *fazer uma reserva*. Para dizer *planejar* e *fazer uma reserva*, você combina o verbo **suru** (*fazer*) com um substantivo — **keikaku** (*plano*) e **yoyaku** (*reserva*). Então **keikaku suru** significa *planejar*, e **yokaku suru**, *fazer uma reserva*. Você simplesmente conjuga a parte **suru** do verbo. **Suru** é um verbo irregular; eu o conjugo para você no Capítulo 13.

Antes de ligar para um hotel para fazer uma reserva, você precisa ter uma ideia clara de quanto tempo planeja ficar. Para começar, conjugue o verbo **-u tomaru** (*ficar*).

Texto em Japonês	Rōmaji
泊まる	tomaru
泊まらない	tomaranai
泊まり(ます)	tomari (masu)
泊まって	tomatte

LEMBRE-SE

Lembre-se de usar as partículas **kara** (*de*) e **made** (*até*) para falar sobre a duração de sua visita. **Kara** e **made** parecem preposições do português, mas devem seguir, e não preceder, as frases relevantes. Por exemplo, *do 15º* em português é *o 15º de* em japonês. E *até o 23º* em português é *o 23º até* em japonês. Então agora você sabe que **15-nichi kara** significa *do 15º*, e **23-nichi made** significa *até o 23º*. Observe mais alguns exemplos para realmente ajudar essa informaçãozinha a se fixar:

> 来週の月曜日から木曜日までお願いします。**Raishū no getsuyōbi kara mokuyōbi made onegaishimasu.** (*De segunda a quinta da semana que vem, por favor.*)
>
> このコースは6月から8月までです。**Kono kōsu wa roku-gatsu kara hachi-gatsu made desu.** (*Este curso vai de junho a agosto.*)
>
> 今日からあさってまで泊まります。**Kyō kara asatte made tomarimasu.** (*Ficarei de hoje até o dia depois de amanhã.*)

Use o contador **-haku** para especificar o número de noites que ficará. **-haku** é o contador para noites que alguém fica fora de casa. Alguns números usam **-paku**; no entanto, lembre-se de atentar à alternância entre **-haku/-paku**. Você pode não gostar disso, mas tem que memorizar.

- 一泊 **ip-paku** (*uma noite*)
- 二泊 **ni-haku** (*duas noites*)
- 三泊 **san-paku** (*três noites*)
- 四泊 **yon-haku** (*quatro noites*)
- 五泊 **go-haku** (*cinco noites*)
- 六泊 **rop-paku** (*seis noites*)

Fazendo Check-in

Assim que chegar a um hotel, um **bōi-san** (*carregador de bagagens*) o ajudará com sua bagagem. (Se estiver no Japão, não precisa dar uma gorjeta a ele. Isso não é incrível?) Vá à **furonto** (*recepção*).

DICA

Se não tem uma **yoyaku** (*reserva*), pergunte se existe um **kūshitsu** (*quarto vago*) disponível.

- 予約はしませんでしたが，空室はありますか。**Yoyaku wa shimasen deshita ga, kūshitsu wa arimasu ka.** (*Não fiz uma reserva, você tem alguma vaga?*)

» 今日泊まりたいんですが，部屋は空いていますか。**Kyō tomaritai-n-desu ga, heya wa aite imasu ka.** (*Eu gostaria de ficar aqui esta noite, você tem uma vaga?*)

Você pode ouvir as seguintes frases em resposta:

» 申し訳ございません。只今，空室はございません。**Mōshiwake gozaimasen. Tadaima, kūshitsu wa gozaimasen.** (*Sinto muitíssimo. Não temos nenhuma vaga agora.*)

» 今日は満室です。**Kyō wa manshitsu desu.** (*Nenhuma vaga esta noite.*)

» シングルの部屋がございます。**Shinguru no heya ga gozaimasu.** (*Há um quarto de solteiro.*)

Se tem uma reserva ou o hotel, uma vaga, faça o check-in! Os atendentes de hotel são treinados para falar de maneira muito polida. Antes de acharem seu **namae** (*nome*), dirigem-se a você como **okyaku-sama**, que significa literalmente algo entre *Sr./Sra. Cliente.* Depois que aprendem seu nome, se dirigem a você por seu sobrenome seguido de **-sama** (*Sr./Sra.*), que é a versão superpolida de negócios de **-san**. (Note que nunca se dirigem a você como **anata** [*você*]; para as informações sobre **anata**, veja o Capítulo 3.) Em seguida, perguntam seu **jūsho** (*endereço*) e **denwa-bangō** (*número de telefone*). Você sabe que estão pedindo *suas* informações porque adicionam um prefixo polido **o-** ou **go-** antes dessas palavras. (Veja os Capítulos 4 e 12 para saber mais sobre os prefixos **o-** e **go-**, respectivamente.) Então eles podem dizer algo como uma das seguintes frases:

お客様のお名前は。**O-kyaku-sama no o-namae wa.** (*Seu nome?*)

ご住所は。**Go-jūsho wa.** (*Seu endereço?*)

ご自宅のお電話番号は。**Go-jitaku no o-denwa bangō wa.** (*Seu número de telefone?*)

Depois que esse processo estiver completo, pegue o número do seu quarto e a **kagi** (*chave*) ou o **kādo kī** (*cartão de acesso*) para completar o check-in. O atendente lhe diz o andar de seu quarto usando um número mais o contador **-kai** (veja o Capítulo 10 para detalhes completos sobre o contador **-kai**). Então o atendente pode dizer algo como:

» ７階の７０５号室でございます。**Nana-kai no nanahyaku-go-gōshitsu de gozaimasu.** (*Seu quarto é o Quarto 705 no sétimo andar.*)

» こちらがカードキーでございます。**Kochira ga kādo kī de gozaimasu.** (*Este é o seu cartão de acesso.*)

DICA

Refira-se a seu quarto usando um numeral mais o contador **-gōshitsu**. É **502-gōshitsu** (*Quarto 502*) ou **2502-gōshitsu** (*Quarto 2502*)?

Enquanto faz o check-in, talvez queira fazer alguma das seguintes perguntas:

- 駐車場はどこですか。**Chūshajō wa doko desu ka.** (*Onde fica o estacionamento?*)
- チェックアウトは何時ですか。**Chekku-auto wa nan-ji desu ka.** (*A que horas é o check-out?*)
- 朝食は何時からですか。**Chōshoku wa nan-ji kara desu ka.** (*A que horas vocês começam a servir o café da manhã?*)
- 朝食は何時までですか。**Chōshoku wa nan-ji made desu ka.** (*Até que horas o café da manhã é servido?*)

Tendo uma Conversa

TOQUE AGORA

Yoshi Kitayama acabou de chegar ao Hotel Tóquio e está fazendo check-in. (Faixa 37)

Yoshi: **Sumimasen. Kyō kara yon-haku yoyaku shita-ndesu ga.**
Com licença. Fiz uma reserva para uma estadia de quatro noites começando hoje.

Atendente: **O-namae wa.**
Seu nome, senhor?

Yoshi: **Kitayama Yoshi desu.**
Yoshi Kitayama.

Atendente: **Kitayama Yoshi-sama de gozaimasu ne.**
Sr. Yoshi Kitayama, correto?

Yoshi: **Hai.**
Sim.

O atendente verifica o computador:

Atendente: **Kyō kara yon-haku, o-hitori-sama, shinguru no o-heya de gozaimasu ne.**
Começando hoje — quatro noites, uma pessoa, um quarto de solteiro, certo?

Yoshi: **Hai.**
Sim.

Atendente: **703-gōshitsu de gozaimasu. Kochira ga kagi de gozaimasu.**
É o Quarto 703. Aqui está sua chave.

Yoshi: **Ā, dōmo.**
Obrigado.

Palavras a Saber

yoyaku	reserva
kyō kara	começando hoje
hitori	uma pessoa
shinguru	solteiro
heya	quarto
kagi	chave

Mantendo o Controle do que É Seu Durante Sua Estadia

Várias confusões podem acontecer quando você fica em um grande hotel com outros 300 hóspedes. Mantenha o controle de suas **sūtsukēsu** (*malas*) e **kagi** (*chaves*). As seções a seguir lhe mostram algumas maneiras de fazer exatamente isso.

Usando pronomes possessivos

Pronomes possessivos lhe permitem indicar quem possui o quê. Para dizer *seu* e *meu* em japonês, pegue as palavras que significam *você* e *eu* e adicione a partícula **no** depois delas. Por exemplo, **anata** é *você*, e **anata no** é *seu*. E quanto a *meu*? **Watashi** é *eu*, então **watashi no** é *meu*. Facílimo, certo? Agora você pode dizer **Watashi no desu!** (*Isso é meu!*) para alguém que está muito claramente pegando suas chaves. Só não diga **Watashi no desu!** sempre que um convidado encostar nas coisas de sua casa. Você parecerá uma criança de cinco anos que não sabe dividir os brinquedos.

FALANDO CORRETAMENTE

Embora **anata no** (*seu*) seja gramaticalmente correto, você deve evitar dizê-lo o máximo que puder, porque o uso de **anata** (*você*) soa esnobe e até rude quando se refere aos superiores de alguém, como professores, idosos, chefes e clientes. Aqui estão sugestões para evitar usar **anata:**

- Se sabe o nome da pessoa, use o nome seguido por **san**, em vez de あなた **anata**, como em 田中さんのですか。 **Tanaka-san no desu ka.** (*Isso é seu, Sr. Tanaka?*)

- Se não sabe o nome da pessoa e ela é sua cliente, use お客様 **o-kyaku-sama** (oh-kyah-koo-sah-mah), como em お客様のですか。**O-kyaku-sama no desu ka.** (*Isso é seu?*)
- Se o estranho é alguém que estava sentado atrás de você e você acabou de notar que ele deixou algo na cadeira, diga お宅 **otaku**, como em お宅のですか。**Otaku no desu ka.** (*Isso é seu?*)
- Se estiver se dirigindo a um estranho em um contexto amigável relativamente informal — como em um supermercado —, use os termos relativos à família, como お姉さん **onēsan** (*irmã mais velha*), おばさん **obasan** (*tia*) e おばあさん **obāsan** (*avó*). Se o estranho for uma mulher na meia-idade, você pode dirigir-se a ela com **obasan**. Se ela parece ser velha, dirija-se a ela com **obāsan**. No entanto, algumas **obāsan** acreditam que devem ser tratadas por **obasan**, e algumas **obasan**, por **onēsan**. Então, recomendo que você se dirija à pessoa usando um termo de um nível mais jovem. Dessa forma, a dama sorrirá para você. (Para terminologia adicional sobre membros da família, veja o Capítulo 4.)

E, com sorte, se conhece *seu* e *meu* em japonês, já entende *sua* e *minha*. São exatamente iguais — quase como um cupom de leve 2 pague 1 no supermercado. Se **watashi no** for seguido por um substantivo, como **kagi**, significa *minha*: **Watashi no kagi desu** significa *Essa é a minha chave.*

Observe a Tabela 17-1. Ela contém todos os pronomes pessoais básicos e seus possessivos correspondentes.

TABELA 17-1 **Pronomes Pessoais e Possessivos**

Pronomes Pessoais	Palavras de Propriedade
私 **watashi** (*eu/mim*)	私の **watashi no** (*meu*)
私たち **watashi tachi** (*nós/nos*)	私たちの **watashi tachi no** (*nosso*)
あなた **anata** (*você*)	あなたの **anata no** (*seu*)
あなたたち **anata tachi** (*vocês*)	あなたたちの **anata tachi no** (*seus*)
彼 **kare** (*ele*)	彼の **kare no** (*dele*)

Pronomes Pessoais	Palavras de Propriedade
彼女 **kanojo** (*ela*)	彼女の **kanojo no** (*dela*)
彼ら **karera** (*eles*)	彼らの **karera no** (*deles*)

Usando "uchi" como possessivo

Embora a palavra **uchi** signifique *casa, lar* ou *dentro*, o japonês usa **uchi no** para significar *meu* ou *nosso*. Aqui estão alguns exemplos de **uchi no** em ação:

うちの社員はよく働きます。**Uchi no shain wa yoku hatarakimasu.** (*Nossos [da empresa] funcionários trabalham muito bem.*)

うちの大学には図書館が二つあります。**Uchi no daigaku ni wa toshokan ga futatsu arimasu.** (*Existem duas bibliotecas em nossa universidade.*)

うちの子供はあまり野菜を食べません。**Uchi no kodomo wa amari yasai o tabemasen.** (*Nossos filhos não comem muitos legumes.*)

うちの庭には桜の木があります。**Uchi no niwa ni wa sakura no ki ga arimasu.** (*Existe uma cerejeira em meu/nosso jardim.*)

うちの旅行会社は本社が名古屋にあります。**Uchi no ryokō-gaisha wa honsha ga Nagoya ni arimasu.** (*A sede de nossa agência de viagens está localizada em Nagoya.*)

Fazendo Check-out

Está na hora do **chekku-auto** (*check-out*)! Faça suas malas e não se esqueça de nada no seu quarto. Vá até a recepção para o **chekku-auto** e pague sua conta. Você pode ver algumas cobranças adicionais em sua conta, como as seguintes:

- 電話料 **denwaryō** (*cobrança de uso do telefone*)
- 飲食料 **inshokuryō** (*cobrança de comida e bebida*)
- インターネット利用料 **intānetto riyōryō** (*cobrança de uso da internet*)
- クリーニング代 **kurīningudai** (*cobrança da lavanderia*)
- 税金 **zeikin** (*imposto*)

Se precisar de mais assistência dos funcionários do hotel depois de fazer o check-out, simplesmente peça a eles.

> ５時まで荷物を預かってください。**Go-ji made nimotsu o azukatte kudasai.** (*Por favor, mantenha minha bagagem aqui até as 5h.*)
>
> 領収書を下さい。**Ryōshūsho o kudasai.** (*Por favor, me dê o recibo.*)
>
> タクシーをよんでくださいませんか。**Takushī o yonde kudasai masen ka.** (*Você poderia chamar um táxi?*)

DICA

Ao adicionar **masen ka** no final de um pedido, você faz com que ele soe um pouco mais natural e educado. Ou seja **Takushī o yonde kudasai masen ka** é mais educado do que **Takushī o yonde kudasai. Masen** é apenas um sufixo educado na forma negativa, e **ka** é a partícula interrogativa. **Masen ka** significa algo como *Você não poderia?* ou *Você se importaria?*

Diversão & Jogos

Preencha cada lacuna com a palavra apropriada da lista a seguir.

朝食 **chōshoku**

ルームサービス **rūmu sābisu**

チェックアウト **chekku-auto**

無線ＬＡＮ **musen LAN**

空室 **kūshitsu**

A solução está no Apêndice D.

1. ____________________ は何時ですか。
   ____________________ **wa nan-ji desu ka.**
   Qual é a hora do check-out?

2. ____________________ はありますか。
   ____________________ **wa arimasuka.**
   Vocês têm LAN wireless?

3. ____________________ はありますか。
   ____________________ **wa arimasu ka.**
   Vocês oferecem serviço de quarto?

4. ____________________ はありますか。
   ____________________ **wa arimasu ka.**
   Há alguma vaga?

5. ____________________ は付きますか。
   ____________________ **wa tsukimasu ka.**
   O café da manhã está incluso?

NESTE CAPÍTULO

» Encontrando ajuda quando precisar

» Buscando o consultório de um médico para diagnóstico e tratamento

» Falando com a polícia e lidando com problemas legais

Capítulo 18

Lidando com Emergências

Focar todas as coisas boas da vida (como comer, fazer compras, se divertir e fazer amigos) é ótimo, mas saber o que fazer quando uma doença, ferimento ou emergência aparece é importante. Lidar com essas situações não é complicado quando se conhece o ABC das emergências e doenças. Este capítulo lhe fornece a confiança e o japonês para agir sabiamente quando enfrentar uma emergência, seja médica ou legal.

Pedindo (ou Gritando!) por Ajuda

A maneira mais simples e rápida de pedir ajuda é dizer **Tasukete.** (*Ajude-me.*) **Tasukete** é a forma -**te** do verbo **tasukeru** (*ajudar*). Está na forma-**te** porque resulta da omissão de **kudasai** da frase de pedido completa **Tasukete kudasai.** (*Ajude-me, por favor.*) Como explico no Capítulo 10, você expressa um pedido usando um verbo na forma -**te** mais **kudasai. Kudasai** é um tipo de verbo auxiliar para expressar pedidos. Em um contexto informal ou em uma emergência, você pode omiti-lo. Veja o Capítulo 10 para descobrir mais sobre **kudasai**.

Conjugue o verbo -**ru tasukeru**.

Texto em Japonês	Rōmaji
助ける	tasukeru
助けない	tasukenai
助け(ます)	tasuke (masu)
助けて	tasukete

Quando está realmente em pânico, o que deve gritar? Somente a vogal **a**? Sua correspondente mais longa, **ā**? Ou talvez sua correspondente superlonga, **āāāāā**? Até um corvo pode fazer isso. Para ser mais sofisticado que um corvo, usa as seguintes frases e as grite o mais alto possível:

» だれか! **Dareka!** (*Alguém ajude!*)

» 泥棒! **Dorobō!** (*Ladrão!*)

» 火事! **Kaji!** (*Incêndio!*)

Se vir alguém que parece estar tendo um problema que não ameace a vida, não grite. Apenas faça uma das seguintes perguntas:

» だいじょうぶですか。**Daijōbu desu ka.** (*Você está bem?*)

» どうしたんですか。**Dōshita-n-desu ka.** (*O que aconteceu?*)

FALANDO CORRETAMENTE

Seja uma boa pessoa e ofereça ajuda àqueles que precisam. A melhor maneira de expressar suas intenções é fazer uma pergunta que termine em **-mashō ka** (*devo*). **-mashō ka** acompanha um verbo na forma de radical. A forma de radical de **yobu** (*chamar*) é **yobi**; portanto, **Keisatsu o yobimashō ka** significa *Devo chamar a polícia?* A seguir estão alguns exemplos adicionais de **-mashō ka** em ação:

ご家族に電話しましょうか。**Go-kazoku ni denwa shimashō ka.** (*Devo chamar sua família?*)

救急車を呼びましょうか。**Kyūkyūsha o yobimashō ka.** (*Devo chamar uma ambulância?*)

荷物を持ちましょうか。**Nimotsu o mochimashō ka.** (*Devo segurar sua bagagem?*)

運転しましょうか。**Unten shimashō ka.** (*Devo dirigir?*)

Se acha que não consegue lidar sozinho com uma situação, peça às pessoas à sua volta para ajudá-lo também. Para expressar seu pedido, use um verbo na forma -**te** e adicione **kudasai**, como observado anteriormente nesta seção. Aqui estão alguns exemplos:

ちょっと手伝ってください。**Chotto tetsudatte kudasai.** (*Por favor, dê-me uma mãozinha.*)

警察に電話してください。**Keisatsu ni denwa shite kudasai.** (*Ligue para a polícia, por favor.*)

救急車を呼んでください。**Kyūkyūsha o yonde kudasai.** (*Chame uma ambulância, por favor.*)

消防署に電話してください。**Shōbōsho ni denwa shite kudasai.** (*Por favor, ligue para o corpo de bombeiros.*)

Buscando Atenção Médica

Se você se vir com necessidades de cuidados médicos enquanto estiver em uma área que fale predominantemente japonês, desejará ter aprendido a terminologia básica relacionada a médicos. Nunca tema. As seções a seguir o guiam por uma visita ao consultório médico ou ao hospital.

Procurando um médico

Se acontecer de você ficar doente no Japão, talvez queira ver um **isha** (*médico*) ou, mais respeitosamente, **o-isha-san** (*médico*). Quando se dirigir a seu médico, diga **sensei**. **Sensei** funciona como um título não apenas para professores, mas também para médicos, advogados e políticos.

Dependendo do seu problema, talvez queira procurar um especialista. Uma maneira de dirigir-se a um especialista é adicionar **i** depois do nome da especialidade. **I** significa *médico*, mas você não pode usá-lo sozinho. Só faz sentido se combiná-lo com outra palavra ou uma unidade de significado. Por exemplo, **ganka** significa *oftalmologia* e **ganka-i**, *oftalmologista*. Confira a lista a seguir:

- 眼科医 **ganka-i** (*oftalmologista*)

- 皮膚科医 **hifuka-i** (*dermatologista*)
- 耳鼻咽喉科医 **jibi-inkōka-i** (*otorrinolaringologista*)
- 内科医 **naika-i** (*intensivista*)
- 産婦人科医 **sanfujinka-i** (*ginecologista e obstetra*)
- 整形外科医 **seikei-geka-i** (*ortopedista*)
- 歯科医 **shika-i** (*dentista*)
- 小児科医 **shōnika-i** (*pediatra*)

Indo a um hospital

Os japoneses têm dois tipos diferentes de hospitais: **daigaku byōin** (*hospital universitário*) e **kyūkyū byōin** (*hospital de emergência/sala de emergência*). Se tiver uma emergência médica, vá direto ao **kyūkyū byōin** mais próximo. Certifique-se de ter seus cartões de identificação e de seguro com você, porque terá que apresentá-los ao chegar. Estas palavras podem ser úteis:

- 健康保険 **kenkō hoken** (*plano de saúde*)
- 健康保険証 **kenkō hokenshō** (*cartão do plano de saúde*)
- 身分証明書 **mibun shōmeisho** (*identificação*)

UMA COMPREENSÃO SOBRE A ASSISTÊNCIA MÉDICA JAPONESA

CONHECENDO A CULTURA

No Brasil, as pessoas normalmente veem seus médicos em consultas com hora marcada, mas no Japão elas normalmente apenas chegam na hora em que desejam. Se chegar de manhã cedo, conseguirá ver o médico mais cedo. Se for um pouco mais tarde, talvez tenha que esperar por algumas horas. Não ter que marcar uma consulta é bom, mas o dilema é que você precisa aguardar durante um bom tempo em uma sala de espera.

O governo japonês oferece uma política de assistência médica uniforme para todos, e o premium e com coparticipação é bem acessível, exceto para casos especiais. O Japão também tem um sistema de gestão de cuidados bem organizado para idosos e portadores de necessidades especiais.

Além disso, você pode também ouvir as seguintes perguntas, então é melhor se familiarizar com elas:

- 胸は痛くありませんか。**Mune wa itaku arimasen ka.** (*Você está com dor no peito?* [Literalmente: *Você não tem dor no peito?*])
- 吐き気はしますか。**Hakike wa shimasu ka.** (*Você se sente enjoado?*)
- 呼吸は苦しくありませんか。**Kokyū wa kurushiku arimasen ka.** (*Você sente algum desconforto ao respirar?* [Literalmente: *Você não tem algum desconforto ao respirar?*])

FALANDO CORRETAMENTE

Se quiser recomendar que seu amigo faça alguma coisa, como ir ao hospital, coloque **hō ga ii** (*é melhor*) depois de um verbo no passado. Sim, estranhamente, mesmo que tal recomendação se refira ao futuro, você usa o passado do verbo. Se acha que alguém deve comer, diga **Tabeta hō ga ii.** (Se insistir na tradução literal, essa frase seria traduzida como *comeu-alternativa é bom*, e isso, meu amigo, é um dos motivos de você nem sempre poder confiar em traduções literais.) O passado do verbo **taberu** (*comer*) é **tabeta**. É bem fácil formar o passado de um verbo se conhece a forma -**te**. Substitua o **e** final na forma -**te** por um **a**, e você tem instantaneamente o passado. E se quiser falar de maneira polida, adicione **desu** ao final de **hō ga ii**. Confira estes exemplos:

病院に行った方がいいですよ。**Byōin ni itta hō ga ii desu yo.** (*É melhor você ir ao hospital.*)

医者に見てもらった方がいいよ。**Isha ni mite moratta hō ga ii yo.** (*É melhor que seu médico o avalie.*)

休んだ方がいいよ。**Yasunda hō ga ii yo.** (*É melhor você descansar.*)

薬をのんだ方がいいですよ。**Kusuri o nonda hō ga ii desu yo.** (*É melhor tomar remédio.*)

Curiosamente, para dizer que é melhor *não* fazer alguma coisa, você pode só usar a forma do presente negativo na forma simples/informal. Não precisa envolver o tempo passado.

お酒は飲まない方がいいですよ。**O-sake wa nomanai hō ga ii desu yo.** (*É melhor que você não beba álcool.*)

無理しない方がいいですよ。**Muri shinai hō ga ii desu yo.** (*É melhor que você não trabalhe/se esforce demais.*)

Confira o Capítulo 3 para a forma do presente negativo no estilo simples/informal.

Visitando o Médico

Entender a linguagem médica na sua própria língua já pode ser bastante difícil, que dirá decifrá-la em uma língua estrangeira. Como você consegue ajuda médica se não consegue nem dizer a ele o que está errado ou compreender seus diagnósticos e recomendações? Felizmente, as seções seguintes lhe dizem como se referir a partes do seu corpo, descrever dores e outros sintomas e entender qualquer diagnóstico básico e tratamento que pode receber.

Referindo-se às partes do seu corpo

Para dizer ao médico ou enfermeira onde você está sentindo dor ou desconforto, precisa das palavras para as partes do corpo. Revise os termos elencados a seguir tocando as partes do seu corpo enquanto os fala para um reforço extra.

- 頭 **atama** (*cabeça*)
- 目 **me** (*olhos*)
- 耳 **mimi** (*orelhas*)
- 鼻 **hana** (*nariz*)
- 口 **kuchi** (*boca*)
- 歯 **ha** (*dente*)
- 首 **kubi** (*pescoço*)
- 喉 **nodo** (*garganta*)
- 肩 **kata** (*ombro*)
- 胸 **mune** (*peito/seio*)
- 背中 **senaka** (*costas*)
- おなか **onaka** (*barriga*)
- 腕 **ude** (*braço*)
- 肘 **hiji** (*cotovelo*)
- 手首 **tekubi** (*punho*)
- 手 **te** (*mão/braço*)
- 指 **yubi** (*dedo*)
- 腰 **koshi** (*quadril*)
- 膝 **hiza** (*joelho*)
- 関節 **kansetsu** (*juntas*)

- 足首 **ashikubi** (*tornozelo*)
- 足 **ashi** (*pé/perna*)
- 足の指 **ashi no yubi** (*dedos dos pés*)

DICA

Se a palavra **ashi** significa tanto *pé* quanto *perna*, e **te**, tanto *mão* quanto *braço*, como saber qual é qual? O contexto é tudo, como você vê nos exemplos a seguir:

兄は足が短い。**Ani wa ashi ga mijikai.** (*As pernas do meu irmão mais velho são curtas.*)

弟が私の足を踏んだ。**Otōto ga watashi no ashi o funda.** (*Meu irmão mais novo pisou no meu pé.*)

ピザは手で食べる。**Piza wa te de taberu.** (*Nós comemos pizza com as mãos.*)

猿は手が長い。**Saru wa te ga nagai.** (*Macacos têm braços longos.*)

Você talvez também queira saber como chamar seus importantes órgãos internos:

- 腸 **chō** (*intestino*)
- 肺 **hai** (*pulmões*)
- 胃 **i** (*estômago*)
- 腎臓 **jinzō** (*rim*)
- 肝臓 **kanzō** (*fígado*)
- 脳 **nō** (*cérebro*)
- 心臓 **shinzō** (*coração*)

Reclamando de sua dor

Espere ouvir as perguntas a seguir no consultório médico ou na sala de emergência:

- どうしましたか。**Dō shimashita ka.** (*O que aconteceu?*)
- いつからですか。**Itsu kara desu ka.** (*Há quanto tempo?* [Literalmente: *Desde quando isso está acontecendo?*])
- どこが痛いんですか。**Doko ga itai-n-desu ka.** (*Onde dói?*)
- 熱はありますか。**Netsu wa arimasu ka.** (*Você está com febre?*)

Se alguma parte do seu corpo dói, diga a parte do corpo que dói (veja a seção anterior), mais **ga**, mais **itai** ou **itai-n-desu**. Ao adicionar **-n-desu**, você se mostra educado e receptivo à resposta do seu médico, como discuto no Capítulo 5. **Itai** é um adjetivo que significa *doloroso*, embora em português você normalmente diga *dói*. **Itai** também é o que os japoneses dizem para *ai*. Então **atama ga itai** basicamente significa *cabeça está ai* — em outras palavras, *Estou com dor de cabeça*. Se mais de uma parte dói, liste todas usando a partícula **to** como um tipo de vírgula verbal e um substituto para *e*. Coloque **to** depois de cada parte do corpo, exceto na última, como nos exemplos a seguir:

肩と首がとても痛いんです。**Kata to kubi ga totemo itai-n-desu.** (*Meu ombro e meu pescoço doem muito.*)

肩と腰と首が痛いんです。**Kata to koshi to kubi ga itai-n-desu.** (*Meu ombro, minhas costas e meu pescoço doem.*)

DICA

Para descrever como algo dói, você pode usar palavras engraçadas que representam sons, como as da lista a seguir. Elas são, na verdade, um subconjunto simbólico de sons em japonês que inclui onomatopeias, e elas normalmente consistem de uma repetição de uma ou duas sílabas. Não há tradução aqui, apenas descrições. Desculpa!

- チクチク **chiku-chiku**: Dor aguda, parecida com uma agulha, como as que você pode ter com reclamações relativas ao estômago.
- ガンガン **gan-gan**: Dor martelante ou pulsante, como uma dor de cabeça martelando.
- ゴホンゴホン **gohon-gohon**: Sons de tosse intensa.
- ヒリヒリ **hiri-hiri**: Dor ardente, como uma queimadura de sol feia.
- ゼーゼー **zē-zē**: Som de chiado no peito.
- ズキズキ **zuki-zuki**: Dor como pregar ou parafusar na cabeça.

Aqui estão alguns exemplos de como se usam essas expressões em frases:

頭がズキズキ痛いんです。**Atama ga zuki-zuki itai-n-desu.** (*Estou com uma dor que parecem pregos na cabeça.*)

火傷したところがヒリヒリします。**Yakedo shita tokoro ga hiri-hiri shimasu.** (*A parte que eu queimei dói.*)

胃がチクチクするんです。**I ga chiku-chiku suru-n-desu.** (*Estou com uma ardência no estômago.*)

Descrevendo seus sintomas

Expressar exatamente como está se sentindo com os **shōjō** (*sintomas*) específicos é crucial para o diagnóstico correto. Alguns **shōjō** podem ocorrer juntos. Por exemplo, vírus graves de estômago causam náuseas, normalmente seguidas de diarreia. Infecções nas vias respiratórias superiores lhe dão um nariz escorrendo, tosse e uma noite de sono bem congestionada e entupida (ou falta de sono). Pense sobre seus **shōjō** e então encontre-os na lista a seguir para que saiba como descrever o que está sentindo antes de ir ao médico:

- 便秘をしている **benpi o shite iru** (*estar constipado*)
- 下痢をしている **geri o shite iru** (*estar com diarreia*)
- 吐き気がする **hakike ga suru** (*estar com náusea*)
- 鼻がつまっている **hana ga tsumatte iru** (*estar com o nariz entupido*)
- 鼻水がでる **hanamizu ga deru** (*estar com o nariz escorrendo*)
- クシャミがでる **kushami ga deru** (*espirrar*)
- 目がかゆい **me ga kayui** (*ter coceira nos olhos*)
- 目眩がする **memai ga suru** (*estar tonto*)
- 耳が痛い **mimi ga itai** (*ter uma dor de ouvido*)
- 胸が痛い **mune ga itai** (*ter dor no peito*)
- 熱がある **netsu ga aru** (*ter febre*)
- 喉が痛い **nodo ga itai** (*ter a garganta inflamada*)
- 寒気がする **samuke ga suru** (*ter calafrios*)
- 咳が出る **seki ga deru** (*tossir*)
- 頭痛がする **zutsū ga suru** (*ter uma dor de cabeça*)
- ゼーゼーする **zē-zē suru** (*ofegar*)

Conjugue o verbo -**ru deru** (*sair*). Você precisa dele para descrever todo o muco chato que sai quando tosse, espirra e assoa o nariz quando tem uma "gribe" — desculpa, é assim que se fala "gripe" com o nariz entupido.

Texto em Japonês	Rōmaji
出る	deru
出ない	denai
出(ます)	de (masu)
出て	dete

Recebendo um diagnóstico

Um médico normalmente faz o diagnóstico de um resfriado pequeno ou de gripe apenas falando com você, mas às vezes é preciso fazer exames. Ninguém quer fazer um exame longo e doloroso, mas se o médico lhe diz que precisa, é melhor fazê-lo.

Alguns exames e procedimentos que um médico pode recomendar são:

- » ＣＡＴスキャン **CAT sukyan** (*tomografia*)
- » 超音波検査 **chōonpa kensa** (*ultrassom/sonograma*)
- » ＣＴ **CT** (*tomografia computadorizada*)
- » 血液検査 **ketsueki kensa** (*exame de sangue*)
- » MRI **MRI** (*ressonância magnética*)
- » 尿検査 **nyō kensa** (*exame de urina*)
- » レントゲン **rentogen** (*raio-x*)

Depois que explicar seus sintomas ao médico, fizer um exame e passar pelos testes necessários, é hora do veredito. Para o seu bem, espero que o **shindan** (*diagnóstico*) não seja sério. Um **shindan** possível inclui:

- » アレルギー **arerugī** (*alergia*)
- » 炎症 **enshō** (*inflamação*)
- » 肺炎 **haien** (*pneumonia*)
- » インフルエンザ **infuruenza** (*influenza/gripe*)
- » 花粉症 **kafunshō** (*febre dos fenos*)
- » 感染 **kansen** (*infecção*)
- » 関節炎 **kansetsuen** (*artrite*)
- » 風邪 **kaze** (*resfriado*)
- » 気管支炎 **kikanshien** (*bronquite*)
- » 骨折 **kossetsu** (*osso quebrado*)
- » 盲腸 **mōchō** (*apendicite*)
- » 捻挫 **nenza** (*distensão*)
- » 脳震盪 **nōshintō** (*concussão*)
- » 食中毒 **shokuchūdoku** (*intoxicação alimentar*)
- » ウィルス **wirusu** (*vírus*)
- » 喘息 **zensoku** (*asma*)

Obtendo tratamento

Seu médico pode dar-lhe alguma **kusuri** (*medicação*) que o deixe um pouco mais confortável, como uma das seguintes:

- » アスピリン **asupirin** (*aspirina*)
- » 鎮痛剤 **chintsūzai** (*analgésico*)
- » 解熱剤 **genetsuzai** (*antitérmico*)
- » 抗生物質 **kōsei busshitsu** (*antibiótico*)
- » 咳止め **sekidome** (*xarope*)

Não há cura para resfriados, então tudo o que pode fazer é tentar tratar seus sintomas e tornar sua vida um pouco menos miserável. Pergunte à sua avó sobre seu remédio caseiro natural. Um remédio japonês tradicional para resfriados é **tamago zake** (*shake de ovo*) — saquê quente com um ovo batido. Qual é seu remédio secreto? Chá de gengibre? Sopa de galinha? Mel? Suco de laranja?

O médico deve perguntar **Yakubutsu arerugī wa arimasu ka** (*Você é alérgico a algum medicamento?*) antes de prescrever qualquer medicação, mas se por alguma razão ele não o fizer e você souber que é alérgico a alguns medicamentos, não se esqueça de mencionar. Por exemplo, você pode dizer **Penishirin ni arerugī ga arimasu.** (*Sou alérgico à penicilina.*)

Se estiver com algum machucado, você pode ir para casa com um destes:

- » ギプス **gipusu** (*gesso*)
- » 包帯 **hōtai** (*curativo*)
- » 松葉杖 **matsubazue** (*muletas*)
- » 湿布 **shippu** (*compressa quente ou fria*)

Chamando a Polícia

CONHECENDO A CULTURA

O número de emergência da polícia no Japão é 110. Os japoneses o chamam de **110-ban**. Sim, eles normalmente dizem **hyakutō-ban**, em vez de **hyakujū-ban** — é só uma daquelas coisas. O número para um acidente ou incêndio é diferente: **119-ban**. Não confunda esses números com o número de emergência local — 190 no Brasil, por exemplo.

Quando ligar para números de emergência em qualquer país, acalme-se e primeiro diga ao atendente onde você está. Depois explique o que aconteceu. As seções seguintes explicam como relatar um acidente ou a perda ou roubo de bens à polícia.

Relatando um acidente à polícia

Se vir um **jiko** (*acidente*), reporte-o à **keisatsu** (*polícia*). O verbo de que precisa para reportar um **jiko** é **aru** (*existir*); use-o no passado — *Houve um acidente* — e no estilo polido/neutro (porque você está falando com um policial). Então precisa conjugar **aru** na forma polida do passado, **arimashita**, como nos exemplos a seguir:

事故がありました。**Jiko ga arimashita.** (*Houve um acidente.*)

高田町で事故がありました。**Takada-chō de jiko ga arimashita.** (*Houve um acidente em Takada Town.*)

Não quero que você **au** (*envolver-se em*) um acidente; mas, se acontecer, certifique-se de marcar **jiko** com a partícula **ni** quando usar o verbo **au**, como em **jiko ni au** (*estar envolvido em um acidente*). A forma polida do passado de **au** é **aimashita**: **Hidoi jiko ni aimashita.** (*Eu me envolvi em um acidente terrível.*)

Conjugue o verbo -**u au**. Cuidado com o som de **w** na forma negativa.

Texto em Japonês	Rōmaji
遭う	au
遭わない	awanai
遭い(ます)	ai (masu)
あって	atte

Infelizmente, em alguns casos você pode ser a pessoa que causou o acidente. Nessa situação, precisa conjugar o verbo -**u okosu** (*causar*). Crie sílabas **s/sh**.

Texto em Japonês	Rōmaji
起こす	okosu
起こさない	okosanai
起こし(ます)	okoshi (masu)
起こして	okoshite

Você frequentemente precisa especificar a natureza de um acidente para que a pessoa respondendo saiba o que esperar. A lista a seguir dá uma ideia de alguns dos tipos de **jiko** que pode encontrar:

- バイクの事故 **baiku no jiko** (*acidente de moto*)
- ガス漏れ事故 **gasumore jiko** (*vazamento de gás*)
- 自動車事故 jidōsha jiko (*acidente de automóvel*)
- 火事 **kaji** (*incêndio*)
- 怪我 **kega** (*ferimento*)
- 交通事故 **kōtsū jiko** (*acidente de trânsito*)

Infelizmente, **kōtsū jiko** são eventos cotidianos na maioria das cidades. Se está envolvido em um acidente e ninguém se machucou, considere-se sortudo em uma situação de azar, mesmo que seja sua culpa.

Para evitar complicações legais futuras sobre responsabilidades, chame a polícia, diga a eles onde você está e espere até o policial chegar. Para dizer à polícia como encontrá-lo, use as palavras de localização e direção listadas no Capítulo 8. E enquanto estiver esperando que cheguem, conjugue o verbo -**u matsu** (*esperar*).

Texto em Japonês	Rōmaji
待つ	matsu
待たない	matanai
待ち(ます)	machi (masu)
待って	matte

Tendo uma Conversa

TOQUE AGORA

Takeshi acabou de se envolver em uma colisão. Ele chama a polícia com seu celular. (Faixa 38)

Takeshi: **Moshimoshi. Ima kuruma no jiko ni atta-n-desu.**
Alô. Acabei de sofrer um acidente de carro.

Polícia: **Dareka kega o shimashita ka.**
Alguém se machucou?

Takeshi: **Īe.**
Não.

Polícia: **Ima doko desu ka.**
Onde você está agora?

Takeshi: **Takada-chō no yūbinkyoku no mae no kōsaten desu.**
Estou na interseção em frente ao correio em Takada Town.

Polícia: **Sugu kēsatsukan ga ikimasu. Go-fun gurai matte kudasai.**
Um policial logo chegará aí. Por favor, aguarde por cerca de cinco minutos.

Palavras a Saber

moshimoshi	alô
kega	machucado
yūbinkyoku	correio
no mae	em frente a
kōsaten	interseção
sugu	logo
keisatsukan	policial

Relatando um crime

O Japão é um país bem seguro e tem uma taxa de crimes relativamente baixa. Mulheres podem andar pela cidade à noite sentindo-se muito seguras. A contribuição de postos policiais chamados **kōban** é absolutamente significativa para o alto nível de segurança no Japão. No entanto, se for atacado, envolver-se em um crime ou testemunhar qualquer ato criminoso no Japão, reporte à polícia imediatamente. É bom conhecer estes substantivos relacionados a crimes:

- 暴行 **bōkō** (*assalto*)
- 強盗 **gōtō** (*roubo*)
- 放火 **hōka** (*incêndio criminoso*)
- 詐欺 **sagi** (*fraude*)
- 殺人 **satsujin** (*assassinato*)
- 窃盗 **settō** (*roubo*)
- 窃盗 **yūkai** (*sequestro*)

Relatando a perda ou o roubo de pertences

Se perder uma **handobaggu** (*bolsa*), **saifu** (*carteira*) ou **sūtsukēsu** (*mala*), diga às autoridades onde a perdeu e como é. (Use as palavras do Capítulo 10 para descrever cor e tamanho dos itens.) E pense sobre o que estava nela para listar esses itens no relatório policial. Se sua **handobaggu** ou **saifu** for roubada, você pode ter perdido um dos seguintes itens:

- » 現金 **genkin** (*dinheiro*)
- » 鍵 **kagi** (*chaves*)
- » クレジットカード **kurejitto kādo** (*cartão de crédito*)
- » 写真 **shashin** (*fotos*)
- » 運転免許証 **unten menkyoshō** (*carteira de motorista*)

Para descrever o conteúdo de sua bolsa ou carteira, use a frase **haitte iru** (*estar dentro dela*). **Haitte** é a forma **-te** do verbo **hairu** (*estar posicionado em algum lugar*). Conjugue o verbo **-u hairu**, que em alguns contextos também significa *entrar*.

Texto em Japonês	Rōmaji
入る	hairu
入らない	hairanai
入り(ます)	hairi (masu)
入って	haitte

FALANDO CORRETAMENTE

Se adicionar o verbo **iru** (*existir*) depois de outro na forma **-te**, estará falando sobre um estado. Por exemplo, **haitte iru** é o estado depois que algo entrou. Esse conceito — que algo estaria em um estado de ter entrado em algum lugar — é difícil de entender em português, mas só significa "alguma coisa está dentro". É isso.

Assim, **Genkin ga haitte iru** significa *Algum dinheiro dentro*. Mas em um contexto polido/neutro, como quando estiver falando com a polícia, diga **Genkin ga haitte imasu.** E se tiver mais de um item em sua bolsa, liste tudo usando a partícula **to** depois de cada item, exceto o último. Os seguintes exemplos lhe ajudam a explicar à polícia o que seu item perdido contém:

写真が入っています。**Shashin ga haitte imasu.** (*Tem uma foto dentro.* [Literalmente: *Uma foto está dentro.*])

財布とパスポートが入っています。**Saifu to pasupōto ga haitte imasu.** (*Havia minha carteira e meu passaporte.*)

現金とクレジットカードと写真が入っています。**Genkin to kurejitto kādo to shashin ga haitte imasu.** (*Havia algum dinheiro, um cartão de crédito e uma foto.*)

FALANDO CORRETAMENTE

Se quiser listar os itens como exemplos, implicando que existem outros, use a partícula **ya**, em vez de **to**. Por exemplo, se disser **Genkin ya kurejitto kādo ya shashin ga haitte imasu** (*Havia algum dinheiro, um cartão de crédito, uma fotografia e assim por diante*), parecerá que existiam também outros itens na bolsa.

DICA

Se perder algo em uma loja, aeroporto ou estação de trem, preste atenção a um anúncio. Se receber uma mensagem pelo sistema de endereço público é um bom sinal. Um anúncio declara seu nome e **o-koshi kudasai**. Esse termo é uma frase tipo de negócios superpolida que significa *por favor, venha* e usa a forma de radical — **koshi** — do verbo **kosu** (*vir*). Se está curioso sobre o que o **o** e **kudasai** estão fazendo, dê uma olhada no Capítulo 15.

Conseguindo Ajuda Jurídica

O Japão não é uma sociedade muito litigiosa, e os japoneses não resolvem disputas por meio de tribunais tanto quanto os brasileiros; mas, se achar que precisa de assistência legal no Japão, sempre pode falar com um **bengoshi** (*advogado*). Contatar o **ryōjikan** (*consulado*) do seu país também é uma boa ideia se tiver problemas.

Você pode achar essas frases úteis se precisar de assistência jurídica enquanto estiver viajando pelo Japão:

- アメリカ領事館に連絡してください。**Amerika ryōjikan ni renraku shite kudasai.** (*Por favor, entre em contato com o consulado norte-americano.*)
- 弁護士を呼んでください。**Bengoshi o yonde kudasai.** (*Por favor, chame um advogado.*)
- 私の弁護士に話してください。**Watashi no bengoshi ni hanashite kudasai.** (*Por favor, fale com o meu advogado.*)

Estrangeiros no Japão estão sujeitos às leis do Japão. Se você for preso, saiba que tem o direito de permanecer em silêncio, de contratar um advogado pelos próprios meios e notificar a embaixada ou consulado sobre sua prisão.

Diversão & Jogos

Escreva nas linhas correspondentes as palavras japonesas para as seguintes partes do corpo. A solução está no Apêndice D.

Ilustração por Elizabeth Kurtzman

1. ______________________
2. ______________________
3. ______________________
4. ______________________
5. ______________________
6. ______________________
7. ______________________
8. ______________________
9. ______________________
10. ______________________
11. ______________________

4
A Parte dos Dez

NESTA PARTE . . .

Esta parte é breve, mas eficaz. Ela contém um monte de dicas boas e práticas para ter em mente enquanto mergulha na língua japonesa. Apresento dez maneiras de aprender japonês rapidamente, e, acredite em mim, elas fazem uma grande diferença no seu progresso. Em seguida, conto as dez coisas que nunca deve dizer na frente de japoneses. Você pode me agradecer um dia se evitar uma dessas situações potencialmente embaraçosas. Finalmente, apresento as dez grandes expressões japonesas e as dez frases que são garantia de lhe fazer parecer um falante nativo de japonês. **Tanoshinde ne!** (*Aproveite!*)

NESTE CAPÍTULO

» **Incorporando itens japoneses a seu cotidiano**

» **Falando japonês com falantes nativos**

Capítulo **19**

Dez Maneiras de Aprender Japonês Rapidamente

Programas de imersão em línguas funcionam por uma razão: o cercam com a língua que está aprendendo e o forçam a falá-la para se comunicar com os outros. Você pode criar um ambiente de imersão para ajudá-lo a aprender japonês rapidamente aplicando os dez métodos que listo neste capítulo. Com estes dez truques você espalhará frases e sentenças em japonês em pouco tempo.

Use Tecnologias Digitais

Graças aos smartphones e computadores, que fornecem ferramentas convenientes de dicionário e tradução, uma tremenda quantidade de informação está a apenas um deslizar de dedos de distância, a qualquer hora e em qualquer lugar. Faça download de aplicativos de língua japonesa para usar enquanto estiver na rua. Você pode usar seu smartphone ou o navegador de internet do seu computador para buscar palavras-chave da cultura japonesa, como **kimono** e **sushi**, nomes de artistas, como **Utada** e **Hamasaki**, ou de lugares, como **Asakusa** e **Akihabara**. Você ficará impressionado com as toneladas de informações úteis que essas buscas retornam, e certamente aprenderá algumas palavras-chave japonesas. Além disso, pode usar aplicativos de bloco de notas em seu smartphone para fazer anotações de novas palavras assim que as vir ou ouvir, onde quer que esteja.

Cozinhe ou Coma Comida Japonesa

Encontre um livro de culinária japonesa em sua livraria local ou na internet — preferencialmente com fotos que lhe mostrem cada passo do preparo. Escolha um prato que realmente o deixe com água na boca e faça uma refeição japonesa no próximo final de semana! Enquanto lê a receita para seu banquete fabuloso, certifique-se de ter por perto um dicionário japonês–português confiável. Depois que entender a receita inteira, memorize as palavras-chave dos ingredientes e ações. Agora é hora de começar a cozinhar, bonitão! A cada vez que lavar, cortar, ralar, misturar, assar ou grelhar, diga em japonês, em voz alta, o que estiver fazendo. E fale os ingredientes enquanto os adiciona.

Se não quiser cozinhar, vá a um restaurante japonês. Fale com um garçom, uma garçonete ou um chef de sushi japonês. Torne um objetivo dominar, antes de sair do restaurante, o nome de pelo menos cinco pratos, ingredientes ou o que quer que esteja na mesa.

Leia Quadrinhos Japoneses

Revistas em quadrinhos japonesas, chamadas de **manga**, são muito populares entre leitores tanto jovens quanto mais velhos. Com milhares de imagens que mostram cenários detalhados, ações e expressões faciais de personagens, mais os balões de fala escritos, o **manga** é uma fonte rica de centenas de palavras que simbolizam sons, incluindo onomatopeias. Essas palavras são muitas vezes escritas em **katakana**, e só o som delas em voz alta já é muito divertido. O **manga** normalmente inclui **furigana**, especificação **hiragana** da pronúncia de caracteres **kanji**, para que você possa sempre verificar o significado dos caracteres **kanji** usando um dicionário **kanji**. (Veja o Capítulo 2 para entender o que **katakana**, **hiragana** e **kanji** significam.)

DICA

Você pode também comprar uma revista em quadrinhos que vem com a tradução em português. Procure por elas em livrarias japonesas, lojas de revistas em quadrinhos e livrarias maiores em sua própria cidade.

Veja Animes, Filmes e Esportes Japoneses

Sua biblioteca pública local provavelmente tem DVDs de filmes japoneses e animações com legendas em português. Escolha um que pareça interessante. Experimente um dos filmes de Akira Kurosawa, como *Os Sete Samurais* e *Ran*, ou outros filmes japoneses que receberam boas críticas, como *Tampopo — Os Brutos Também Comem Spaghetti* e *Dança Comigo?* Confira também os filmes animados de Hayao Miyazaki, *Meu Amigo Totoro* e *A Viagem de Chihiro*. Quando assistir a um filme japonês pela primeira vez, assista à coisa toda apenas por diversão. Depois assista uma segunda vez e tente entender algumas palavras e frases em japonês. Sinta-se à vontade para parar quantas vezes precisar; apenas evite colocar a legenda em português. Você aprenderá o significado das palavras e também descobrirá em qual contexto são usadas.

Se você é fã de esportes, tente assistir a transmissões em língua japonesa de esportes como sumô e beisebol, além de animes e filmes. As transmissões esportivas em língua japonesa são fáceis de acompanhar, porque você ouve a língua contextualizada, assim como quando assiste a um anime ou filmes. Também é útil para se acostumar com o estilo de discurso polido/neutro.

Cante no Karaokê

Arranje um equipamento de karaokê japonês e cante enquanto lê as letras que aparecem na tela. Se gostar da música, memorize-a. Imite a pronúncia do cantor o mais parecido que puder. Depois que dominá-la perfeitamente, cante na frente de seus amigos e familiares. Eles ficarão impressionados com seu uso do japonês, mesmo que sua habilidade de cantor deixe alguma coisa a desejar! (Confira o Capítulo 11 para saber mais sobre karaokê.)

Passe um Tempo com Japoneses

Olhe à sua volta. Certo, agora pare de olhar à sua volta e leia o resto deste parágrafo. Você conhece algum japonês em sua escola, empresa, vizinhança ou igreja? Se encontrar alguns japoneses, fique amigo deles. Troque celulares ou e-mails, enviem mensagens um para o outro em redes sociais como o Facebook e o Twitter e façam planos para se encontrarem algum dia.

LEMBRE-SE

Entender a cultura e a sociedade japonesa é indispensável para aprender a língua. Então por que não fazer planos e passar uma bela tarde com novos amigos japoneses, discutindo a cultura, a sociedade e o cotidiano japonês enquanto tomam um chá? Você pode se comunicar com eles em português, mas certamente lhe ensinarão algumas palavras em japonês que são importantes para o que estiver falando. Faça notas mentais dessas palavras.

Troque Aulas de Idiomas

Você sabia que ajudar os outros ajuda muito você mesmo? Encontre um japonês que queira aprender português e ensine-o a língua. Em troca, peça para lhe ensinar japonês. Você não só aprenderá japonês de graça, mas também criará uma amizade preciosa.

DICA

Entre em contato com faculdades e universidades locais; elas talvez tenham alguns alunos japoneses que precisam de ajuda com o português. Você também pode verificar associações japonesas locais. Encontre-as em sua lista telefônica local. Tenho certeza de que você pode encontrar pelo menos uma pessoa japonesa em sua área que precisa de ajuda para aperfeiçoar seu português.

Conheça um Japonês Monolíngue

Passe um tempo com alguém cuja *única* língua é o japonês. Para se envolver em atividades como fazer compras, cozinhar ou fazer artesanato com uma pessoa japonesa monolíngue você precisa falar apenas em japonês, porque não terá o luxo de usar a língua portuguesa. Enquanto fala nada além de japonês, sua língua e lábios definitivamente farão uma ginástica. Esse tipo de imersão é um pouco doloroso no começo, mas lhe trará o melhor resultado. Sentir que tem que falar japonês para fazer alguma coisa é uma ótima força motriz para naturalizar sua habilidade de fala.

Se não sabe nenhuma palavra em japonês, use gestos ou desenhos para se expressar. E ouça cuidadosamente o que a pessoa diz. Se fizer essa imersão amigável por algumas horas diárias por uma semana, no final da semana você usará cada vez menos gestos e desenhos e cada vez mais palavras em japonês. Pense nisso como um programa de estudos no exterior sem ter que sair de sua cidade.

Viaje para o Japão

Nada é mais agradável do que aprender japonês enquanto se viaja pelo Japão. Depois que estiver lá, olhe à sua volta. Você vê caracteres japoneses por todos os cantos. Entre em sintonia com os arredores. Você escuta adolescentes conversando com seus amigos, mães repreendendo seus filhos e atendentes de loja cumprimentando seus clientes — tudo em japonês. Você só tem que continuar tentando entender o que estão falando. Que jeito divertido de aprender a língua!

Seja Positivo, Curioso e Criativo

Um dos segredos para aprender línguas é se manter positivo e se dedicar a seus estudos. Não se preocupe se cometer erros. Relaxe sua mente quando falar. Não é uma entrevista de emprego. Isso não será gravado e passado na TV. Seja positivo e elogie a si mesmo quando se comunicar em japonês!

Além disso, não espere até que alguém fale com você em japonês. Inicie conversas você mesmo. Faça perguntas em japonês. Recupere o espírito curioso e despreocupado de sua infância.

Seja criativo e crie oportunidades de usar o japonês em seu cotidiano. Escreva seu cronograma semanal em japonês. Diga a hora e a data em japonês. Memorize seu telefone em japonês. Dirija-se à sua família em japonês. Cumprimente seus amigos em japonês. Não espere até que alguém o ajude; ajude-se. Seja criativo, seja curioso, mantenha-se positivo e goste de falar!

NESTE CAPÍTULO

» Certificando-se de que você não pareça uma criança

» Falando respeitosamente

» Usando as palavras certas nos contextos certos

Capítulo 20

Dez Coisas para Nunca Dizer em Japonês

Costumes sociais são regras culturalmente criadas que diferem de país para país, porque costumam estar ligadas à história das nações e dos povos. Um passado enraizado em democracia, feudalismo, totalitarismo, espírito pioneiro ou valores liberais ou conservadores, para citar alguns contextos, obviamente tende a fazer surgir diferentes costumes. Como a sociedade brasileira e a japonesa são construídas sobre tradições diferentes, o que é considerado educado para pessoas no Brasil às vezes pode ser rude para os japoneses. Para ajudá-lo a evitar ofender seus colegas japoneses, este capítulo o alerta sobre as dez coisas que não deve dizer quando estiver com eles.

"San" Depois do Próprio Nome

Quando falar com japoneses, eles dirão seu nome e então -**san** o tempo todo. Mas não os copie colocando -**san** depois de seu próprio nome ao se referir a si mesmo. Por exemplo, não diga **Watashi wa Sumisu-san desu.** (*Sou o Sr. Smith.*) Você parecerá uma criança se o fizer. Em vez disso, diga **Watashi wa Sumisu desu.** (*Sou Smith.*)

LEMBRE-SE

A função de -**san** é mostrar respeito aos outros; portanto, use-o depois dos nomes de outras pessoas, mas não depois do seu. Você pode usar -**san** depois do sobrenome ou do nome de alguém, mas para adultos é mais comum usar o sobrenome do que o nome próprio ao se dirigir a alguém.

O Primeiro Nome do Seu Chefe ou Professor

Nunca chame seus chefes ou professores japoneses por seus nomes próprios, não importa há quanto tempo trabalhe ou estude com eles. Chame-os por seus sobrenomes com os títulos adequados que mostram suas posições profissionais ou funções, como **shachō** (*presidente da empresa*) ou **sensei** (*professor*): **Tanaka shachō** (*Presidente Tanaka*) ou **Tanaka sensei** (*Professor Tanaka*), por exemplo. Se seus títulos não forem claros, use o sufixo -**san** seguindo seus sobrenomes, como em **Tanaka-san** (*Sr./Sra. Tanaka*).

"O-genki Desu Ka" para a Pessoa que Viu Ontem

No Brasil, você diz *Como você está?* a uma pessoa, independentemente se a viu ontem. No entanto, esse uso é inadequado para o equivalente em japonês mais próximo, **O-genki desu ka**, que literalmente significa *Você está bem?* Use essa frase apenas quando encontrar alguém que não vê há algum tempo.

Nota: jovens começaram a usar a versão curta, **Genki** (*Bem?*), para um cumprimento diário. No entanto, essa expressão ainda é bem diferente do uso de **O-genki desu ka.**

"Sayōnara" para Sua Família

Embora muitos ocidentais igualem a palavra **sayōnara** a um *tchau* casual, os japoneses realmente só a usam com membros não familiares. Quando partem para a escola ou o trabalho, se despedem dos membros da família dizendo **Ittekimasu**, que significa literalmente *Eu irei e voltarei.* (Essa tradução parece um pouco desajeitada, mas essa frase é um tchau costumeiro em japonês.) Em outros contextos em que os japoneses devem partir, normalmente se despedem da família dizendo **Jā ne** (*Certo? Bem, nos vemos?*) ou **Jā mata ne.** (*Certo, nos vemos mais tarde.*) (Para mais informações sobre **sayōnara**, veja o Capítulo 4.)

"Obrigado" para um Elogio

Em português, se alguém diz "Você fica bonita nesse vestido" ou "Você é muito esperto", você normalmente diz "Obrigado!" na hora, certo? Caso contrário, a outra pessoa pode pensar que você é arrogante. No entanto, o costume japonês é de negar o elogio, dizendo **Īe** (*Não*) ou **Zenzen.** (*Nem um pouco.*) Agora, não estou dizendo que não deva elogiar os japoneses. Afinal de contas, quem não gosta de receber um pouco de feedback positivo? Só fique ciente de que os japoneses negarão seus elogios verbalmente mesmo que estejam extremamente felizes por ouvi-los. É somente parte da modéstia japonesa.

Então, se estiver viajando pelo Japão e alguém disser **Nihongo ga jōzu desu ne** (*Seu japonês é bom, não é?*), você impressionará essa pessoa ainda mais se pular o **Arigatō** (*Obrigado*) e disser **Īe**, **Zenzen** ou **Mada mada.** (*Ainda não, ainda não.*)

"Minha Mãe É Bonita" para Estranhos

Outro aspecto da modéstia japonesa (veja a seção anterior) é que você não deve dizer a estranhos (como a pessoas que não sejam de sua família) que sua mãe é bonita. Isso o faz parecer infantil e pretensioso para os japoneses. O mesmo princípio se aplica a outros membros de sua família e outros tipos de características; não diga a estranhos que seu irmão mais novo ou seu filho é inteligente, mesmo que a criança seja a melhor da turma. A divisão entre pessoas íntimas e estranhos limita enormemente o que pode dizer.

É interessante notar que essa distinção entre íntimos/estranhos se estende a contextos corporativos: para os japoneses, seus colegas são íntimos, enquanto seus clientes, estranhos. Então, preste muita atenção quando estiver prestes a fazer negócios com japoneses.

"Sim" Logo Depois que Lhe Oferecerem Comida

Não diga **hai** (*sim*) logo que lhe oferecerem comidas ou bebidas. Os japoneses dizem **Īe, ii desu** ou **Īe, kekkō desu**, que significam *Não, obrigado*, quando lhes é oferecida comida ou bebida, mesmo se estiverem com muita fome ou sede. O anfitrião quase sempre oferece os itens de novo, então os convidados eventualmente aceitam a oferta, dizendo algo como **Jā, itadakimasu. Arigatō gozaimasu.** (*Ah, então eu aceito. Obrigado.*)

Entretanto, quando as comidas e bebidas já foram levadas, você pode aceitar a oferta, dizendo **jā, itadakimasu**, sem precisar recusá-la nenhuma vez.

"Anata" ao Falar com Alguém

Embora usar nome e título de alguém repetidamente em uma conversa possa parecer estranho para você, é precisamente o que deve fazer ao falar com um japonês. Sua inclinação é provavelmente a de usar o pronome **anata** (*você*), mas não o faça; o pronome **anata** é quase proibido em conversas com japoneses. Por alguma razão, soa esnobe e arrogante, a não ser que você seja uma esposa dirigindo-se a seu marido. Uma esposa pode dizer a seu marido **Kore wa anata no?** (*Isso é seu?*) Além disso, uma esposa pode chamá-lo dizendo **anata**, como se dissesse *Querido!* Esse é um uso estranho para *você*, certo?

"Aishite Imasu" para Expressar Gostos

A tradução literal de *amar* em japonês é **aishite imasu**. No entanto, as pessoas dizem essa frase apenas em ocasiões ou contextos muito sérios, como quando estão propondo casamento. Em português, você normalmente escuta as pessoas dizerem que amam alguma coisa, como *Eu amo cachorros!*, mas se disser **Inu o aishite iru** apenas para significar que ama cachorros, as pessoas vão achá-lo estranho; parecerá que quer se casar com um cachorro ou dedicar o resto de sua vida aos cachorros. De maneira similar, se disser **Ano sūgaku no sensei o aishite imasu** (*Eu amo o professor de matemática*), você parecerá inconveniente ou antiético.

DICA

Para dizer que gosta de alguém ou de alguma coisa em um sentido geral, use **suki desu** (*gostar*) ou **dai-suki desu** (*gostar muito*), e marque a pessoa ou o item de que gosta com a partícula **ga**. Por exemplo: **Inu ga suki desu.** (*Eu amo cachorros.*) Veja o Capítulo 6 para saber mais sobre **suki desu** e **dai-suki desu**.

"Você Quer Café?"

Os japoneses sentem-se envergonhados por expressar seu desejo por comidas e bebidas a membros que não sejam da família; então, perguntar a eles **Kōhī ga hoshii desu ka** (*Você quer café?*) diretamente pode deixá-los desconfortáveis. Em vez disso, diga **Kōhī wa ikaga desu ka.** (*Que tal café?*) Ou, se estiver falando com um amigo próximo ou um colega de quarto, pode apenas dizer **Kōhī wa dō** (*Que tal café?*) com uma entonação ascendente de pergunta. **Dō** e **ikaga** significam *como*, e **ikaga** é apenas a equivalente polida de **dō**.

NESTE CAPÍTULO

» Respondendo a situações

» Revelando sua empolgação

» Mostrando sua atitude

Capítulo 21

Dez Expressões Japonesas Favoritas

A vida é cheia de **ki-do-ai-raku** (*prazer-raiva-tristeza-diversão*), e algumas frases saem da boca dos japoneses repetidamente em resposta a diferentes situações diárias. Dominar essas expressões comuns, sejam simples advérbios ou frases completas, é essencial. É por isso que lhe dou dez expressões japonesas populares neste capítulo.

LEMBRE-SE

Embora eu observe no Capítulo 3 que os japoneses não usam pontos de interrogação, os inclui em algumas frases neste capítulo quando a expressão é muito curta e não contém uma partícula interrogativa que daria a dica para você. Dessa maneira você se certifica de usar as expressões com a entonação adequada.

Yatta!

やった! **Yatta!** (*Consegui!*)

Diga **Yatta!** ao realizar algo grande, receber uma grande oportunidade ou sentir-se vitorioso. Passar em um teste difícil, conseguir o trabalho que queria ou ganhar na loteria — tudo isso é válido para usar **Yatta!** Espero que você tenha a oportunidade de usar essa expressão todos os dias.

Hontō?

本当？ **Hontō?** (*Mesmo?*)

Diga **Hontō?** com uma entonação ascendente para confirmar o que acabou de ouvir. Suponha que sua colega lhe diga que se casará com seu chefe. Responda à notícia dizendo **Hontō?** E se seu amigo disser que lhe dará seu carro de graça? Diga **Hontō?** antes de dizer obrigado. Você pode dizer **Hontō?** em várias situações, porque muitas coisas inacreditáveis acontecem todos os dias.

Sasuga!

さすが！ **Sasuga!** (*Estou impressionado com você, como sempre!*)

O significado literal de **sasuga** é *Como era de se esperar*, mas a expressão é comumente usada como um elogio quando alguém que tinha uma boa reputação faz algum trabalho impressionante, como o esperado. Suponha que seu amigo seja um bom atleta e que acabou de ganhar a medalha de ouro em uma competição de esqui. Você pode dizer a ele **Sasuga!**, significando *Eu sabia que você conseguiria ganhar o prêmio! Você foi bem, como sempre.* Se a presidente de sua empresa acabou de criar uma nova creche e um centro de lazer para os empregados, você pode dizer **Sasuga shachō!** para ela. Isso significa *Admiro sua dedicação de sempre, presidente.*

DICA

A diferença entre o adjetivo **sugoi** e dizer **sasuga** é que **sasuga** não significa apenas *ótimo*, mas *ótimo como sempre.*

Mochiron!

もちろん! **Mochiron!** (*Claro!*)

Mochiron é o advérbio favorito de pessoas confiantes. Use-o quando estiver 100% seguro de sua opinião. Então, se seu cônjuge algum dia lhe perguntar "Você se casaria comigo se tivesse a chance de fazer tudo de novo?", siga meu conselho: apenas diga **mochiron**, porque você só vive uma vez e nunca realmente terá que enfrentar essa decisão (ou dormir no sofá porque deu a resposta errada).

Ā, Yokatta

ああ, よかった。 **Ā, yokatta.** (*Ah, bom.*)

Diga **Ā, yokatta** sempre que quiser dizer *Que alívio!* ou *Ah, bom.* Se você é o Sr. ou a Sra. Preocupação, pode dizer **Ā, yokatta** dez vezes por dia. Por exemplo:

Você desligou o forno?

Sim, você desligou.

Ā, yokatta.

Minha filha foi sequestrada!

Não, ela está bem atrás de você.

Ā, yokatta.

Zenzen

ぜんぜん。 **Zenzen.** (*De jeito nenhum.*)

Zenzen é um advérbio usado com um verbo negativo ou adjetivo, mas é frequentemente usado sozinho como frase de negação. Suponha que alguém lhe pergunte "Estou incomodando você?" quando não o estiver incomodando nem um pouco. Diga **zenzen** e balance a cabeça. (Se for seu chefe, no entanto, você pode ainda querer dizer **zenzen** mesmo se estiver incomodando.)

Nani?

何？ **Nani?** (*O quê?*)

Nani é uma palavra interrogativa útil ao falar com um japonês. Diga **Nani?** com uma entonação ascendente quando não escutar ou não entender o que a outra pessoa disse.

DICA

Você também pode dizer **Nani?** quando não conseguir acreditar ou não gostar do que ouviu. Por exemplo, suponha que seu amor anuncie de repente: "Vou me casar com Tom." Se seu nome não é Tom, você pode certamente dizer **Nani?** — supondo que você ainda tenha a habilidade de, a essa altura, dizer alguma coisa.

Dōshiyō?

どうしよう。**Dōshiyō?** (*O que devo fazer?*)

Diga **dōshiyō** quando estiver em pânico e não tiver ideia do que fazer. Você pode repeti-la várias vezes enquanto pensa no que fazer: **dōshiyō, dōshiyō, dōshiyō**. Agora parece que você realmente tem um problema. O que aconteceu? Ah, você trancou a porta do carro com as chaves e o cachorro dentro? Talvez deva conferir o Capítulo 18 para conselhos sobre como chamar a polícia.

Yappari

やっぱり。**Yappari.** (*Eu sabia que isso aconteceria.*)

Às vezes você tem uma vaga suspeita de que algo vai acontecer, e então realmente acontece. Em horas como essa, diga **yappari**. Suponha que não tenha recebido o jornal do mês passado, mas o entregador disse que o entregou na frente de sua porta todos os dias. Você suspeita que seu vizinho seja o culpado. Um dia você acorda mais cedo do que o normal e o vê pegando seu jornal. Sua suspeita é confirmada, e você pode dizer **yappari**.

Ā, Bikkurishita!

ああ，びっくりした。**Ā, bikkurishita!** (*Que surpresa!*)

Diga **Ā, bikkurishita!** quando estiver muito surpreso. Se sua família fizer uma festa surpresa para você, diga **Ā, bikkurishita!** depois que gritarem *Surpresa!*

NESTE CAPÍTULO

» **Cumprimentando convidados**

» **Dando seu melhor**

» **Expressando simpatia e encorajamento**

Capítulo **22**

Dez Frases que o Fazem Parecer Fluente em Japonês

Todas as línguas têm expressões obscuras ou únicas que fornecem o sabor autêntico da cultura. As traduções literais normalmente não são transparentes, e seu domínio dessas expressões depende de uma compreensão profunda da cultura e dos valores por trás da língua. Neste capítulo apresento dez frases que o fazem parecer japonês. Domine e use-as no contexto certo para sentir a mentalidade e o espírito japoneses.

Enryo Shinaide.

遠慮しないで。**Enryo shinaide.** (*Não se acanhe.*)

Os convidados japoneses frequentemente parecem ser muito tímidos. Normalmente recusam ofertas de comidas e bebidas pelo menos uma vez, não importa o que sejam; é só parte de sua educação. Se for o anfitrião, a resposta costumeira é dizer **Enryo shinaide** logo depois que seu convidado disser *Não, obrigado.* Usar essa frase indica que você é um anfitrião gracioso e encoraja seu convidado a aceitar sua oferta gentil na segunda vez.

Mottainai.

もったいない。**Mottainai.** (*Que desperdício./É bom demais.*)

Embora os japoneses tenham sido mimados com bens descartáveis — como fraldas descartáveis, copos e toalhas de papel —, ainda odeiam desperdiçar coisas. Constantemente expressam sua objeção ao desperdício dizendo **mottainai.** *O quê? Você vai jogar esse suéter fora?* **Mottainai**. *Dê para mim.*

DICA

Essa frase não expressa só sua objeção a jogar coisas fora; você também pode dizer **mottainai** se alguém não apreciar o valor de algo, como quando seu filho não aprecia uma boa comida. *O quê? Você deu o bife para o cachorro?* **Mottainai.**

Você também pode usar **mottainai** para discutir como alguém está desperdiçando seu tempo com um parceiro romântico específico. Por exemplo, quando ouve que Emily — a oradora e menina mais popular da escola — está saindo com Devin — um menino longe de ser bonito e que passa todo seu tempo comendo e dormindo —, você pode dizer **mottainai!**

O-saki Ni.

おさきに。**O-saki ni.** (*Perdoe-me, mas estou indo agora.*)

Embora o sentido literal de **o-saki ni** seja *mais cedo*, os japoneses usam essa expressão para educadamente dizer tchau em todos os tipos de contextos e locais — uma sala de espera, um restaurante, uma biblioteca, uma festa e assim por diante. O **o** no início da expressão **o-saki ni** é o prefixo honorífico. Quando tiver que ir embora de um local mais cedo do que um amigo que ficará para trás, ou até mesmo um estranho com o qual estava conversando, diga **O-saki ni** para mostrar sua consideração pelas pessoas que ainda não podem sair do lugar. Em um contexto de negócios, como um local de trabalho, você pode adicionar **shitsurei shimasu** depois de **o-saki ni. Shitsurei shimasu** significa literalmente *Eu serei rude*, mas é uma maneira bem-educada de dizer tchau para seus superiores e clientes. (Vá ao Capítulo 4 para saber mais sobre **shitsurei shimasu**.)

Kanpai!

乾杯！ **Kanpai!** (*Um brinde!/Saúde!*)

Ao celebrar alguma coisa, segure uma taça de vinho ou saquê e faça um brinde dizendo **Kanpai! Kanpai** é usado em quase todos os ritos formais e informais no Japão. A única exceção é o serviço funerário, no qual **kenpai** ou **itadakimasu** é usado no lugar. Então, da próxima vez que tiver algo para celebrar, não hesite em dizer **Kanpai!**

Ganbatte!

がんばって！ **Ganbatte!** (*Faça o seu melhor e boa sorte!*)

Os japoneses frequentemente acreditam que o esforço é mais importante que o resultado. Dar o seu melhor é o caminho. Quando seu amigo estiver para fazer um teste importante, diga a ele **Ganbatte!** E se estiver estudando seriamente o japonês, digo-lhe **Ganbatte!**

Shikata ga nai.

仕方がない。 **Shikata ga nai.** (*Não há escolha.*)

Shikata significa *método*, então significa literalmente *Não há um método.*

Quando estiver em uma situação difícil, olhe para todas as possíveis soluções. Se nenhuma delas funcionar bem, escolha uma que você sabe que não é parte do melhor cenário e diga **Shikata ga nai** para transmitir desapontamento e aceitação do tal fato.

Suponha que perca seu avião para casa e não haja nenhum outro voo partindo até amanhã de manhã. Você tem que desistir de ir para casa hoje. Em tal contexto, diga **Shikata ga nai** e comece a procurar por um hotel. Suponha que não consiga encontrar um hotel e tenha que desistir da ideia de dormir em uma cama. Diga **Shikata ga nai** novamente e durma em um banco no aeroporto. A expressão de certa forma suaviza situações ruins inevitáveis. A vida continua. **Shikata ga nai.**

Okage-sama De.

おかげさまで。**O-kage-sama de.** (*Felizmente, graças a você e outras pessoas.*)

Se alguém lhe perguntar **O-genki desu ka** (*Como você está?*), responder com **Genki desu** (*Estou bem*) é perfeitamente correto. No entanto, você parecerá modesto, agradecido e elegante se disser **O-kage-sama de**. O significado original dessa expressão muito modesta é que seu bem-estar e saúde são devidos a Deus e outras pessoas, incluindo aquela com quem está falando. A propósito, como você está?

Tsumaranai Mono Desu Ga.

つまらないものですが。**Tsumaranai mono desu ga.** (*É um item trivial/chato, mas...*)

Os japoneses sempre levam um presente quando são convidados à casa de outras pessoas para uma refeição. Os itens são normalmente bem caros, mas quem presenteia sempre diz **Tsumaranai mono desu ga**, uma expressão baseada na modéstia japonesa. É só um fragmento de sentença que significa *É um item trivial ou chato, mas [por favor aceite].* Da próxima vez que for à casa do seu amigo japonês, dê a ele um presente enquanto diz **Tsumaranai mono desu ga**, mesmo se pensar que é algo excepcionalmente bom.

Yoroshiku.

宜しく。**Yoroshiku.** (*Prazer em conhecê-lo./Aprecio sua ajuda.*)

Usar a frase **Yoroshiku** mostra sua atitude educada e modesta. O significado literal de **yoroshiku** é *adequadamente*, *favoravelmente* ou *conforme o necessário*, mas você pode dizê-lo quando conhecer alguém. O conceito por trás desse uso é *Por favor, trate-me adequadamente*; você não gostaria de dizer tal coisa diretamente, mas fazer uma alusão a isso com **Yoroshiku** é caro à modéstia japonesa. Só não pense sobre seu significado literal; use **Yoroshiku** como um equivalente a *Prazer em conhecê-lo.*

Você também pode dizer **yoroshiku** logo depois de pedir um favor a alguém. A ideia subjacente é *Obrigado por me ajudar, e espero que você lide com isso por mim adequadamente*, que quase significa *Aprecio sua ajuda.*

Taihen Desu Ne.

大変ですね。**Taihen desu ne.** (*Isso é difícil.*)

Essa expressão é uma frase de empatia. Use-a quando seus amigos lhe contarem sobre suas dificuldades relacionadas a doenças, problemas financeiros, de relacionamentos ou qualquer outro tipo de situação difícil que requeira esforços físicos e/ou cause estresse mental, preocupações ou gastos financeiros. Suponha que seu amigo lhe diga que tem que pagar para que cinco filhos possam ir à universidade. Você pode dizer a ele **Taihen desu ne.**

5 Apêndices

NESTA PARTE . . .

Você pode considerar esta parte como a seção de referência para o livro todo. No Apêndice A há um minidicionário repleto de palavras que você pode esperar usar mais frequentemente em conversas em japonês; o Apêndice B apresenta tabelas úteis de verbos para quando você não tem certeza de como conjugá-los. Você encontra uma listagem de todas as faixas de áudio do livro, com descrições do que cada uma fala, no Apêndice C; e as respostas aos exercícios Diversão & Jogos que estão no final de quase todos os capítulos aparecem no Apêndice D. **Renshū, renshū, renshū!** (*Pratique, pratique, pratique!*)

Apêndice A
Minidicionário Japonês–Português

A

agaru -u: subir
ageru -ru: dar, aumentar
aida: entre
aisu kurīmu: sorvete
aka: vermelho
akeru -ru: abrir
aki: outono
ame: chuva, doce
Amerika: América [Estados Unidos][1]
Amerikajin: americano [estadunidense]
anata: você
ane: irmã mais velha (simples)
ani: irmão mais velho (simples)
anime: anime
ao: azul
apāto: apartamento
are: aquele (lá)
arigatō gozaimasu: obrigado
aru -irr: existir
aruku -u: andar
asa: manhã
asagohan: café da manhã
ashi: pé, perna
ashita: amanhã
asobu u: jogar
asoko: lá
atama: cabeça
atarashii -i: novo
atatakai -i: quente
atsui -i: quente (temperatura)

B

banana: banana
bangohan: jantar
basu: ônibus
beddo: cama
bengoshi: advogado
benkyō suru -irr: estudar
bijutsukan: museu de arte
bīru: cerveja
biza: visto
bōshi: chapéu
burausu: blusa
butaniku: porco
byōin: hospital
byōki: doença

C

chairo: marrom
chawan: xícara de chá, tigela de arroz
chichi: pai (simples)
chikaku: perto
chikatetsu: metrô
chīsai -i (irr): pequeno
chizu: mapa
chīzu: queijo
chōshoku: café da manhã
Chūgoku: China
chūshajō: estacionamento
chūshoku: almoço

D

daidokoro: cozinha
daigaku: universidade

1 Os termos Amerika e Amerikajin são usados para se referir ao país (Estados Unidos) e aos seus cidadãos (estadunidenses), respectivamente. Para se referir à América do Norte como continente, em japonês, usa-se Kita Amerika.

daigakuin: escola de pós-graduação
daijōbu na: tudo bem
dainingu: sala de jantar
damasu -u: enganar
dare: quem
dareka: alguém
deguchi: saída
dekiru -ru: ser capaz de fazer
demo: mas
denki: eletricidade
densha: trem
denwa: telefone
denwa-bangō: número de telefone
depāto: loja de departamentos
dezāto: sobremesa
dō: como
Doitsu: Alemanha
doko: onde
dokoka: algum lugar
dōmo: obrigado
dore: qual
dorobō: ladrão
doru: dólar
dōryō: colega de trabalho
dōshite: por que
doyōbi: sábado

E

e: fotografia (pintura ou desenho)
eakon: ar-condicionado
ebi: camarão
eiga: filme
eigakan: cinema
Eigo: inglês
eki: estação (para trens e metrôs)
enpitsu: lápis
enpitsu kezuri: apontador de lápis
erabu -u: selecionar, escolher
erebētā: elevador

F

fakkusu: fax
fōku: garfo
fude: pincel (para caligrafia)
fugu: baiacu
fukai -i: profundo
fuku: roupas
fuku -u: esfregar
fukuro: sacola (bolsa)
fun: minuto
fune: navio
Furansu: França
furoba: sala de banho
furui -i: velho (para itens inanimados)
fūtō: envelope
fuyu: inverno

G

gaika: dinheiro estrangeiro
gaikoku: país estrangeiro
gaikokujin: estrangeiro
gakkō: escola
gakusei: alunos
garō: galeria
gasorin sutando: estação de gás
geijutsu: arte
geijutsuka: artista
geki: jogar
gekijō: teatro (para peças e performances)
gengo: língua
genkan: entrada
genki -na: bem (saudável)
genkin: dinheiro
geta: tamancos
getsuyōbi: segunda-feira
gin: prata (metal)
ginkō: banco
gitā: violão
go: cinco
gogo: tarde
go-gatsu: maio
gohan: arroz cozido
gomi: lixo
gomibako: lata de lixo
gorufu: golfe
gōtō: ladrão
gyūniku: carne
gyūnyū: leite

H

ha: folha, dente
hachi: oito, abelha
hachi-gatsu: agosto
hachimitsu: mel
hae: mosca (inseto)
haha: mãe (simples)

hairu -u: entrar
haisha: dentista
haitatsu: entrega
haiyū: ator
hajimeru -ru: começar (algo)
hako: caixa
hakobu -u: carregar
hakubutsukan: museu
hamigakiko: pasta de dente
hana: flor, nariz
hanabi: fogos de artifício
hanashi: história
hanasu -u: falar
hanbun: metade
harau -u: pagar
hari: agulha
haru: primavera
hasami: tesoura
hashi: hashi (ou pauzinhos), ponte
hashigo: escada
hashira: pilar
hashiru -u: correr
hata: bandeira
hataraku -u: trabalhar
hatsuon: pronúncia
hayai -i: cedo, rápido
hayaku: rapidamente, adiantado
hayashi: floresta
hebi: cobra
heiwa: paz
hen -na: estranho, esquisito
henji: resposta
heya: quarto
hi: dia, fogo
hidari: esquerda
hidoi -i: terrível
higashi: leste
hikari: luz (iluminação)
hikidashi: gaveta
hikōki: avião
hiku -u: puxar
hikui -i: baixo
hima: tempo livre
himitsu: segredo
hiroi -i: amplo, espaçoso
hirugohan: almoço
hisho: secretária
hitai: testa
hito: pessoa
hitsuji: ovelha
hiza: joelho
hō: bochecha
hōki: vassoura
hon: livro
honbako: estante
hondana: prateleira
hone: osso
hontō ni: realmente (verdadeiramente)
hon'ya: livraria
hon'yaku: tradução
hon'yakusha: tradutor
hōrensō: espinafre
hōritsu: lei
hoshi: estrela (no céu)
hoshii -i: querer
hotchikisu: grampeador
hoteru: hotel
hyaku: cem

I

i: estômago
ichi: um
ichi-gatsu: janeiro
ichigo: morango
ichiman: dez mil
ie: casa
Igirisu: Inglaterra
ii -i: bom
ijiwaru na: ruim (malvado)
ika: lula
ike: lagoa
iku -irr: ir
ikura: quanto (preço); ova de salmão
ikutsu: quantos
ima: agora, sala de estar
imin: imigrante
imōto: irmã mais nova
inaka: interior
infuruenza: gripe
inu: cachorro
iriguchi: entrada
iro: cor
iroiro na: vários
iru -ru: existir
iru -u: precisar
isha: médico

ishi: pedra
isogashii -i: ocupado
isogu -u: apressar
issho ni: junto
isu: cadeira
itai -i: dolorido
Itaria: Itália
ito: fio
itoko: primo
itsu: quando
itsuka: algum dia
itsumo: sempre
iu -u: dizer

J

jagaimo: batata
jaketto: jaqueta
ji: hora
jigoku: inferno
jikan: hora, tempo
jiko: acidente
jīnzu: jeans
jisho: dicionário
jitensha: bicicleta
jiyū: liberdade
jōdan: piada
joyū: atriz
jū: dez
jū-gatsu: outubro
jūgyōin: funcionário
jūichi-gatsu: novembro
jūni-gatsu: dezembro
jūsho: endereço
jūsu: suco

K

kaban: sacola
kabe: parede
kabin: vaso
kaeru: sapo
kaeru -ru: mudar
kaeru -u: retornar
kagaku: ciência, química
kagami: espelho
kagi: chave
kago: cesto
kagu: móveis
kai: molusco
kaisha: empresa
kaishain: funcionário da empresa
kaji: incêndio
kaku -u: escrever, desenhar
kakusu -u: esconder (alguma coisa)
kame: tartaruga
kamera: câmera
kami: cabelo, papel, deus
kaminari: trovão
Kanada: Canadá
kanashii -i: triste
kanban: placa (loja)
kangoshi: enfermeiro
kani: caranguejo
kanja: paciente (de um médico)
Kankoku: Coreia do Sul
kanojo: ela, namorada
kanpai: brinde (bebida cerimonial)
kantan na: fácil, simples
kao: rosto
karada: corpo (de uma pessoa ou animal)
karai -i: quente (picante)
kare: ele, namorado
karendā: calendário
kariru -ru: pegar emprestado
kasa: guarda-chuva
kasu -u: emprestar
kata: ombro
katsu -u: ganhar
kau -u: comprar
kawa: rio
kawaii -i: fofo
kayōbi: terça-feira
kazan: vulcão
kaze: vento, resfriado (vírus)
keisatsu: polícia
ki: árvore
kiiro: amarelo
kinō: ontem
kinyōbi: sexta-feira
kirei -na: bonito, limpo
kiru -ru: vestir
kita: norte
kitchin: cozinha
kitte: selo postal
kodomo: criança
kōen: parque
kōhī: café

koi: carpa
kōjō: fábrica
kōka na: caro
kōkō: ensino médio
koko: aqui
kokuseki: nacionalidade
kome: arroz cru
komugiko: farinha
konban: esta noite
kongetsu: este mês
konnichiwa: oi, boa tarde
konshū: esta semana
kore: este
kōri: gelo
kōsaten: interseção
koshi: quadril
kōsui: perfume
kotae: resposta
kotoshi: este ano
kowai -i: assustador
kubi: pescoço
kuchi: boca
kudamono: fruta
ku-gatsu: setembro
kūkō: aeroporto
kuni: país
kurai -i: escuro
kurejitto kādo: cartão de crédito
kureru -ru: dar
kuro: preto
kuru -irr: vir
kuruma: carro
kūshitsu: quarto vago
kusuri: remédio
kusuriya: farmácia
kutsu: sapato
kyō: hoje
kyōkai: igreja
kyonen: ano passado
kyū: nove
kyūkyūsha: ambulância
kyūryō: salário

M
mado: janela
mae: frente
magaru -u: (fazer uma) curva
mago: netos
maguro: atum
majime -na: sério
makura: travesseiro
mame: feijões
manabu -u: aprender
manga: desenho
massugu: reto
mata: de novo
matsu -u: esperar
me: olho
megane: óculos
michi: rua
midori: verde
migi: direito
mikan: tangerina
mimi: orelha
minami: sul
mise: loja
mizu: água
mizuumi: lago
mokuyōbi: quinta-feira
mono: coisa (tangível)
mori: floresta
moshimoshi: alô (telefone)
motsu u: segurar (ter em mãos)
mukai gawa: lado oposto
mune: peito
mura: vila
murasaki: roxo
mushi: inseto
muzukashii -i: difícil

N
nabe: panela
naifu: faca
naka: dentro
namae: nome
nami: onda
namida: lágrima
nana: sete
nani: o quê
nanika: algo
naru -u: tornar-se
nashi: pera
natsu: verão
naze: por que
nedan: preço
nekkuresu: colar

neko: gato
nekutai: gravata
nemui -i: sonolento
neru -ru: dormir
netsu: febre
ni: dois
nichiyōbi: domingo
nigai -i: amargo
ni-gatsu: fevereiro
Nihon: Japão
Nihongo: língua japonesa
Nihonjin: japonês (pessoa)
niku: carne
nimotsu: bagagem
ningyō: boneca
Nippon: Japão
nishi: oeste
nodo: garganta
nomu -u: beber
noru -u: entrar (transporte)

O

oba: tia (simples)
obasan: tia (polido)
obāsan: avó (polido)
oboeru ru: memorizar
o-cha: chá verde
odoru -u: dançar
ohayō: bom dia
oji: tio (simples)
ojisan: tio (polido)
ojīsan: avô (polido)
o-kane: dinheiro
okāsan: mãe (polido)
ōkii -i (irr): grande
oku -u: colocar
omoshiroi -i: interessante
omou -u: pensar
onaji: mesmo
onaka: abdômen
onēsan: irmã mais velha (polido)
ongaku: música
onīsan: irmão mais velho (polido)
onna: feminino
onna no hito: mulher
oriru -ru: descer (transporte)
osoi -i: atrasado, devagar
Ōsutoraria: Austrália
otoko: masculino
otoko no hito: homem
otōsan: pai (polido)
otōto: irmão mais novo
owaru -u: terminar
oyasuminasai: boa noite
oyogu -u: nadar

P

pan: pão
pan'ya: padaria
pasokon: computador
pasupōto: passaporte
pātī: festa (evento)
piano: piano
piza: pizza

R

raigetsu: mês que vem
rainen: ano que vem
raishū: semana que vem
rajio: rádio
reizōko: geladeira
remon: limão
renshū: prática (exercício)
reshīto: recibo
resutoran: restaurante
ribingu: sala de estar
rimokon: controle remoto
ringo: maçã
roku: seis
roku-gatsu: junho
ryōjikan: consulado
ryokō: viagem
ryōri: cozinhar
ryōshūsho: recibo

S

saifu: carteira
sakana: peixe
sake: vinho de arroz, salmão
sakka: escritor (autor)
sakkā: futebol
sakura: cerejeira
samishii -i: solitário
samui -i: frio (temperatura)
san: três
sandaru: sandália

san-gatsu: março
sangurasu: óculos de sol
sara: prato
sarada: salada
saru: macaco
satō: açúcar
sayōnara: tchau
seiseki: nota (classificação na escola)
seito: pupilo
sekai: mundo
semai -i: estreito
sengetsu: mês passado
sensei: professor
senshū: semana passada
sētā: suéter
shachō: presidente da empresa
shakkuri: soluço
shashin: fotografia
shatsu: camisa
shi: quatro
shichi: sete
shichi-gatsu: julho
shi-gatsu: abril
shigoto: trabalho
shinbun: jornal
shinshitsu: quarto
shinu -u: morrer
shio: sal
shiro: branco
shita: debaixo
shitsumon: pergunta
shizen: natureza
shizuka -na: quieto
shōhizei: imposto de venda
shokugyō: ocupação
shokuji: refeição
shomei: assinatura
shū: semana
shukudai: lição de casa
shumi: hobby
sobo: avó (simples)
sofu: avô (simples)
soko: lá (perto de você)
sore: aquele lá (perto de você)
soto: fora
sugiru -ru: passar por
suiei: natação
suiyōbi: quarta-feira
sukāto: saia
suki -na: gostar
supagettī: espaguete
sūpā: supermercado
Supein: Espanha
suru: fazer
sūtsu: terno
sūtsukēsu: mala
suwaru: sentar-se
suzushii -i: fresco (temperatura)

T

tabako: tabaco
taberu: comer
taishikan: embaixada
taiyō: Sol
takai -i: caro
takushī: táxi
tamago: ovo
te: mão, braço
tegami: carta
tengoku: céu
tenisu: tênis
terebi: TV
tōi -i: longe
tomodachi: amigo
tonari: próximo de
toriniku: frango (carne)
toru -u: pegar
totemo: muito
tsukau -u: usar
tsuku -u: chegar
tsukuru -u: fazer
tsumetai -i: frio (temperatura)

U

ude: braço
ue: acima
uma: cavalo
umi: oceano
unagi: enguia
unten suru -irr: dirigir
ureshii -i: feliz
uru -u: vender
urusai -i: barulhento
usagi: coelho
ushiro: atrás
uso: mentira
uta: canção
utau -u: cantar

W

wain: vinho
wakai -i: jovem
wakaru -u: entender
warui -i: ruim
wasureru -ru: esquecer
wataru -u: cruzar
watashi: eu

Y

yakyū: beisebol
yama: montanha
yasai: legume
yasui -i: barato
yasumi: férias
yasumu -u: descansar
yomu -u: ler
yon: quatro
yoyaku: reserva
yubi: dedo
yūbin bangō: CEP
yūbinkyoku: correio
yuki: neve
yume: sonho
yūshoku: jantar

Z

zenzen: nem um pouco
zubon: calças

Minidicionário Português–Japonês

A

abdômen: **onaka**
abelha: **hachi**
abril: **shi-gatsu**
abrir (algo) (v.): **akeru** -ru
acidente: **jiko**
acima: **ue**
açúcar: **satō**
advogado: **bengoshi**
aeroporto: **kūkō**
agora: **ima**
agosto: **hachi-gatsu**
água: **mizu**
agulha: **hari**
Alemanha: **Doitsu**
algo: **nanika**
alguém: **dareka**
algum lugar: **dokoka**
almoço: **chūshoku**, **hirugohan**
alô (cumprimento de telefone): **moshimoshi**
alunos : **gakusei**
amanhã: **ashita**
amarelo: **kiiro**
amargo: **nigai** -i
ambulância: **kyūkyūsha**
América [Estados Unidos]: **Amerika**
americano [estadunidense]: **Amerikajin**
amigo: **tomodachi**
amplo: **hiroi** i
andar (v.): **aruku** -u
anime: **anime**
ano passado: **kyonen**
ano que vem: **rainen**
apartamento: **apāto**
apimentado: **karai** -i
apontador de lápis: **enpitsu kezuri**
aprender (v.): **manabu** -u
apressar (v.): **isogu** -u
aquele (lá): **are**
aqui: **koko**
ar-condicionado: **eakon**
arroz (cozido): **gohan**
arroz (cru): **kome**
arte: **geijutsu**
artista: **geijutsuka**
árvore: **ki**
assinatura: **shomei**
assustador: **kowai** -i
ator: **haiyū**
atrás: **ushiro**
atriz: **joyū**
atum: **maguro**
aumentar (v.): **ageru** -ru
Austrália: **Ōsutoraria**
avião: **hikōki**
avó: **obāsan**, **sobo**
avô: **ojīsan**, **sofu**
azul: **ao**

B

bagagem: **nimotsu**
baiacu: **fugu**
baixo: **hikui** -i
banana: **banana**
banco: **ginkō**
bandeira: **hata**
barato: **yasui** -i
barulhento: **urusai** -i
beisebol: **yakyū**
batata: **jagaimo**

beber (v.): **nomu** -u
bem (saudável): **genki** -na
bicicleta: **jitensha**
blusa: **burausu**
boa noite: **oyasuminasai**
boa tarde: **konnichiwa**
boca: **kuchi**
bochecha: **hō**
bolsa: **kaban**
bom: **ii** -i
bom dia: **ohayō**
boneca: **ningyō**
bonito: **kirei** -na
braço: **ude**, **te**
branco: **shiro**
brinde (bebida cerimonial): **kanpai**

C

cabeça: **atama**
cabelo: **kami**
cachorro: **inu**
cadeira: **isu**
café: **kōhī**
café da manhã: **asagohan**, **chōshoku**
caixa: **hako**
calças: **zubon**
calendário: **karendā**
cama: **beddo**
camarão: **ebi**
câmera: **kamera**
camisa: **shatsu**
campo: **inaka**
Canadá: **Kanada**
canção: **uta**
cantar (v.): **utau** -u
caranguejo: **kani**
carne: **gyūniku** e **niku**
caro: **kōka** -na, **takai** -i
carpa: **koi**
carregar (v.): **hakobu** -u
carro: **kuruma**
carta: **tegami**
cartão de crédito: **kurejitto kādo**
carteira: **saifu**
casa: **ie**
cavalo: **uma**
cedo: **hayai** -i, **hayaku**
cem: **hyaku**
CEP: **yūbin bangō**
cerejeira: **sakura**
cerveja: **bīru**
cesta: **kago**
céu: **tengoku**
chá (chá verde): **o-cha**
chapéu: **bōshi**
chave: **kagi**
chegar (v.): **tsuku** -u
China: **Chūgoku**
chuva: **ame**
ciência: **kagaku**
cinco: **go**
cinema: **eigakan**
cobra: **hebi**
coelho: **usagi**
coisa: **mono**
colega de trabalho:
colocar (v.): **oku** -u
começar (algo) (v.): **hajimeru** -ru
comer (v.): **taberu** -ru
como: **dō**
comprar (v.): -u
computador: **pasokon**
consulado: **ryōjikan**
controle remoto: **rimokon**
cor: **iro**
Coreia do Sul: **Kankoku**
corpo (de uma pessoa ou animal): **karada**
correio: **yūbinkyoku**
correr (v.): **hashiru** -u
cozinha: **daidokoro**, **kitchin**
cozinhar: **ryōri**
criança: **kodomo**
cruzar (v.): **wataru** -u

D

dançar (v.): **odoru** -u
dar (v.): **ageru** -ru, **kureru** -ru
debaixo: **shita**
dedo: **yubi**
dente: **ha**
dentista: **haisha**
dentro: **naka**
descansar (v.): **yasumu** -u
descer (transporte) (v.): **oriru** -ru
desenhar (v.): **kaku** -u
desenho: **manga**

deus: **kami**
devagar: **osoi** -i
dez: **jū**
dez mil: **ichiman**
dezembro: **jūni-gatsu**
dia: **hi**
dicionário: **jisho**
difícil: **muzukashii** -i
dinheiro estrangeiro: **gaika**
dinheiro: **genkin** e **o-kane**
direito: **migi**
dirigir (v.): **unten suru** -irr
dizer (v.): **iu** -u
doce: **ame**
doença: **byōki**
dois: **ni**
dólar: **doru**
doloroso: **itai** -i
domingo: **nichiyōbi**
dormir (v.): **neru** -ru

E

ela: **kanojo**
ele: **kare**
eletricidade: **denki**
elevador: **erebētā**
embaixada: **taishikan**
empresa: **kaisha**
emprestar (v.): **kasu** -u
endereço: **jūsho**
enfermeiro: **kangoshi**
enganar (v.): **damasu** -u
enguia: **unagi**
ensino médio: **kōkō**
entender (v.): **wakaru** -u
entrada: **genkan**, **iriguchi**
entrar (transporte) (v.): **noru** -u
entrar (v.): **hairu** -u
entre: **aida**
entrega: **haitatsu**
envelope: **fūtō**
escada: **hashigo**
escola: **gakkō**
escola de pós-graduação: **daigakuin**
escolher (v.): **erabu** -u
esconder (algo) (v.): **kakusu** -u
escrever (v.): **kaku** -u
escritor (autor): **sakka**
escuro: **kurai** -i
esfregar (v.): **fuku** -u
espaçoso: **hiroi** -i
espaguete: **supagettī**
Espanha: **Supein**
espelho: **kagami**
esperar (v.): **matsu** -u
espinafre: **hōrensō**
esquecer (v.): **wasureru** -ru
esquerda: **hidari**
esse (perto de você): **sore**
esta noite: **konban**
esta semana: **konshū**
estação (para trens e metrôs): **eki**
estação de gás: **gasorin sutando**
estacionamento: **chūshajō**
estante: **honbako**
este: **kore**
este ano: **kotoshi**
este mês: **kongetsu**
estômago: **i**
estrangeiro: **gaikokujin**
estranho: **hen** -na
estreito: **semai** -i
estrela (no céu): **hoshi**
estudar (v.): **benkyō suru** -irr
eu: **watashi**
existir (v.): **aru** -u (irr); **iru** -ru

F

fábrica: **kōjō**
faca: **naifu**
fácil: **kantan** -na
falhar (v.): **hanasu** -u
farinha: **komugiko**
farmácia: **kusuriya**
fax: **fakkusu**
fazer (v.): **suru** -irr e **tsukuru** u
febre: **netsu**
feijões: **mame**
feliz: **ureshii** -i
feminino: **onna**
férias: **yasumi**
festa (evento): **pātī**
fevereiro: **ni-gatsu**
filme: **eiga**
fio: **ito**
flor: **hana**

floresta: **hayashi** e **mori**
fofo: **kawaii** -i
fogo (chama): **hi**
fogos de artifício: **hanabi**
folha: **ha**
fora: **soto**
fotografia (pintura ou desenho): **e**
fotografia: **shashin**
França: **Furansu**
frango (carne): **toriniku**
frente: **mae**
fresco (temperatura): **suzushii -i**
frio (temperatura): **samui -**i, **tsumetai -i**
fruta: **kudamono**
funcionário: **jūgyōin**
funcionário da empresa: **kaishain**
futebol: **sakkā**

G

galeria: **garō**
ganhar (v.): **katsu -**u
garfo: **fōku**
garganta: **nodo**
gato: **neko**
gaveta: **hikidashi**
geladeira: **reizōko**
gelo: **kōri**
golfe: **gorufu**
gostar (v.): **suki** -na
grampeador: **hotchikisu**
grande: **ōkii -**i (irr)
gravata: **nekutai**
gripe: **infuruenza**
guarda-chuva: **kasa**

H

hashi (pauzinhos): **hashi**
história: **hanashi**
hobby: **shumi**
hoje: **kyō**
homem: **otoko no hito**
hora: **ji** e **jikan**
hospital: **byōin**
hotel: **hoteru**

I

igreja: **kyōkai**
imigrante: **imin**
imposto de vendas: **shōhizei**
incêndio: kaji
inferno: **jigoku**
Inglaterra: **Igirisu**
inglês: E**igo**
inseto: **mushi**
interessante: **omoshiroi -**i
interseção: **kōsaten**
inverno: **fuyu**
ir (v.): **iku** -u (irr)
irmã (mais nova): **imōto**
irmã (mais velha): **ane, onēsan**
irmão (mais novo): **otōto**
irmão (mais velho): **ani, onīsan**
Itália: **Itaria**

J

janeiro: **ichi-gatsu**
janela: **mado**
jantar: **bangohan**, **yūshoku**
Japão: **Nihon**, **Nippon**
japonês: **Nihonjin**
jaqueta: **jaketto**
jeans: **jīnzu**
joelho: **hiza**
jogar (v.): **asobu** -u
jornal: **shinbun**
jovem: **wakai -**i
julho: **shichi-gatsu**
junho: **roku-gatsu**
junto: **issho ni**

L

lá (perto de você): **soko**
lá: **asoko**
lado oposto: **mukai gawa**
ladrão: **dorobō** e **gōtō**
lago: **ike** e **mizuumi**
lápis: **enpitsu**
laranja (fruta): **mikan**
legume: **yasai**
lei: **hōritsu**
leite: **gyūnyū**
ler (v.): **yomu** -u
leste: **higashi**
liberdade: **jiyū**
lição de casa: **shukudai**
limão: **remon**

limpo: **kirei** -na
língua: **gengo**
língua japonesa: **Nihongo**
livraria: **hon'ya**
livro: **hon**
lixo: **gomi**
loja: **mise**
loja de departamento: **depāto**
longe: **tōi** -i
lula: **ika**
luz (iluminação): **hikari**

M
maçã: **ringo**
macaco: **saru**
mãe: **haha**, **okāsan**
maio: **go-gatsu**
mala: **sūtsukēsu**
manhã: **asa**
mão: **te**
março: **san-gatsu**
marrom: **chairo**
mas: **demo**
masculino: **otoko**
médico: **isha**
mel: **hachimitsu**
memorizar (v.): **oboeru** -ru
mentira: **uso**
mesmo: **onaji**
mês passado: **sengetsu**
mês que vem: **raigetsu**
metade: **hanbun**
metrô: **chikatetsu**
minuto: **fun**
molusco: **kai**
montanha: **yama**
morango: **ichigo**
morno: **atatakai** -i
morrer (v.): **shinu** -u
mosca (inseto): **hae**
móvel: **kagu**
mudar (v.): **kaeru** -ru
muito: **totemo**
mulher: **onna no hito**
mundo: **sekai**
museu: **hakubutsukan**
museu de arte: **bijutsukan**
música: **ongaku**

N
nacionalidade: **kokuseki**
nadar (v.): **oyogu** -u
namorada: **kanojo**
namorado: **kare**
nariz: **hana**
natação: **suiei**
natureza: **shizen**
navio: **fune**
nem um pouco: **zenzen**
netos: **mago**
neve: **yuki**
nome: **namae**
norte: **kita**
nota (classificação na escola): **seiseki**
novamente: **mata**
nove: **kyū**
novembro: **jūichi-gatsu**
novo: **atarashii**
número de telefone: **denwa-bangō**

O
o quê: **nani**
obrigado: **arigatō gozaimasu, dōmo**
oceano: **umi**
óculos: **megane**
óculos de sol: **sangurasu**
ocupação: **shokugyō**
ocupado: **isogashii** -i
oeste: **nishi**
oi: **konnichiwa**
oito: **hachi**
olho: **me**
ombro: **kata**
onda: **nami**
onde: **doko**
ônibus: **basu**
ontem: **kinō**
orelha: **mimi**
osso: **hone**
outono: **aki**
outubro: **jū-gatsu**
ova de salmão: **ikura**
ovelha: **hitsuji**

P
paciente (do médico): **kanja**
padaria: **pan'ya**

pagar (v.): **harau -**u
pai: **chichi**, **otōsan**
país: **kuni**
país estrangeiro: **gaikoku**
panela: **nabe**
pão: **pan**
papel: **kami**
parede: **kabe**
parque: **kōen**
passaporte: **pasupōto**
passar por (v.): **sugiru** -ru
pasta de dente: **hamigakiko**
paz: **heiwa**
pé: **ashi**
peça (drama): **geki**
pedra: **ishi**
pegar (v.): **toru -**u
pegar emprestado (v.): **kariru** -ru
peito: **mune**
peixe: **sakana**
pensar (v.): **omou -**u
pequeno: **chīsai -**i (irr)
pera: **nashi**
perfume: **kōsui**
pergunta: **shitsumon**
perna: **ashi**
perto: **chikaku**
pescoço: **kubi**
pessoa: **hito**
piada: **jōdan**
piano: **piano**
pilar: **hashira**
pincel (para caligrafia): **fude**
pizza: **piza**
placa (loja): **kanban**
polícia: **keisatsu**
ponte: **hashi**
porco: **butaniku**
por que: **dōshite**, **naze**
prata (metal): **gin**
prateleira: **hondana**
prática (exercício): **renshū**
prato: **sara**
precisar: **iru -**u
preço: **nedan**
presidente da empresa: **shachō**
preto: **kuro**
primavera: **haru**
primo: **itoko**
professor: **sensei**
profundo: **fukai -**i
pronúncia: **hatsuon**
próximo de: **tonari**
pupilo: **seito**
puxar (v.): **hiku** -u

Q

quadril: **koshi**
qual: **dore**
quando: **itsu**
quanto (preço): **ikura**
quantos: **ikutsu**
quarta-feira: **suiyōbi**
quarto vago: **kūshitsu**
quarto: **heya** e **shinshitsu**
quatro: **shi**, **yon**
queijo: **chīzu**
quem: **dare**
quente (temperatura): **atsui -**i
querer (v.): **hoshii** -i
quieto: **shizuka** -na
química: **kagaku**
quinta-feira: **mokuyōbi**

R

rádio: **rajio**
rapidamente: **hayaku**
rápido: **hayai -**i
rasgar: **namida**
realmente (verdadeiramente): **hontō ni**
recibo: **reshīto**
refeição: **shokuji**
remédio: **kusuri**
reserva: **yoyaku**
resfriado (vírus): **kaze**
resposta: **henji** e **kotae**
restaurante: **resutoran**
reto: **massugu**
retornar (v.): **kaeru -**u
rio: **kawa**
rosto: **kao**
roupas: **fuku**
roxo: **murasaki**
rua: **michi**
ruim (malvado): **ijiwaru** -na
ruim: **warui** -i

S

sábado: **doyōbi**
sacola (bolsa): **fukuro**
saia: **sukāto**
saída: **deguchi**
sal: **shio**
sala de banho: **furoba**
sala de estar: **ima**, **ribingu**
sala de jantar: **dainingu**
salada: **sarada**
salário: **kyūryō**
salmão: **sake**
sandália: **sandaru**
sapato: **kutsu**
sapo: **kaeru**
secretária: **hisho**
segredo: **himitsu**
segunda-feira: **getsuyōbi**
segurar (ter em mãos) (v.): **motsu** -u
seis: **roku**
selecionar (v.): **erabu** -u
selo postal: **kitte**
semana: **shū**
semana passada: **senshū**
semana que vem: **raishū**
sempre: **itsumo**
sente-se (v.): **suwaru** -u
ser capaz de fazer (v.): **dekiru** -ru
sério: **majime** -na
sete: **nana** ou **shichi**
setembro: **ku-gatsu**
sexta-feira: **kinyōbi**
simples: **kantan** -na
sobremesa: **dezāto**
Sol: **taiyō**
solitário: **samishii** -i
soluço: **shakkuri**
sonolento: **nemui** -i
sorvete: **aisu kurīmu**
suco: **jūsu**
suéter: **sētā**
sul: **minami**
supermercado: **sūpā**

T

tabaco: **tabako**
tamancos: **geta**
tarde: **gogo** e **osoi** -i
tartaruga: **kame**
táxi: **takushī**
tchau: **sayōnara**
teatro (para peças e performances): **gekijō**
telefone: **denwa**
tempo: **jikan**
tempo livre: **hima**
tênis: **tenisu**
terça-feira: **kayōbi**
terminar (v.): **owaru** -u
terno: **sūtsu**
terrível: **hidoi** -i
tesoura: **hasami**
testa: **hitai**
tia: **oba**, **obasan**
tigela de arroz: **chawan**
tio: **oji**, **ojisan**
tornar-se: **naru** -u
trabalhar (v.): **hataraku** -u
trabalho: **shigoto**
tradução: **hon'yaku**
tradutor: **hon'yakusha**
travesseiro: **makura**
trem: **densha**
três: **san**
triste: **kanashii** -i
trovão: **kaminari**
tudo bem: **daijōbu** -na
TV: **terebi**

U

um: **ichi**
universidade: **daigaku**
usar (v.): **tsukau** -u

V

vários: **iroiro** -na
vaso: **kabin**
vassoura: **hōki**
velho (item inanimado): **furui** -i
vender (v.): **uru** -u
vento: **kaze**
verão: **natsu**
verde: **midori**
vermelho: **aka**
vestido: **wanpīsu**
vestir (v.): **kiru** -ru
viagem: **ryokō**

vila: **mura**
vinho: **wain**
vinho de arroz: **sake**
violão: **gitā**
vir (v.): **kuru** -irr
você: **anata**
vulcão: **kazan**

X

xícara de chá: **chawan**

Apêndice B

Tabelas de Verbos

N ***ota:*** a forma presente afirmativa simples/informal e a forma presente negativa simples/informal também são chamadas de forma do dicionário e forma -**nai**, respectivamente, neste livro.

Verbos Regulares

Verbos -ru Regulares Terminando em -eru
Por exemplo: 食べる taberu (*comer*)

	Presente Afirmativo	**Passado Afirmativo**	**Presente Negativo**	**Passado Negativo**
Simples/Informal	食べる taberu	食べた tabeta	食べない tabenai	食べなかった tabenakatta
Polido/Neutro	食べます tabemasu	食べました tabemashita	食べません tabemasen	食べませんでした tabemasen deshita
Forma -te	食べて tabete		食べなくて tabenkute 食べないで tabenai de	
Forma de Radical	食べ tabe			

Verbos -ru Regulares Terminando em -iru
Por exemplo: 着る kiru (*vestir*)

	Presente Afirmativo	Passado Afirmativo	Presente Negativo	Passado Negativo
Simples/Informal	着る kiru	着た kita	着ない kinai	着なかった kinakatta
Polido/Neutro	着ます kimasu	着ました kimashita	着ません kimasen	着ませんでした kimasen deshita
Forma -te	着て kite		着なくて kinakute 着ないで kinai de	
Forma de Radical	着 ki			

Verbos -u Regulares Terminando em -ku
Por exemplo: 書く kaku (*escrever*)

	Presente Afirmativo	Passado Afirmativo	Presente Negativo	Passado Negativo
Simples/Informal	書く kaku	書いた kaita	書かない kakanai	書かなかった kakanakatta
Polido/Neutro	書きます kakimasu	書きました kakimashita	書きません kakimasen	書きませんでした kakimasen deshita
Forma -te	書いて kaite		書かなくて kakanakute 書かないで kakanai de	
Forma de Radical	書き kaki			

Verbos -u Regulares Terminando em -gu
Por exemplo: 泳ぐ oyogu (*nadar*)

	Presente Afirmativo	Passado Afirmativo	Presente Negativo	Passado Negativo
Simples/Informal	泳ぐ oyogu	泳いだ oyoida	泳がない oyoganai	泳がなかった oyoganakatta
Polido/Neutro	泳ぎます oyogimasu	泳ぎました oyogimashita	泳ぎません oyogimasen	泳ぎませんでした oyogimasen deshita
Forma -te	泳いで oyoide		泳がなくて oyoganakute 泳がないで oyoganai de	
Forma de Radical	泳ぎ oyogi			

Verbos -u Regulares Terminando em -su
Por exemplo: 貸す kasu (*emprestar*)

	Presente Afirmativo	Passado Afirmativo	Presente Negativo	Passado Negativo
Simples/Informal	貸す kasu	貸した kashita	貸さない kasanai	貸さなかった kasanakatta
Polido/Neutro	貸します kashimasu	貸しました kashimashita	貸しません kashimasen	貸しませんでした kashimasen deshita
Forma -te	貸して kashite		貸さなくて kasanakute 貸さないで kasanai de	
Forma de Radical	貸し kashi			

Verbos -u Regulares Terminando em -mu
Por exemplo: 飲む nomu (*beber*)

	Presente Afirmativo	Passado Afirmativo	Presente Negativo	Passado Negativo
Simples/Informal	飲む nomu	飲んだ nonda	飲まない nomanai	飲まなかった nomanakatta
Polido/Neutro	飲みます nomimasu	飲みました nomimashita	飲みません nomimasen	飲みませんでした nomimasen deshita
Forma -te	飲んで nonde		飲まなくて nomanakute 飲まないで nomanai de	
Forma de Radical	飲み nomi			

Verbos -u Regulares Terminando em -nu
Por exemplo: 死ぬ shinu (*morrer*)

	Presente Afirmativo	Passado Afirmativo	Presente Negativo	Passado Negativo
Simples/Informal	死ぬ shinu	死んだ shinda	死なない shinanai	死ななかった shinanakatta
Polido/Neutro	死にます shinimasu	死にました shinimashita	死にません shinimasen	死にませんでした shinimasen deshita
Forma -te	死んで shinde		死ななくて shinanakute 死なないで shinanai de	
Forma de Radical	死に shini			

Verbos -u Regulares Terminando em -bu
Por exemplo: 飛ぶ tobu (*voar*)

	Presente Afirmativo	Passado Afirmativo	Presente Negativo	Passado Negativo
Simples/Informal	**飛ぶ** tobu	**飛んだ** tonda	**飛ばない** tobanai	**飛ばなかった** tobananakatta
Polido/Neutro	**飛びます** tobimasu	**飛びました** tobimashita	**飛びません** tobimasen	**飛びませんでした** tobimasen deshita
Forma -te	**飛んで** tonde		**飛ばなくて** tobanakute **飛ばないで** tobanai de	
Forma de Radical	**飛び** tobi			

Verbos -u Regulares com uma Vogal Seguida Diretamente por -u
Por exemplo: 買う kau (*comprar*)

	Presente Afirmativo	Passado Afirmativo	Presente Negativo	Passado Negativo
Simples/Informal	**買う** kau	**買った** katta	**買わない** kawanai	**買わなかった** kawanakatta
Polido/Neutro	**買います** kaimasu	**買いました** kaimashita	**買いません** kaimasen	**買いませんでした** kaimasen deshita
Forma -te	**買って** katte		**買わなくて** kawanakute **買わないで** kawanai de	
Forma de Radical	**買い** kai			

Verbos -u Regulares Terminando em -ru
Por exemplo: 切る kiru (*cortar*)

	Presente Afirmativo	Passado Afirmativo	Presente Negativo	Passado Negativo
Simples/Informal	切る kiru	切った kitta	切らない kiranai	切らなかった kiranakatta
Polido/Neutro	切ります kirimasu	切りました kirimashita	切りません kirimasen	切りませんでした kirimasen deshita
Forma -te	切って kitte		切らなくて kiranakute 切らないで kiranai de	
Forma de Radical	切り kiri			

Verbos -u Regulares Terminando em -tsu
Por exemplo: 待つ matsu (*esperar*)

	Presente Afirmativo	Passado Afirmativo	Presente Negativo	Passado Negativo
Simples/Informal	待つ matsu	待った matta	待たない matanai	待たなかった matanakatta
Polido/Neutro	待ちます machimasu	待ちました machimashita	待ちません machimasen	待ちませんでした machimasen deshita
Forma -te	待って matte		待たなくて matanakute 待たないで matanai de	
Forma de Radical	待ち machi			

Verbos Irregulares

		Presente Afirmativo	Passado Afirmativo	Presente Negativo	Passado Negativo
する **suru** fazer	*Simples/Informal*	する suru	した shita	しない shinai	しなかった shinakatta
	Polido/Neutro	します shimasu	しました shimashita	しません shimasen	しませんでした shimasen deshita
	Forma -te	して shite		しなくて shinakute しないで shinai de	
	Forma de Radical	し shi			

		Presente Afirmativo	Passado Afirmativo	Presente Negativo	Passado Negativo
来る **kuru** *vir*	*Simples/Informal*	来る kuru	来た kita	来ない konai	来なかった konakatta
	Polido/Neutro	来ます kimasu	来ました kimashita	来ません kimasen	来ませんでした kimasen deshita
	Forma -te	来て kite		来なくて konakute 来ないで konai de	
	Forma de Radical	き ki			

		Presente Afirmativo	Passado Afirmativo	Presente Negativo	Passado Negativo
ある **aru** *existir*	*Simples/Informal*	ある aru	あった atta	ない nai	なかった nakatta
	Polido/Neutro	あります arimasu	ありました arimashita	ありません arimasen	ありませんでした arimasen deshita
	Forma -te	あって atte		なくて nakute	
	Forma de Radical	あり ari			

		Presente Afirmativo	Passado Afirmativo	Presente Negativo	Passado Negativo
行く **iku** *ir*	*Simples/Informal*	行く iku	行った itta	行かない ikanai	行かなかった ikanakatta
	Polido/Neutro	行きます ikimasu	行きました ikimashita	行きません ikimasen	行きませんでした ikimasen deshita
	Forma -te	行って itte		行かなくて ikanakute 行かないで ikanai de	
	Forma de Radical	行き iki			

		Presente Afirmativo	Passado Afirmativo	Presente Negativo	Passado Negativo
いらっしゃる **irassharu** *existir* (honorífico)	*Simples/Informal*	いらっしゃる irassharu	いらっしゃった irasshatta	いらっしゃらない irassharanai	いらっしゃらなかった irassharanakatta
	Polido/Neutro	いらっしゃいます irasshaimasu	いらっしゃいました irasshaimashita	いらっしゃいません irasshaimasen	いらっしゃいませんでした irasshaimasen deshita
	Forma -te	いらっしゃって irasshatte		いらっしゃら なくて irassharanakute いらっしゃらないで irassharanai de	
	Forma de Radical	いらっしゃり irasshari			

		Presente Afirmativo	Passado Afirmativo	Presente Negativo	Passado Negativo
下さる **kudasaru** *dar para mim/ para nós* (honorífico)	*Simples/Informal*	下さる kudasaru	下さった kudasatta	下さらない kudasaranai	下さらなかった kudasaranakatta
	Polido/Neutro	下さいます kudasaimasu	下さいました kudasaimashita	下さいません kudasaimasen	下さいませんでした kudasaimasen deshita
	Forma -te	下さって kudasatte		下さらなくて kudasaranakute 下さらないで kudasaranai de	
	Forma de Radical	下さり kudasari			

Apêndice C

Nas Faixas de Áudio

Listagem de Faixas

A seguir está uma lista das faixas que aparecem no livro. Os áudios disponíveis podem ser reproduzidos em qualquer aparelho que tenha um reprodutor de áudio.

Faixa 1: Introdução e sons japoneses básicos (Capítulo 2)

Faixa 2: Afinação e entonação (Capítulo 2)

Faixa 3: Pronunciando Kana (Capítulo 2)

Faixa 4: Discutindo quem veio à festa (Capítulo 3)

Faixa 5: Identificando sashimi (Capítulo 3)

Faixa 6: Identificando pessoas (Capítulo 3)

Faixa 7: Cumprimentando alguém respeitosamente pela manhã (Capítulo 4)

Faixa 8: Encontrando alguém pela primeira vez (Capítulo 4)

Faixa 9: Perguntando de onde alguém é (Capítulo 4)

Faixa 10: Respondendo a um elogio (Capítulo 4)

Faixa 11: Falando sobre planos de viagem (Capítulo 5)

Faixa 12: Procurando um apartamento (Capítulo 6)

Faixa 13: Discutindo rotinas (Capítulo 6)

Faixa 14: Jogando conversa fora em um trem-bala (Capítulo 7)

Faixa 15: Falando sobre irmãos (Capítulo 7)

Faixa 16: Procurando a estação de metrô (Capítulo 8)

Faixa 17: Descrevendo a distância e o local (Capítulo 8)

Faixa 18: Pedindo informações (Capítulo 8)

Faixa 19: Pedindo fast-food (Capítulo 9)

Faixa 20: Fazendo uma reserva para o jantar (Capítulo 9)

Faixa 21: Fazendo um pedido em um restaurante (Capítulo 9)

Faixa 22: Comprando uma lembrancinha no Japão (Capítulo 10)

Faixa 23: Experimentando roupas em uma loja (Capítulo 10)

Faixa 24: Pagando por uma compra (Capítulo 10)

Faixa 25: Visitando um bar izakaya (Capítulo 11)

Faixa 26: Propondo uma saída à noite a uma sala de karaokê (Capítulo 11)

Faixa 27: Recebendo um convite para um churrasco (Capítulo 11)

Faixa 28: Participando de uma entrevista de emprego (Capítulo 12)

Faixa 29: Ligando para um cliente (Capítulo 12)

Faixa 30: Deixando uma mensagem (Capítulo 12)

Faixa 31: Perguntando sobre o hobby de alguém (Capítulo 13)

Faixa 32: Sugerindo a contemplação das flores (Capítulo 13)

Faixa 33: Fazendo seu filho praticar violino (Capítulo 13)

Faixa 34: Decidindo para onde viajar (Capítulo 14)

Faixa 35: Trocando dinheiro (Capítulo 15)

Faixa 36: Pegando um táxi (Capítulo 16)

Faixa 37: Fazendo check-in em um hotel (Capítulo 17)

Faixa 38: Relatando um acidente à polícia (Capítulo 18)

Apêndice D
Gabarito

A seguir estão todas as respostas para as atividades Diversão & Jogos.

Capítulo 2: Verificando os Sons e Textos do Japonês

1. おばあさん obāsan; 2. おじいさん ojīsan; 3. きって kitte; 4. かんぱい kanpai; 5. 日本人 Nihonjin

Capítulo 3: Aquecendo com a Gramática Básica do Japonês

Atividade 1: 1. a; 2. b; 3. a; 4. b; 5. b; 6. b

Atividade 2: 何 nan; これ kore; あれ are

Capítulo 4: Começando com Expressões Simples

1. c; 2. d; 3. e; 4. b; 5. a

Capítulo 5: Organizando Seus Números, Horários e Medidas

1. d; 2. c; 3. b; 4. a; 5. e

Capítulo 6: Falando Japonês em Casa

1. b; 2. d; 3. c; 4. f; 5. a; 6. e

Capítulo 7: Conhecendo Você: Jogando Conversa Fora

1. d; 2. a; 3. b; 4. c

Capítulo 8: Pedindo Orientações

1. d; 2. g; 3. e; 4. c; 5. h; 6. b; 7. f; 8. a

Capítulo 9: Jantando Fora e Indo ao Mercado

1. c; 2. b; 3. a; 4. e; 5. d

Capítulo 10: Facilitando as Compras

1. d; 2. b; 3. c; 4. a

Capítulo 11: Saindo na Cidade

ā	w	u	r	y	z	i	d	f	b	f	ō
g	e	k	i	j	ō	z	p	d	i	h	t
a	b	t	h	ī	e	a	a	k	j	p	r
r	h	o	k	o	s	k	z	k	u	r	h
ō	i	s	ī	ō	t	a	ā	h	t	k	e
ū	o	h	b	w	ā	y	ē	f	s	h	ō
k	ā	o	k	m	t	a	z	ē	u	t	u
h	a	k	u	b	u	t	s	u	k	a	n
ē	y	a	n	j	t	z	ā	u	a	u	ī
n	f	n	e	i	g	a	k	a	n	o	ō

Capítulo 12: Cuidando dos Negócios e das Telecomunicações

1. e; 2. c; 3. k; 4. j; 5. a; 6. b; 7. d; 8. g; 9. h; 10. i; 11. f

Capítulo 13: Recreação e Vida ao Ar Livre

1. c; 2. e; 3. d; 4. a; 5. b

Capítulo 14: Planejando a viagem

a. スーツケース sūtsukēsu; b. 歯ブラシhaburashi; c. プルオーバーパーカー puruōbā pākā; d. 帽子 bōshi; e. サンダル sandaru; f. サングラス sangurasu; g. スニーカー sunīkā

Capítulo 15: Lidando com Dinheiro em uma Terra Estrangeira

1. １５,０００円 ichi-man go-sen en; 2. ６,０００円 roku-sen en; 3. １６０円 hyaku roku-jū en; 4. １,５００円 sen go-hyaku en; 5. ７円 nana em

Capítulo 16: Fazendo Seu Caminho: Aviões, Trens, Táxis e Mais

1. タクシー takushī; 2. 飛行機 hikōki; 3. 新幹線 shinkansen *ou* 電車 densha; 4. バス basu; 5. 船 fune ou フェリー ferī

Capítulo 17: Encontrando um Lugar para Ficar

1. チェックアウト chekku-auto; 2. 無線ＬＡＮ musen LAN; 3. ルームサービス rūmu sābisu; 4. 空室 kūshitsu; 5. 朝食 chōshoku

Capítulo 18: Lidando com Emergências

1. 頭 atama; 2. 耳 mimi; 3. 目 me; 4. 口 kuchi; 5. 首 kubi; 6. 肩 kata; 7. 腕 ude ou 手 te; 8. 胸 mune; 9. 手 te; 10. 膝 hiza; 11. 足 ashi

Índice

U

V